Capitaine breveté F. LEMOINE

L'ÉTUDE

D'UNE

Situation Tactique

THÉORIE ET EXERCICES PRATIQUES

DEUXIÈME ÉDITION

Avec croquis dans le texte et 1 carte hors texte

PARIS

Henri CHARLES-LAVAUZELLE

Éditeur militaire

10, Rue Danton, Boulevard Saint-Germain, 118

(MÊME MAISON A LIMOGES)

1912

L'ÉTUDE

D'UNE

SITUATION TACTIQUE

Capitaine breveté F. LEMOINE

L'ÉTUDE

D'UNE

Situation Tactique

THÉORIE ET EXERCICES PRATIQUES

DEUXIÈME ÉDITION

PARIS

Henri CHARLES-LAVAUZELLE

Éditeur militaire

10, Rue Danton, Boulevard Saint-Germain, 118

(MÊME MAISON A LIMOGES)

1912

PRÉFACE

Ce volume est la réunion de deux brochures qui ont d'abord été publiées séparément : l'une exclusivement théorique (*Essai sur l'analyse d'une situation tactique*), l'autre ne comportant que des exercices pratiques (*Exercices préparatoires à l'étude d'une situation tactique*). Ces deux travaux constituaient en réalité deux parties d'un même sujet ; il a donc paru naturel de les réunir dans cette deuxième édition.

A part quelques modifications de détail, la rédaction primitive a été maintenue. Il a paru toutefois utile de justifier brièvement la progression adoptée pour les exercices pratiques. Cette justification fait l'objet du § VIII de la première partie.

Le titre du livre indique assez qu'on n'a pas eu l'intention de faire un cours complet de tactique. On s'est borné à étudier et à résoudre un certain nombre de problèmes élémentaires dont la connaissance s'impose à tout officier, problèmes qui se posent sensiblement de la même façon quelle que soit la « doctrine » adoptée.

Tout ce qui concerne la conception, la préparation et le développement d'une manœuvre a été intentionnellement réservé. Ce sont là, sans doute, des questions primordiales, et leur connaissance serait nécessaire pour fixer d'une façon parfaitement adéquate la solution qui convient à chaque situation. Mais il faut bien un point de départ et il nous semble que l'étude de la manœuvre ne peut être entreprise avec fruit que si le lecteur est déjà suffisamment familiarisé avec les procédés d'exécution pour pouvoir traduire sans effort ses conceptions par des dispositions appropriées.

Faciliter cette traduction à ceux qui débutent, tel est l'unique but que nous nous sommes proposé.

Abréviations employées pour certaines références de la deuxième partie (1).

Gén. Langlois, *Artillerie*, I, II.............	Général Langlois, *L'artillerie de campagne en liaison avec les autres armes* (tomes I, II).
Gén. Langlois, *Enseignements*.	Général Langlois, *Enseignements de deux guerres récentes*.
Col. Foch, *Principes*...	Colonel Foch, *Principes de la guerre* (2ᵉ édition).
Gén. Maillard.........	Général Maillard, *Eléments de la guerre*.
Frœschwiller.	Général Bonnal, *Frœschwiller*.
Comm. de Grandmaison.	Commandant de Grandmaison : *Dressage de l'infanterie en vue du combat offensif*.
Gén. de Lacroix........	Général de Lacroix, *Un voyage d'état-major de corps d'armée*.

---

(1) La première édition de cet ouvrage contenait des références détaillées aux principaux règlements de manœuvres. La plupart de ces règlements étant actuellement en voie de réfection, les références en question ont été supprimées.

I^{RE} PARTIE
ÉTUDE THÉORIQUE

I

Le problème.

Eléments d'une situation. — Caractéristiques d'une décision.

Lorsqu'un historien étudie le développement d'une opération militaire et cherche à en faire la synthèse, les événements ne se présentent pas à son esprit sous la forme
de situations successives parfaitement détachées. Il peut
les grouper, y marquer des phases, des périodes ; mais
ses divisions sont, la plupart du temps, fictives. Elles
constituent un procédé d'étude plutôt qu'elles ne correspondent à une réalité. Il n'y a pas eu d'interruption réelle
et, après comme avant, les faits s'enchaînent d'une manière continue.

La façon dont ces mêmes événements, au fur et à mesure qu'ils se déroulent à la guerre, s'impriment dans le
cerveau d'un chef, est bien différente. A peine si une
moitié de la situation, celle de sa troupe, se présente à lui
sous cet aspect de continuité logique. Quant à l'autre, celle
de l'ennemi, les tableaux toujours imparfaits par lesquels
il se la représente arrivent à son esprit sous la forme de
changements à vue plus ou moins brusques, marquant
dans le déroulement des faits des moments plus importants que les autres. Ce sont, dans un certain ordre d'idées,
les moments où il est arrivé à un résultat partiel et, dans

un autre, ceux où il reçoit un renseignement sur l'ennemi. Les premiers peuvent correspondre à une phase réelle de la manœuvre ; les seconds déterminent dans le cerveau du chef une phase fictive qui n'a que des rapports douteux avec la réalité. Une opération lui apparaît ainsi sous la forme d'une série de situations tactiques plus ou moins différentes les unes des autres, et se succédant avec plus ou moins de rapidité.

Cette différence de vision entre l'historien et le soldat explique combien la critique militaire est à la fois facile et difficile : facile, si l'on veut se contenter de rechercher une solution meilleure que celle qui a été adoptée ; difficile, si l'on veut se mettre à la place de l'exécutant pour porter sur ses actes un jugement vraiment exact. Il faut, en effet, reconstituer une série d'impressions fugitives que l'intéressé serait lui-même, dans la plupart des cas, bien incapable de retracer fidèlement.

Quoi qu'il en soit, chacune de ces situations détermine chez celui qui commande un état d'esprit nouveau, et cet état d'esprit se traduit par une décision, laquelle implique tantôt des dispositions nouvelles, tantôt la simple confirmation des dispositions antérieures.

L'appréciation d'une situation et la recherche des moyens pour y faire face constitue donc l'acte élémentaire du commandement. C'est un travail des plus importants, car la conduite d'une opération comporte tout d'abord l'accomplissement d'une série de ces actes élémentaires.

A la guerre, en manœuvre même, les situations se succèdent souvent trop vite pour qu'on ait le temps de mûrir la décision à prendre. On est tenu d'abréger parfois outre mesure ses réflexions. S'il est bon de savoir se décider vite, on risque à la longue d'habituer son esprit à ne jamais faire qu'un travail incomplet ; on se crée des routines qui finissent par devenir un obstacle à tout progrès.

Des études approfondies de situations déterminées sont un remède partiel à cet inconvénient. Nous n'avons pas à en démontrer l'utilité ; elle est reconnue depuis longtemps. C'est dans ces travaux que l'on peut donner toute son importance à l'acte que nous nous proposons d'étudier ici, acte qui consiste à déduire d'une situation donnée les dispositions à prendre pour y faire face.

L'opération comporte un terme initial qui est la situation, et un terme final qui est la décision. Le problème consiste à passer de l'un à l'autre. Nous allons d'abord considérer séparément ces deux termes de façon à préciser le plus possible, d'un côté le point de départ, de l'autre le point d'arrivée.

Une situation, considérée comme point de départ d'une décision, comprend essentiellement trois éléments :

1° La mission qui nous est assignée, ou bien le but que nous nous proposons d'atteindre ;

2° La situation de l'ennemi ;

3° Notre situation particulière.

A la vérité, dans une opération donnée, notre mission ne varie pas toujours d'un instant à l'autre. Il est cependant nécessaire de la faire intervenir dans toute situation nouvelle. Elle aide, en effet, à préciser les données trop indéterminées qui résultent des deux derniers termes, à restreindre les hypothèses sur l'ennemi aux obstacles qu'il peut nous créer, à limiter les combinaisons que nous pouvons faire de nos moyens aux seules capables de conduire au résultat poursuivi.

Tels sont les trois facteurs qui, en se fixant dans le cas particulier, donnent à chaque situation son caractère propre. Considérés en eux-mêmes, leur variabilité est telle qu'il n'existe pour ainsi dire pas deux situations identiques. Par conséquent, une solution applicable à un cas déterminé ne saurait, en principe, convenir également à un deuxième. C'est la loi, formulée depuis bien longtemps par le bon sens des professionnels, qu'à la guerre les circonstances sont variables et qu'il faut agir d'après les circonstances.

Voilà notre point de départ. Le point d'arrivée, c'est la décision. En quoi consiste-t-elle ?

C'est évidemment un acte tendant à accomplir la mission imposée, à faire agir dans ce but la force dont nous disposons. Cette force est tout d'abord un organisme susceptible d'orientations et d'impulsions d'ensemble. Mais, en outre, cet organisme est lui-même composé d'éléments organisés, capables chacun d'une action individuelle ; et l'acte total n'est pas précisément une oscillation brutale de la masse sous l'impulsion donnée ; c'est une somme d'actions de détail qu'il est indispensable de coordonner et de combiner. Ainsi la décision doit viser :

Une impulsion générale ;
Des impulsions de détail.

Nous avons d'abord à déterminer l'impulsion générale, autrement dit le mode général d'action de l'ensemble. Cette première partie du problème se pose toujours sous la forme d'un dilemme simple : attaquer ou se défendre, marcher sur un point ou y attendre l'ennemi ; en un mot, offensive ou défensive. L'attitude générale à prendre, telle est la première caractéristique de la décision.

L'attitude une fois précisée, il s'agit d'ordonner en conséquence les forces dont on dispose. On a, par exemple, décidé d'attaquer ; il faut spécifier si toutes les troupes vont attaquer à la fois ou non, et quel sera le rôle de chacun. Il faut répartir la tâche entre les unités subordonnées et mettre chacune d'elles à pied d'œuvre, adopter un dispositif, une disposition qui permette à chacun de concourir dans la mesure nécessaire à l'opération projetée. C'est ce que nous appellerons faire la répartition des forces.

Une fois cette répartition arrêtée, la décision est complète, car la conception des missions à imposer à chaque unité est inséparable de cette répartition. On ne comprendrait pas, par exemple, qu'on fît un détachement sans avoir un motif pour le faire, et le but à lui assigner découle naturellement de sa raison d'être.

Ainsi la décision est contenue tout entière dans le choix de l'attitude et la répartition des forces ; mais il est utile pour nous d'analyser encore ce deuxième terme, qui contient lui-même deux facteurs différents, deux ordres de faits dont les variations ne sont pas liées d'une façon indissoluble.

Lorsque l'on veut, par exemple, constituer un détachement, il y a deux choses à considérer : la place à lui assigner et la force à lui donner. Deux solutions peuvent s'accorder sur l'un de ces points et diverger sur l'autre. Ce fait, bien facile à constater en comparant deux ou trois travaux sur le même sujet, tient à ce que les raisons déterminantes sont de nature différente dans chacun de ces deux cas. Je puis reconnaître avec vous la nécessité d'occuper tel ou tel point, et nous pouvons différer sur l'importance de la troupe à y affecter.

Ainsi la répartition des forces comprendra d'abord la détermination de l'espace à occuper, puis la répartition des effectifs dans cet espace. Nous verrons en temps utile que la première partie peut se déduire des données de la situation plus directement que la seconde. Il est donc utile de les séparer, bien qu'à vrai dire cette décomposition soit un peu artificielle et doive surtout être considérée comme un procédé d'analyse et d'étude.

En résumé, les caractéristiques d'une décision sont :

1° L'attitude ;
2° L'espace à embrasser ;
3° La répartition des effectifs.

Tels sont les trois éléments qu'il faut arriver à déterminer. L'idéal serait de passer, par une suite rigoureuse de raisonnements, de la situation à la décision ; ce serait l'application de la méthode objective dans toute son étendue, et aussi dans toute sa sécurité. Malheureusement, les considérants sont si nombreux, les raisons si difficiles à classer, que le raisonnement présente presque toujours une solution de continuité. Pour renouer la chaîne, l'esprit est obligé d'intervenir, de faire un choix, de prendre un parti ; et cette intervention impossible à éviter constitue la principale cause de divergence des solutions en face d'un cas déterminé.

Il ne faut pas espérer non plus pouvoir partir d'un des termes de la situation pour arriver directement à une des caractéristiques de la décision. Il n'y a pas, en effet, de correspondance absolue, bien que, pour la plus grande part, l'attitude à adopter résulte de la mission imposée, et la répartition des forces de l'impression produite sur nous par l'examen de la situation. C'est, en réalité, par une série d'approximations successives que le travail peut se faire, chacune des données initiales limitant plus ou moins le groupe des solutions convenables, suivant le cas particulier considéré.

II

Attitude. — Répartition des forces.

L'attitude : Offensive et défensive, leurs caractères. — Variations possibles de l'intensité d'action et de l'intensité de résistance. — Appropriation des dispositifs. — Relation entre la répartition des forces et l'état moral du commandement.

Nous avons, en nous basant sur des considérations théoriques, déterminé les caractéristiques de la décision. Avant de rechercher comment on peut y aboutir, il nous faut montrer quelles sont leurs relations avec les moyens divers que la tactique met à notre disposition. Nous allons donc essayer de déterminer sommairement quelles conséquences entraîne le choix d'une attitude donnée, à quelles nécessités répondent les différentes formes de dispositifs, à quels résultats conduisent les variations dans la répartition des effectifs. Nous saurons alors d'une façon plus précise ce que nous devons demander aux données de la situation.

En première ligne, nous avons placé l'attitude. L'offensive et la défensive sont, en effet, les deux formes générales de toute action militaire.

Ce qui caractérise l'attitude offensive, c'est l'intention d'imposer sa volonté à l'ennemi, de marcher à lui, de l'attaquer où il se trouve, ou bien où l'on croit le trouver, de chercher à le refouler. Si nous voulons la définir, non dans son but, mais dans sa nature même, nous dirons qu'en pratique l'offensive vise la conquête de l'*espace* occupé par l'ennemi.

Ce qui caractérise la défensive, c'est l'intention de contrecarrer la volonté de l'ennemi, de l'arrêter là où il se présente, de lui résister, de l'empêcher de passer, de l'immobiliser. La défensive vise la conquête du *temps*.

Ces formes ne pouvant jamais être réalisées dans toute leur plénitude (conquête complète de l'espace, conquête indéfinie du temps), aucune ne se suffit complètement à elle-même, et il faut les combiner constamment dans le combat pour obtenir la destruction de l'adversaire. C'est ainsi que l'offensive porte généralement sur une partie du front ; et, pour s'assurer le temps nécessaire à son action, elle dispose des détachements chargés de lui procurer, par des procédés défensifs, ce temps dont elle a tant besoin. Inversement, la défensive, si elle arrête l'ennemi, le laisse plus ou moins intact, et il faut recourir à l'offensive pour compléter son action.

Doit-on conclure de cette pénétration réciproque presque constante qu'il n'y ait pas intérêt à distinguer ces deux attitudes et à les étudier séparément ? Nous ne le croyons pas. Si l'on pénètre dans le détail d'une affaire, on verra que l'action d'une unité particulière, à un moment donné, est toujours nettement offensive ou défensive. Les deux formes, en effet, s'excluent mutuellement. Bien plus, l'attitude générale d'une unité combinée, en dépit des divergences partielles, est toujours elle-même offensive ou défensive. Le commandement ne peut avoir à la fois la volonté de prévenir son adversaire et de l'attendre. Il doit opter. Il y a une dominante dans sa façon d'agir, et c'est cette dominante qui caractérise son attitude, — étant admis, bien entendu, qu'elle pourra changer au cours d'une même opération.

En définissant l'offensive la conquête de l'espace, et la défensive la conquête du temps, nous avons eu en vue l'objectif immédiat que l'on se propose dans chacun de ces modes d'action. Il est bien certain, par exemple, que l'on peut attaquer pour gagner du temps ; mais ce n'est là qu'une façon de parler. Le but momentané et particulier qu'on se propose, c'est de conquérir le terrain occupé par l'ennemi au moment considéré. De même, on résiste pour interdire à l'ennemi l'occupation d'un espace déterminé ; mais le but immédiat s'exprime par l'idée de se maintenir, de rester, de durer, de gagner du temps.

Toutefois, si notre définition est, croyons-nous, exacte, elle est incomplète. En général, une unité, surtout une unité subordonnée, ne dispose pas d'un temps illimité pour attaquer. De plus, elle ne se propose pas de conquérir un espace indéfini ; les besoins à satisfaire ne sont pas aussi grands, et ses forces ne le lui permettraient pas. De même, l'espace dans lequel elle agit et le temps qu'elle doit gagner sont limités pour la défensive. Nous pouvons donc dire que, dans chaque cas particulier :

L'offensive vise la conquête d'un espace déterminé dans un temps donné ;

La défensive vise la conquête d'un temps donné dans un espace déterminé.

En face de chaque problème, c'est l'étude de la mission et l'examen de la situation qui doivent faire ressortir les limites possibles. Suivant leur étendue, la solution finale sera profondément affectée. Que va-t-il se passer, en effet, si nous faisons varier les données de temps et d'espace ?

Pour nous en faire une première idée, considérons une action destructive quelconque. On pourra la réaliser d'une infinité de façons : en un instant, par un seul effort, pourvu qu'il soit suffisamment violent ; en un temps plus ou moins long, par une série d'efforts plus ou moins puissants, dont chacun serait insuffisant à lui seul, mais qui, en s'ajoutant les uns aux autres, finiront par produire l'effet total. On peut dire que le résultat sera le produit de deux facteurs, l'un représentant l'intensité de l'action, l'autre sa durée.

La question se présente sous un aspect analogue s'il s'agit de résister, d'enrayer, par exemple, un mobile lancé à une certaine vitesse. On peut opérer par résistance sur place ou par ralentissement d'allure. Le résultat est ici le produit de deux facteurs représentant l'un l'intensité de la résistance, l'autre l'espace dans lequel elle s'exerce. Toutefois, dans les deux cas, pour obtenir un rendement acceptable, il faut se maintenir dans de certaines limites. L'une des données ne peut tomber à zéro, même en faisant croître l'autre indéfiniment ; sinon, on cesse d'avoir un résultat pratique.

Pareil raisonnement peut s'appliquer au sujet qui nous occupe. Si, dans une action offensive, on fait varier le temps, il semble possible d'arriver au résultat de plusieurs façons : ou bien par une action très intense en un temps très court, ou bien par une série d'actions d'intensité moindre en un temps plus long. Et, dans une action défensive, le résultat cherché, la conquête du temps, pourra être réalisé par une résistance très intense en un espace restreint, ou bien par une série de résistances moindres présentées en un espace plus grand. Sous la réserve, comme tout à l'heure, de ne pas dépasser certaines limites au delà desquelles le rendement deviendrait illusoire.

Les moyens actuels permettent, en effet, à une unité combinée, de graduer pour ainsi dire à l'infini l'intensité de son action.

Avant l'invention des armes à feu, la chose n'eût pas été possible, au moins dans le combat. On pouvait bien s'engager ou ne pas s'engager; mais le combat, une fois entamé, devenait forcément décisif. Telle est encore la situation de la cavalerie lorsqu'elle n'utilise que l'arme blanche. D'ailleurs, le maniement de la cavalerie, en tant qu'arme de choc, est beaucoup trop spécial pour que les considérations que nous exposons ici lui soient applicables. Il n'y a de comparable dans l'action des autres armes que le court moment de l'assaut, lorsque les deux infanteries sont arrivées à portée de baïonnette.

La situation n'est plus la même si l'on considère la valeur des moyens de feux dont disposent actuellement l'infanterie et l'artillerie. La portée des armes et la grande rapidité de leurs effets ont obligé à modifier les formations et les conditions d'approche et ralenti singulièrement la rapidité de l'engagement. La durée du combat a été augmentée, la décision retardée. La défense n'est plus contrainte d'attendre l'adversaire de pied ferme pour lutter corps à corps avec lui. En l'arrêtant à distance, elle l'oblige à accumuler des moyens puissants pour venir à bout de la résistance dont il est menacé. Elle gagne ainsi le temps nécessaire à la réunion de ces moyens, après quoi il lui est encore loisible — en raison de la distance à laquelle elle a maintenu l'ennemi — de l'attendre ou de s'en aller. La quantité de temps qu'elle peut gagner au point où elle s'est établie est donc très variable, et il est possible d'obtenir un résultat déjà appréciable sans s'engager à fond. Ainsi le défenseur peut viser en un espace donné la conquête d'une quantité de temps plus ou moins considérable.

De son côté, l'assaillant n'est plus obligé, comme autrefois, d'aborder avec une densité uniforme la totalité de l'espace occupé en face de lui. Il lui est permis de n'agir en forces sérieuses que contre une partie de cet espace, pendant qu'il neutralise le reste du front ennemi par les feux d'échelons bien disposés. Ainsi l'assaillant peut, dans un temps donné, viser la conquête d'une quantité d'espace plus ou moins considérable.

Constatons pour le moment ces propriétés, sans nous demander si tel ou tel mode d'emploi est supérieur à l'autre. Nous sommes, d'ailleurs, en présence, non pas de deux principes ou de deux manières de faire, mais d'une série indéfinie de procédés qui n'ont pas de valeur intrinsèque ; ce serait leur en attribuer que de chercher à les classer en les comparant entre eux ou en les opposant les uns aux autres.

La répartition générale des forces découle directement de l'intensité que l'on veut donner à l'action ou à la résistance.

Dans l'offensive, en effet, rechercher l'intensité maxima, ce sera chercher la conquête de l'espace demandé dans le minimum de temps, ce qui conduit à mettre immédiatement en ligne tous les moyens dont on dispose. On ne voit pas, en effet, d'autre façon de les faire tous agir simultanément, par conséquent d'être le plus fort possible. Si l'on veut développer une intensité moins grande, on engagera moins de forces à la fois. L'intensité minima résultera de l'emploi successif des moyens dont on dispose, ce qui conduit à réserver, à échelonner ce qu'on ne veut pas faire agir immédiatement. Ainsi, l'ordre linéaire correspondra au maximum possible d'intensité, et l'ordre profond au minimum. Toutes autres dispositions d'une troupe sont d'ailleurs comprises entre ces deux formes extrêmes, la ligne et la colonne, — en prenant ces deux termes dans leur sens le plus général, — et forment, théoriquement au moins, une série de dispositions correspondant chacune à une action d'intensité donnée.

Dans la défensive, rechercher l'intensité maxima, c'est s'efforcer de conquérir le temps demandé dans le minimum d'espace. Là aussi on est conduit à adopter la simultanéité des efforts, par suite à mettre en ligne tous les moyens dont on dispose. On obtiendra une action moindre en engageant moins de forces à la fois, et l'intensité minima sera obtenue par des résistances sur lignes successives (1), chaque temps d'arrêt venant s'ajouter aux temps d'arrêt précédents. Ici encore, les dispositions correspondant aux deux extrêmes sont l'ordre linéaire pour le premier, l'ordre profond pour le deuxième.

En résumé, une troupe peut graduer l'intensité de son action et la réaliser d'une manière très variable, à la condition de prendre, dans la série des dispositifs à sa portée, celui qui convient à l'effet qu'elle veut produire.

Il va sans dire que, plus l'action est intense, plus les risques courus sont grands. La simultanéité des efforts a pour corollaire la nécessité de réussir du premier coup. On y joue le tout pour le tout. Toutes les forces étant portées en ligne, il ne reste plus rien dans la main du commandement pour parer à un échec. Une telle disposition doit correspondre chez le chef à une certitude absolue de réussir ou, — comme on n'a jamais cette certitude, — à une confiance, à une audace très grandes. Au contraire, le système de la succession des efforts, laissant constamment des réserves à la disposition du commandement, lui permet de parer aux événements et réserve l'avenir. Dans le premier cas, le chef aliène complètement sa liberté d'action ; il la conserve dans le second, mais avec ce danger qu'il risque à la limite de ne produire que des effets insuffisants. Quant aux solutions intermédiaires, elles correspondent à un degré d'audace ou de prudence plus ou moins grand, suivant qu'on se rapproche de l'un ou l'autre des extrêmes.

En résumé, moins on veut risquer, plus on doit agir avec modération : dans l'offensive, viser moins d'espace à la fois ; dans la défensive, chercher à gagner moins de

---

(1) Il est bien entendu que cette théorie du combat ou de la manœuvre en retraite ne saurait être généralisée indéfiniment. D'ailleurs, ici, nous nous contentons d'exposer, nous ne discutons pas.

temps à la fois. Et, en fin de compte, la répartition générale des forces nous apparaît comme devant être en corrélation intime avec l'état moral du commandement. Par là
même, elle sera tout d'abord fonction du caractère personnel du chef. Tout le monde, en effet, n'a pas le même
tempérament, la même dose de sang-froid, de courage,
de hardiesse, d'esprit d'entreprise. Avant de se risquer,
d'essayer un procédé qui réussit à d'autres, il faut consulter ses propres forces et rester dans une mesure proportionnée aux difficultés qu'on se sent capable de surmonter.

III

Formes principales de la répartition des forces.

———

Répartition générale. Dans l'offensive : Période de marche; période préparatoire à l'engagement; combat. Dans la défensive : Stationnement; période préparatoire à l'engagement; combat. — Constitution des éléments de sûreté : Avant-gardes et flanc-gardes; leur mission, leur effectif.

Il nous paraît nécessaire, pour la clarté de notre exposition, d'indiquer brièvement, d'après les règlements en vigueur et les idées généralement admises aujourd'hui, les formes les plus usitées de la répartition des forces. Nous résumerons d'abord ce qui concerne la disposition d'ensemble ; nous étudierons ensuite la constitution des éléments de sûreté.

Répartition générale des forces.

Dans toute action de guerre, on distingue généralement trois grandes phases. Pour l'attitude offensive, c'est d'abord la marche à l'ennemi, puis les dispositions préparatoires à l'engagement, enfin le combat. Dans l'attitude défensive, nous trouvons successivement une phase d'attente que nous appellerons le stationnement défensif (1), et, comme plus haut, les dispositions préparatoires à l'engagement et le combat.

En ce qui concerne la marche à l'ennemi, la disposition qui assure le mieux la simultanéité et la rapidité de l'engagement de toutes les forces, c'est la marche en plusieurs colonnes peu profondes. Plus ces colonnes seront nom-

———

(1) Pour le distinguer du stationnement momentané, simple temps d'arrêt dans la marche en avant, imposé par la nécessité de réparer ses forces, et qui se présente dans de toutes autres conditions.

breuses, plus l'engagement sera rapide. Ce dispositif qui est, en marche, l'expression la plus parfaite de l'ordre linéaire, engage complètement la liberté d'action du commandement ; il est donc d'un emploi délicat, sauf quand l'axe de l'attaque peut être déterminé à l'avance, ou bien quand l'ennemi, par sa nature ou par son état moral, est notoirement inférieur : action contre la cavalerie, poursuite, action contre une avant-ligne ou un détachement cherchant à retarder la marche, etc. En nous rapprochant de l'ordre profond, nous trouvons le « carré de marche », le losange et les formations qui s'en rapprochent (colonnes profondes et peu nombreuses), permettant d'engager l'action sur un espace encore assez grand, tout en réservant suffisamment de forces pour parer aux éventualités. Au bas de l'échelle, enfin, c'est la colonne unique, plus ou moins couverte par des avant-gardes et des flanc-gardes, qui présente le maximum de souplesse comme orientation et le minimum de rapidité d'engagement.

Le terrain peut obliger à modifier la répartition théorique que l'on voudrait adopter. On ne trouve pas toujours des routes assez nombreuses ou assez rapprochées pour que la formation de marche embrasse tout l'espace nécessaire. Il en résulte que la disposition choisie pour marcher est bien rarement celle qui convient pour engager le combat, d'autant plus que, dans l'intervalle, des renseignements sont venus modifier ou préciser les idées qu'on se faisait sur la situation de l'ennemi. De là la nécessité d'une phase préparatoire, permettant de corriger la disposition, de l'adapter de plus près à la situation reconnue, et comprenant, par suite, des rassemblements ou des déploiements, en prenant ces deux termes dans un sens très général. Rassemblement et déploiement marquent ici les deux points extrêmes d'une série de formations à l'une desquelles on a recours suivant les circonstances. Il est facile de voir que le déploiement est le procédé qui permettra plus tard l'action la plus rapide ; mais, poussé à l'extrême, il constitue une aliénation immédiate et complète de la liberté d'action. Le rassemblement de la troupe en une seule masse présente les avantages et les inconvénients inverses. Quant aux combinaisons intermédiaires, rassemblements partiels échelonnés en largeur ou en profondeur, ils participeront naturellement des avantages et des inconvénients de celle des formations extrêmes vers laquelle ils tendent. En résumé, plus l'on veut agir vite, plus on doit se rapprocher du déploiement.

En ce qui concerne le combat offensif, l'intensité y comporte de nombreux degrés. On peut aborder l'ennemi sur un grand front et l'attaquer également partout à la fois ; on peut économiser ses forces sur la plus grande partie du front et concentrer momentanément ses efforts sur un objectif principal pour recommencer ensuite contre les objectifs voisins. De plus, en face d'un objectif déterminé, on peut encore varier : ou bien engager à la fois toutes les forces que le terrain permet de disposer, ou bien se limiter et ne mettre en ligne que ce qui paraît nécessaire pour vaincre un degré donné de résistance de l'ennemi.

Toutes les formes de combat préconisées par nos règlements se groupent facilement dans ce cadre. Au bas de l'échelle, c'est le combat dit « de reconnaissance », qui a pour but plutôt de voir que de vaincre, et dans lequel on s'engage le moins possible, ne démasquant d'infanterie et d'artillerie que ce qui est nécessaire, cherchant à produire son effort sur un seul point, choisissant le plus accessible possible parmi ceux dont la conservation importe à l'ennemi, prenant à l'avance les dispositions nécessaires pour recueillir les troupes engagées, arrêtant les frais dès que l'adversaire a montré les forces dont on voulait constater la présence. C'est la forme de combat la moins intense.

Au-dessus, on peut placer le type auquel on a donné le nom de combat « d'usure » ou de « préparation », lequel embrasse un espace généralement considérable, avec, sur chaque point, des efforts à intensité plus ou moins limitée. Il comporte, suivant l'un des buts que l'on poursuit : enrayer, immobiliser, user, une action plus ou moins vive, un engagement plus ou moins à fond de l'artillerie, une consommation plus ou moins rapide des réserves. Au-dessus encore, c'est l'attaque dite « décisive », attaque conduite sur un espace restreint dans lequel on développe un effort maximum. Enfin, la poursuite, où l'on aborde l'ennemi à fond sur un grand front nous apparaît comme le degré le plus élevé d'intensité d'action. Notons que toutes ces formes ne représentent pas des types à intensité parfaitement définie ; ils sont, dans une certaine mesure, susceptibles eux-mêmes de variations ; chacun d'eux forme le point moyen d'un groupe dont les limites se confondent avec celles des groupes voisins. Ajoutons, enfin, que nous avons employé les termes qui précèdent parce qu'ils sont les plus usités, mais sans prétendre que le mode de combat qu'ils caractérisent doive être réservé uniquement à la circonstance d'où ils tirent leur nom.

Des considérations semblables sont applicables à la défensive.

La première période dans l'attitude défensive, le stationnement défensif, peut revêtir des formes analogues à celles que nous avons énumérées pour l'offensive. Ce sera d'abord le « cordon » qui met toutes les forces en ligne et permet d'opposer, par conséquent, immédiatement le maximum de résistance (conquête d'un temps donné dans un espace minimum). Il a tous les avantages et tous les inconvénients de l'ordre linéaire. Aussi, sous sa forme extrême, limite-t-on ordinairement son emploi aux cas où on a une supériorité incontestable sur l'ennemi : rideaux contre la cavalerie, barrage contre un adversaire très inférieur, etc. Par cordon, nous entendons ici une ligne de gros ayant chacun une capacité de résistance suffisante pour le temps qu'on se propose de gagner. Si l'on veut une formation plus souple, capable de faire face à plusieurs directions, le groupement des forces évoluera dans les formes se rapprochant du dispositif en carré ou en losange, dispositif qui embrasse un espace assez considérable sans obliger à la simultanéité des efforts. A ce groupe se rattache la concentration des forces en une masse unique, couverte par des avant-gardes dans les directions dangereuses. Cette dernière condition est essentielle, la concentration pure et simple, sans éléments de couverture, n'étant qu'une variante du cordon. Si l'on veut encore descendre dans l'ordre d'idées que nous indiquons, on aboutira à un dispositif échelonné en profondeur donnant le moyen de gagner du temps par des résistances successives dans un espace plus grand. Analogue de la colonne unique dans l'offensive, nous verrons qu'il nécessite comme elle une sérieuse protection des flancs.

Quand le stationnement doit se prolonger, la nécessité de tenir compte des ressources en cantonnements imposera souvent un groupement différent de celui qui correspondrait à la situation tactique. De plus, l'approche de l'ennemi et ses premières manifestations pourront modifier les intentions primitives quant à la quantité de résistance à opposer. De là, comme dans l'offensive, une phase de préparation se traduisant par des resserrements ou déploiements pour adapter définitivement la disposition au but poursuivi.

En ce qui concerne le combat, on peut aussi faire varier l'effort dans l'espace et dans le temps. On peut résister sur une seule position ou sur plusieurs positions successives ; et, sur chaque position, on peut offrir une égale

résistance partout, ou concentrer ses efforts sur un ou plusieurs points. Les multiples combinaisons qui en résultent
peuvent se grouper autour de quatre types principaux.

Au minimum d'intensité, nous avons le « combat en retraite », série de résistances limitées sur des positions successives, entamées à l'extrême portée des armes, abandonnées dès que l'ennemi devient pressant ; opération délicate à diriger sous sa forme extrême, c'est-à-dire lorsqu'on
veut, avec une faible troupe, résister sur un espace très
profond. A un degré plus élevé, se place le combat défensif « en profondeur », combat d'arrière-garde, par exemple, comportant sur chaque position une résistance plus ou
moins longue, suivant le temps que l'on veut gagner et le
but final que l'on poursuit : retarder ou arrêter. Une forme
plus intense, c'est le combat défensif classique, caractérisé
par une résistance sur une faible profondeur avec effort
plus particulièrement prononcé, sur le ou les points visés
par l'ennemi, au moyen de réserves agissant généralement
par contre-attaque ou retour offensif. Enfin, au degré le
plus élevé, c'est la défensive linéaire, le cordon sans profondeur et présentant sur tout son front une résistance
égale.

Dans l'offensive comme dans la défensive, les dispositions prises dans la première phase se transforment naturellement dans la troisième en actions d'une intensité proportionnée. Une disposition de marche ou de stationnement entraîne un mode déterminé de combat et ne permet
que celui-là, — sous réserve, bien entendu, des correc-
tions qu'il est possible de faire pendant la phase préparatoire à l'engagement.

Constitution des éléments de sûreté.

Dans la plupart des cas, une troupe se trouve dans
l'impossibilité d'embrasser tout l'espace occupé par l'en-

nemi. Les forces de ce dernier peuvent, en conséquence, se répartir en deux catégories : celles contre lesquelles on veut agir ou résister, et celles que l'on veut empêcher d'intervenir. Contre l'un et l'autre de ces groupes, l'ignorance où l'on se trouve de la situation réelle de l'adversaire, et l'impossibilité où l'on est soi-même d'agir d'une façon immédiatement décisive obligent à interposer des éléments de sûreté. Ce sont les avant-gardes et les flanc-gardes.

L'avant-garde s'adresse à l'ennemi que l'on veut frapper. L'école française classique s'accorde à lui reconnaître une triple mission : orientation, préparation, protection. Elle recherche les renseignements nécessaires à l'orientation du gros, à sa mise en œuvre face à l'ennemi, lorsque la cavalerie n'a pu en fournir de suffisamment précis. Pour y arriver, elle a recours au combat dont elle emploie généralement, au moins au début, les formes les plus prudentes : elle prépare l'action du gros en déblayant les premiers obstacles, en mettant la main sur les débouchés dont il aura à se servir, sur les points d'appui qui vont encadrer son artillerie, en lui réservant, enfin, s'il ne l'a pas *de plano*, l'espace dont il aura besoin pour accomplir les mouvements préparatoires qui constituent ce que nous avons appelé la deuxième phase d'une manœuvre, la transformation du dispositif de marche ou de stationnement en dispositif de combat. Enfin, elle protège le gros en le garantissant des atteintes de l'ennemi en face de lui dans toutes les circonstances et pendant tout le temps où il n'est pas en mesure immédiate d'agir. Ces trois missions n'ont généralement pas, à un moment donné, une égale importance ; suivant le cas considéré, l'une ou l'autre devient prépondérante. L'arrière-garde, par exemple, dans les marches en retraite, n'est autre chose qu'une avant-garde où domine la mission de protection.

L'effectif à attribuer à l'avant-garde résulte naturelle-

ment des missions qui lui sont dévolues. Il peut varier suivant leur facilité ou leur difficulté. Une troupe excessive-
ment mobile, ayant besoin de peu de temps pour se former, capable de se déplacer facilement, si l'espace où elle
se trouve ne lui convient pas, ne demande a son avant-
garde que des renseignements ; elle peut se contenter d'éléments légers de découverte. Une troupe qui a pris des formations linéaires est présumée orientée face à l'ennemi,
autrement son chef ne l'aurait pas déployée ; elle tient elle-
même tout l'espace qui lui est nécessaire ; elle n'a pas besoin de temps pour prendre ses dispositions de combat. Une
forte avant-garde devient superflue. Mais plus on se rapproche de l'ordre profond, plus grandit la nécessité de l'avant-
garde. Dans l'offensive, par exemple, la colonne unique a
besoin d'une reconnaissance précise, son chef se proposant
ordinairement de ne déployer ses moyens qu'à bon escient;
il lui faut du temps pour réunir ses forces, et de l'espace
pour les mettre en jeu. Ici, la nécessité et, par suite, l'effectif de l'avant-garde doivent devenir maxima. Le règlement,
dans ce cas, fixe cet effectif au tiers ou au quart de la
troupe à couvrir.

La mission des flanc-gardes est moins complexe. Inter-
posées entre le gros et les fractions ennemies qu'on veut
empêcher d'intervenir le cas échéant, leur rôle est uniquement de protection. L'effectif à leur attribuer dépend du
procédé qu'elles pourront appliquer. La série de ces procédés est comprise entre deux extrêmes : le renseignement
et la résistance.

La sûreté est, en effet, assurée si, par un renseignement
obtenu à distance suffisante, on a acquis la certitude que
l'ennemi ne peut troubler en temps voulu l'opération projetée. A un degré inférieur, elle existe encore si, ne pouvant atteindre le résultat précédent, on s'est mis en demeure de recevoir le renseignement assez tôt pour opposer

à l'ennemi, au point voulu, la résistance nécessaire. Au-dessous de ce degré de renseignement, il faut se résigner à demander à des détachements le service éventuel qu'on n'a pu réaliser autrement. Ainsi, la nécessité de faire des détachements de sûreté croît tout d'abord en raison inverse de la possibilité de se renseigner ; leur effectif grossit au fur et à mesure et atteint son maximum dans les cas où l'on ne peut espérer aucun renseignement. Dans la première série, la force qu'on leur donne aura pour but de procurer le supplément de temps nécessaire à la transmission des renseignements et à la mise en œuvre de moyens suffisants; dans la seconde, elle correspondra au détachement que l'on aurait fait si on avait eu la certitude d'une intervention de l'ennemi.

Toutes choses égales d'ailleurs, cet effectif est en même temps fonction du temps que l'on veut conquérir. Moins il faut de temps pour s'écouler et pour agir, moins il faut aller chercher loin le renseignement, plus on a chance d'obtenir la sûreté par ce moyen. A ce sujet, les formations linéaires sont encore les mieux partagées ; sous leur forme extrême, elles ne sont, d'ailleurs, justifiées que si l'ennemi ne peut intervenir en dehors de leur front. La nécessité de se couvrir par des détachements d'une certaine importance contre les forces ennemies dont on veut se garer apparaît lorsqu'on se rapproche des formations profondes. Comme la nécessité de l'avant-garde, elle devient maxima pour la colonne unique dans l'offensive, l'échelonnement en profondeur dans la défensive.

En résumé, qu'il s'agisse d'offensive ou de défensive, nous constatons une corrélation absolue entre la répartition générale des forces et l'importance des effectifs à attribuer aux éléments de sûreté. Ceux-ci doivent croître au fur et à mesure que diminue l'intensité de l'action qu'on se propose d'exécuter avec le gros. Or, nous savons que cette intensité est fonction du degré de prudence dans lequel on veut se maintenir ; nous pouvons donc généraliser cette conclusion que nous avons développée au chapitre précédent et l'étendre à la répartition totale des forces.

Revenant à notre point de départ, nous sommes maintenant en mesure de mieux définir ces caractéristiques de la décision dont nous parlions en commençant. Dans chaque cas particulier nous aurons à déterminer :

L'attitude, en précisant au plus près ses limites d'espace et de temps ;

L'espace qu'il est nécessaire d'embrasser ;

La répartition des forces dans cet espace : disposition du gros, constitution des éléments de sûreté, — répartition qui nous sera fixée par le degré d'audace ou de prudence inspiré par l'étude de la mission et l'examen de la situation.

IV

L'étude de la mission.

———

L'ordre initial. — Etude de la situation générale. — Décomposition de la mission. — Recherche de variantes acceptables. — Première approximation des caractéristiques de la décision.

La mission d'une unité subordonnée lui est donnée sous la forme d'un ordre ; c'est également par un ordre que se traduira la décision prise par le chef de cette unité après examen de la situation. Ainsi le point de départ de notre discussion est en même temps son point d'arrivée. Sans doute, il ne s'agit pas du même ordre, mais tous deux sont rédigés dans la même forme, et nous sommes obligés de supposer que l'ordre initial renferme les différents termes dont nous démontrerons la nécessité à propos de l'ordre final. D'autre part, le travail auquel on est obligé de se livrer sur le texte d'un ordre pour en dégager la mission à remplir donne des indications sur ce qu'on doit y mettre ; en cherchant à comprendre, on apprend à rédiger. Il en résulte une certaine pénétration entre les sujets de notre paragraphe VII et de celui-ci. Pénétration impossible à éviter, car elle résulte de la nature des choses : un chef est presque toujours au milieu d'une série ; sa décision a pour origine la décision d'un supérieur et servira ensuite de base à celle d'un inférieur.

Nous supposerons donc admis, ce qui se vérifie facilement dans la pratique, qu'un ordre contient plus ou moins les indications suivantes :

Une orientation générale résultant de :
1° La situation générale ;

Situation tactique.

3

2° Le but général que se propose l'ensemble de la troupe dont on fait partie ;

Une orientation particulière déterminée par :

3° Le but particulier qui nous est assigné ;

4ª La limitation des moyens à employer.

On pourrait être tenté de croire *a priori* que l'étude de la mission peut se borner à la considération du but particulier que nous devons atteindre. Cela arrive, en effet, toutes les fois qu'il a été possible de préciser ce but sous une forme absolument concrète, non susceptible de modifications pendant toute la durée de l'opération.

Tel est, par exemple, le cas d'une troupe exécutant d'une façon tout à fait indépendante une action isolée : destruction, attaque d'un convoi, etc. Ici la mission est nette et simple, invariable tant qu'elle n'a pas été accomplie. Il suffit de chercher à la préciser dans la forme que nous indiquons un peu plus loin.

Il n'en va plus de même si la troupe considérée fait partie d'un ensemble. Elle peut, en effet, y occuper des situations bien différentes. Ses relations avec le commandement et le reste de la masse peuvent se tendre jusqu'à l'encadrement le plus étroit ou se détendre au contraire jusqu'à un isolement presque complet. A une unité encadrée de près, il est encore possible de fixer un objet concret. Mais dès qu'il s'agit de détachements, le but à atteindre cesse souvent d'être un objectif matériel ; il devient un rôle, et il est généralement donné sous une forme de plus en plus abstraite au fur et à mesure que s'accentue l'indépendance relative de l'unité.

Il faut d'ailleurs bien qu'il en soit ainsi, parce que les besoins du gros pour lequel on travaille varient à chaque instant et que la mission de l'unité détachée est d'assurer à chaque instant la satisfaction de ces besoins. Considérons, par exemple, l'avant-garde d'une colonne qui marche à l'ennemi. A certains moments, son rôle consistera uniquement à précéder le gros dans son mouvement ; ailleurs, ce sera de débarrasser la route d'un obstacle ; plus loin, de tenir un débouché dont le gros devra se servir à la suite d'un stationnement momentané. Lorsque l'ennemi se présentera, il faudra le reconnaître ; s'il est en forces, couvrir le corps principal qui va se mettre en mesure de combattre, préparer son action, etc., etc. Un ordre n'en finirait pas qui voudrait tout prévoir ; il a fallu se contenter de termes assez larges pour faire comprendre au subordonné le service qu'on en attendait sans lui tracer une ligne de conduite qu'il risquerait de ne pouvoir suivre.

De ce que la mission est exprimée en termes généraux, il ne s'ensuit pas qu'elle soit vague. Sa précision, il est vrai, est toute en puissance ; elle n'en est pas moins réelle. C'est à l'esprit à la déterminer constamment au fur et à mesure que se déroule l'opération. Il faut, pour y arriver, chercher à se rendre compte à chaque instant des besoins du gros dont on fait partie, et cela par une étude sérieuse et constante de ce qui, dans l'ordre, constitue l'orientation générale. Pour jouer convenablement, dans l'ensemble de la partie, la pièce qui nous est confiée, nous devons par la pensée la replacer au milieu des autres. Il faut arriver à voir d'une manière aussi claire, aussi précise que possible, la situation du gros, le but général qu'il poursuit, les obstacles qu'il va rencontrer. Il est bien souvent nécessaire que le chef d'une unité subordonnée s'élève au-dessus de sa propre mission, de façon à juger de l'ensemble, appliquant ainsi le conseil que donne de Brack au commandant d'une avant-garde : « Pour mériter le titre de bon officier d'avant-garde, il faut pour ainsi dire être capable de commander les troupes nombreuses auxquelles on ouvre le passage. »

Cette considération de l'ensemble, toujours nécessaire, devient même la seule ressource dans les cas extrêmes où des circonstances imprévues font disparaître l'orientation particulière. Une telle situation ne se présente ordinairement qu'au cours d'une opération. On avait reçu primitivement une mission ; on l'a réalisée ; mais pendant ce temps des événements nouveaux sont survenus, et l'on sent qu'il faut agir, que l'on pourrait encore être utile. Attendre des ordres qui ne viendront peut-être pas est dangereux ; le mieux est de chercher à voir ce qu'on peut faire de plus avantageux pour l'unité dont on dépend et, en cas d'incertitude, d'adopter franchement l'attitude générale du gros : c'est la règle bien connue de marcher au canon, règle qui ne nous paraît d'ailleurs applicable qu'avec la restriction qui précède.

Nous avons supposé que la mission primitive était devenue sans objet parce qu'elle avait été réalisée. C'est là un cas relativement simple. Il peut être considéré comme le premier d'une série beaucoup plus délicate. Il y a des circonstances, en effet, où, par suite de modifications dans la situation générale, la mission primitive, bien que non réalisée au sens propre du terme, semble ne plus répondre aux nécessités de l'heure présente. Parfois, le fait sera à peu près évident ; d'autres fois, il sera beaucoup plus douteux. On ne peut résoudre le problème qu'en s'efforçant, toujours par l'étude de la situation générale, de bien juger de l'utilité de la mission qui nous a été confiée. La situation s'aggrave encore si la décision à prendre est de nature à modifier l'économie générale de la manœuvre projetée ; on approche ici, en effet, de la limite à partir de laquelle l'inférieur n'a plus le droit d'exercer son initiative.

En résumé, c'est par une étude attentive de l'orientation

générale, que l'on doit chercher à résoudre toutes les obscurités dont la mission paraît enveloppée.

Lorsqu'on se trouve chargé d'une opération d'une certaine durée, il est à prévoir que la situation ne restera pas sans modifications pendant tout ce temps. Il en résulte une double conséquence au point de vue de l'étude de la mission, en tant que préparation à une décision éventuelle.

La première, c'est qu'il n'est pas toujours nécessaire de viser du premier coup ce qui doit être le terme final de notre effort. Il est bon de prévoir des étapes intermédiaires et de les jalonner. Nous retrouverons plus tard d'autres applications de cette méthode qui consiste à sérier les difficultés pour les aborder successivement. Ici, elle trouvera d'autant plus son emploi que la situation sera plus instable et la mission plus complexe, ces deux causes ruinant infailliblement toutes les combinaisons à trop longue échéance.

En second lieu, si loin que le commandement ait poussé ses prévisions, il n'a pu voir l'avenir. Sa répartition de forces en a été affectée ; et ce serait un bonheur extraordinaire que l'on se trouvât juste en mesure d'exécuter ce qui a été prescrit, rien de plus, rien de moins. Il est, au contraire, fort probable que l'on se trouvera plus ou moins au-dessus ou au-dessous de l'effort à accomplir. Dans le premier cas, il faut se demander ce qu'on peut faire d'utile en plus ; dans le second, ce qu'on peut sacrifier de moins nécessaire. Dans le premier, déterminer la partie fixe de la mission et voir quels sont, parmi les autres besoins du gros, ceux que l'on pourrait prendre à son compte ; dans le second, chercher une mission dérivée qui, si elle n'est pas l'entier accomplissement de la première, en réalise du moins la plus grande partie.

Prenons, par exemple, une flanc-garde suivant un itinéraire parallèle au gros d'une colonne qu'elle est chargée de couvrir. Si l'ennemi ne se présente pas contre elle en effectifs importants, mais se trouve tout entier sur le front, elle pourra consacrer l'excédent de ses forces à agir comme une seconde avant-garde ; elle prendra à son compte la reconnaissance du front qui se trouve en face d'elle. Si, au contraire, l'ennemi afflue sur un point en nombre suffisant pour exiger son immobilisation complète, elle n'hésitera pas à faire tête en ce point, courant ainsi au danger le plus pressant, et quitte à abandonner — par nécessité — son rôle de protection sur le reste du flanc.

Que cette tendance à l'initiative puisse devenir un danger, c'est certain ; qu'elle soit nécessaire, l'expérience prouve que ce n'est pas moins indiscutable. Il ne s'agit d'ailleurs, pour le moment, que d'étudier la possibilité de ces variantes, sans préciser d'avance à laquelle on s'arrêtera. La décision ne sera prise que le cas échéant, sous la pression d'une situation déterminante. Mais si on ne s'est pas préparé, si on préfère s'en remettre à l'inspiration du moment, a-t-on le droit d'espérer que la résolution en sera meilleure ? L'influence du caractère se manifestera dans tous les cas, et d'autant plus violemment qu'elle aura été moins tempérée par la réflexion préalable.

Etude de la situation d'ensemble, décomposition de la mission, recherche de variantes acceptables, telles sont les méthodes généralement adoptées pour préciser dans chaque cas le but particulier que l'on doit se proposer d'atteindre. Il nous reste à indiquer vers quelles formes doit tendre cette précision.

Il s'agit naturellement de déterminer une première approximation de ce que nous avons appelé les caractéristiques de la décision.

Ce sera d'abord l'attitude, mais l'attitude définie au

moyen de quantités concrètes d'espace ou de temps : conquérir tant d'espace en tant de temps ou inversement. Le
danger ici est de rester dans les abstractions, de se contenter de ces termes généraux qui expriment forcément
une idée assez lâche pour convenir à toutes les situations.
Je dois arriver à tel point à telle heure, l'ennemi ne doit
pas franchir tel point avant telle heure, — telles sont, la
plupart du temps, les formes sous lesquelles il convient
de traduire sa mission.

On ne veut pas dire par là qu'il faille à tout prix arriver
à des limites précises. Si le problème comporte une certaine indétermination, il suffit de s'en rendre compte et de
la noter. Cette indétermination peut affecter l'une ou les
deux conditions d'espace et de temps ; elle peut même
aller jusqu'à donner le choix entre deux attitudes. On se
contentera alors de fixer approximativement les limites
du groupe des solutions convenables.

On aura, en même temps que l'attitude, une première
approximation de l'espace à occuper ; j'entends par là
l'espace qui est nécessaire à l'unité supérieure pour laquelle on travaille, ou qui est imposé par le commandement. Celui dont nous aurons besoin nous-mêmes pour
accomplir dans les conditions suffisantes de rapidité et de
sûreté l'opération qui nous est imposée sera déterminé
plus tard.

Enfin la mission doit donner une idée, sinon de la répartition des forces, au moins des limites d'intensité d'action entre lesquelles on doit se maintenir. Cette idée, il est
encore nécessaire de la traduire en termes concrets, si elle
ne peut être encadrée dans la définition de l'attitude, et
de déterminer par exemple les forces ou les actions minima qu'on ne doit pas chercher à vaincre chez l'ennemi,
ou contre lesquelles on n'a pas à essayer de résister indéfiniment, et inversement. Il ne faut pas oublier ici que

l'on fait partie d'un ensemble, et qu'il y a toujours un double écueil à éviter : si on va trop loin, on oblige le commandement à vous soutenir et à engager pour cela des
forces qu'il avait réservées pour un autre emploi ; si on
ne va pas assez loin, on ne prend pas sa part suffisante
de la tâche commune et elle retombe plus lourdement sur
les épaules des autres.

Y a-t-il un moyen d'échapper à cette complication, de
trancher ce dilemme ? Bien que quelques-uns l'aient essayé, cela n'est guère probable. Il serait certainement
beaucoup plus simple de dire : « Allez toujours à fond et
ne regardez pas en arrière. » Mais il suffit de généraliser
cette règle pour voir qu'elle est inapplicable. De Brack
lui-même, qui n'est pas suspect de timidité, n'a-t-il pas
écrit : « Il ne s'aventure, — lorsque la prudence lui est
commandée, — qu'après avoir bien pesé les suites de ses
déterminations, combiné les devoirs spéciaux de sa mission avec l'importance relative d'un échec qu'il pourrait
éprouver, l'éloignement de ses appuis, etc. » Le problème
ne peut être tourné par un procédé facile ; il faut résolument l'aborder de front.

Concluons. Si générale, si abstraite que puisse être la
mission qui nous a été donnée, elle doit être, pour guider
nos résolutions, traduite en termes précis, concrets : espace, temps, effectifs. C'est à cette condition seule qu'elle
pourra servir utilement de base à la décision. La mission
est un devoir. Bien connaître son devoir est la première
des garanties contre les erreurs de l'esprit et du caractère.

V

L'examen de la situation.

———

*Premier aperçu : la nature, l'attitude et la force de l'ennemi. —
Etude et synthèse du terrain. — Limitation des éventualités possibles et de leurs contre-parties. — Classement des éventualités
probables. — Idée préconçue et passivité.*

Nous connaissons maintenant notre mission d'une façon
aussi précise que possible ; mais, pour la remplir, il va
falloir compter avec l'ennemi. Nous sommes naturellement
très intéressés à savoir dans quelle mesure il pourra se
mettre en travers de nos projets. Mieux nous serons ren-
seignés, plus nous aurons de chances de réussir. On ne
connaît pas tout ce que fait l'ennemi ; on n'y arrivera
probablement jamais ; au moins doit-on s'efforcer de tirer
le meilleur parti de ce que l'on sait.

Si l'on cherche à classer les différents degrés de connaissance que l'on peut avoir de l'ennemi, on trouve, du
moins au plus :

Sa position générale,
Sa nature,
Son attitude,
L'espace qu'il occupe,
Sa force,
La répartition de ses forces.

Parmi les renseignements que l'on possède, une partie
peut être utilisée directement et nous inciter, sans raisonnement intermédiaire, à tel ou tel degré de prudence, à
tel ou tel mode de répartition de forces : ce sont sa nature,
son attitude et sa force totale.

Sa nature, c'est-à-dire l'arme qui prédomine dans sa

composition. S'il possède de ce chef des propriétés autres
que les nôtres, on sent que notre jeu devra en être immédiatement affecté. S'il a de l'artillerie, par exemple, notre gros aura besoin d'une zone de sûreté plus considérable que dans le cas contraire. Le type le plus complet
dans cet ordre d'idées est l'opposition d'une troupe de
cavalerie à une troupe d'infanterie. La mobilité de la première permet difficilement à l'infanterie d'être renseignée
à temps, ce qui entraîne à des dispositions de sûreté plus
importantes. D'autre part, la faiblesse de résistance de la
cavalerie invite à prendre des formations permettant une
action plus rapide. L'infanterie sera donc conduite à multiplier ses colonnes, si le terrain le permet, et, sinon, à
renforcer ses dispositions de sûreté.

Son attitude, offensive ou défensive. Si, en face de
notre offensive, l'ennemi adopte la même attitude que
nous, la rapidité de l'engagement sera au moins doublée,
l'usure des forces se fera beaucoup plus vite. Si, au
contraire, il se maintient sur la défensive, son immo-
bilité permettra bien des choses, et nous aurons moins de
peine à rester maîtres des événements. Qu'elle soit imposée
ou voulue, l'attitude défensive semble toujours trahir une
certaine défiance de ses propres forces ; en tous cas, elle
donne une impression de résignation à suivre au moins
momentanément la volonté de l'adversaire. Elle augmente
ainsi la confiance de cet adversaire et lui permet d'adopter
des mesures d'action plus intense, de diminuer ses dispositions de sûreté, en un mot d'être plus audacieux. Dans
les mêmes conditions, l'offensive en impose au contraire ;
vis-à-vis d'un adversaire qui attaque, on aura toujours
une certaine difficulté à maintenir la consommation des
effectifs dans les limites de rapidité qu'on a résolu d'accepter ; une plus grande prudence sera nécessaire. Dès
lors, une *variation d'attitude* chez l'ennemi est un indice

important et dont il faut tenir le plus grand compte. S'il passe de la forme défensive à l'offensive, nous pouvons avoir intérêt à voir venir, à diminuer l'intensité de notre action ; et inversement dans le cas contraire. Etant entendu que ces modifications seront proportionnées à la franchise et à l'importance du changement constaté chez l'adversaire.

La force totale de l'ennemi, lorsque, par hasard, elle nous est connue, influe aussi plus ou moins nécessairement sur nos décisions. On sera de suite porté à un degré donné de prudence, suivant qu'il est plus fort, d'égale force ou moins fort que nous. C'est là toutefois une impression qu'il ne faut pas accepter sans contrôle, la supériorité numérique reconnue à l'ensemble pouvant ne pas se vérifier sur tous les points ni à tous les moments.

La nature de l'ennemi, son attitude et sa force sont, dans un travail sur la carte, les seules données influant immédiatement sur l'esprit pour le déterminer *a priori* à un degré de prudence plus ou moins grand. Mais il faut bien se dire qu'à la guerre, ou même dans une manœuvre, il est d'autres circonstances qui pèsent bon gré mal gré sur la décision. Ce qu'on sait du caractère de l'ennemi, de ses chefs, de ses habitudes militaires, de ses procédés tactiques, de son état moral, a sur l'impression que nous ressentons en face de lui un effet plus ou moins considérable. Ces données peuvent même acquérir une importance exceptionnelle, exalter le moral jusqu'à la témérité, ou le déprimer au contraire au point de l'amener aux timidités les plus exagérées.

L'impression qui résultera pour nous de cette première étude de la situation est trop vague pour que nous puissions nous en contenter. Elle ne comporte, en outre, qu'une utilisation très incomplète des renseignements que l'on possède. Ce qui nous intéresse souvent le plus, ce n'est pas tant l'action présente de l'ennemi que ses actions futures. Évidemment, nous ne savons pas exactement ce qu'il fera ; mais le problème n'est jamais complètement indéterminé. Sans prétendre trouver la solution, — qui n'est d'ailleurs qu'en puissance, — nous pouvons chercher à fixer plus ou moins étroitement les limites entre lesquelles elle sera comprise.

C'est un travail pénible, particulièrement les premières fois que l'on s'y exerce. Il arrive que l'esprit se trouble en face de la multitude des combinaisons. Le mieux dans ce cas est de procéder suivant une analyse patiente et méthodique, et de laisser la synthèse se faire spontanément. Plus la situation paraîtra confuse, plus on cherchera à traiter les questions successivement. Si l'on ne peut mener de front plusieurs hypothèses liées dans l'espace, on les étudiera successivement sans trop, pour le moment, chercher à les rattacher l'une à l'autre. Si l'on ne peut embrasser toute la durée de l'opération en perspective, on se contentera de rechercher les nécessités immédiates, celles du jour, de l'heure, de la minute présentes. Il y aura, grâce à ce double sériage, bien peu de cas où le problème paraîtra en fin de compte trop compliqué pour pouvoir être abordé.

Ceci dit, au point de vue de la méthode générale de travail, il nous faut maintenant chercher à nous rendre compte des moyens que l'on peut employer pour pénétrer plus avant dans l'étude de la situation. La première chose à faire semble être de limiter provisoirement la question au groupe qui nous concerne. Les différents mouvements que pourra faire l'ennemi n'ont pas tous la même valeur pour nous ; beaucoup ne peuvent nous toucher ; il faut déterminer ce qui est intéressant ou dangereux. Ne nous intéresse *a priori* que ce qui peut se passer sur le terrain où nous sommes appelés à manœuvrer. C'est d'abord ce terrain qu'il faut étudier, afin de nous rendre compte de la mesure dans laquelle il se prête à l'action de l'ennemi et à la nôtre. Peu importe, pour le moment, le degré de probabilité des hypothèses que nous serons amenés à envisager.

Nous avons déjà eu l'occasion de dire que les forces de l'ennemi pouvaient, en ce qui nous concerne, se diviser en deux groupes : celles contre lesquelles nous voulons agir (ou résister), et celles contre l'action éventuelle desquelles nous voulons simplement nous couvrir. Ce partage des forces ennemies, nous ne pouvons le faire directement; il se fera de lui-même et résultera de leur position dans l'espace. Nous sommes ainsi amenés à diviser notre terrain en deux secteurs dont chacun correspondra à l'un des groupes indiqués.

Dans le premier, celui où nous voulons agir, nous avons à considérer, suivant le degré d'avancement de l'opération, les itinéraires qui nous conduisent à notre but, les positions devant lesquelles nous pouvons être amenés à combattre, les objectifs entre lesquels nous aurons à faire un choix, si notre attitude doit être offensive. Dans la défensive, nous aurons à étudier les itinéraires que peut suivre l'ennemi pour s'approcher de notre front, les positions sur lesquelles nous serons appelés à résister, les points de résistance entre lesquels nous aurons à répartir nos effectifs.

Dans le deuxième secteur, directions où l'on ne veut pas agir, on doit envisager, qu'il s'agisse d'offensive ou de défensive, les positions dangereuses que l'ennemi peut venir prendre sur nos flancs, c'est-à-dire à portée de fusil ou de canon, et les itinéraires qui l'amènent sur ces positions.

Au total, des itinéraires et des positions, les premiers limitant les conditions de mouvement des troupes, les secondes limitant les conditions de leur emploi en vue du combat.

Nous n'insistons pas sur les itinéraires ; il suffit de les compter. On sait que les déplacements un peu considérables s'effectuent ordinairement par les routes, l'accélération de l'allure compensant l'allongement qui résulte de la formation en colonnes. Pour les mouvements de faible durée, on peut, au contraire, envisager la marche sur de simples chemins ou même à travers champs.

La nature des positions, avons-nous dit, limite les conditions d'emploi des forces en vue du combat. Considérée au point de vue de la défense, une position est susceptible de recevoir un effectif déterminé. Sa résistance n'augmentera pas indéfiniment avec le nombre des troupes qu'on y mettra ; il y a un maximum utile au delà duquel l'importance des forces immobilisées n'est plus en rapport avec les résultats à espérer. Ce maximum, *en supposant fixée la durée de la résistance*, résulte du développement des fronts d'infanterie et des crêtes d'artillerie. En ce qui concerne l'attaque, deux choses sont à considérer : l'étendue des lignes d'infanterie et d'artillerie, d'où on pourra battre de feux la position à attaquer ; les cheminements qui permettent d'en approcher à couvert. La supériorité du feu étant bien souvent la condition nécessaire de toute attaque, les effectifs utilement mis en ligne seront encore ici proportionnels au terrain. Si l'on envisage une occupation maxima du terrain, les positions sont, *a priori*, favorables à la défense lorsqu'elles lui permettent un déploiement de forces plus grand qu'à l'attaque, et que celle-ci est obligée de progresser à découvert ; elles lui sont défavorables dans le cas contraire. Ainsi, quelle que soit la force totale de l'ennemi, il y a, sur ou en face de chaque position, un maximum qu'il ne peut pas utilement dépasser.

On doit, toutefois, faire immédiatement une restriction.
Nous savons, en effet, que le défenseur peut avoir en vue
des durées variables de résistance. S'il est décidé à s'engager à fond, il n'a pas besoin de regarder en arrière ;
mais la préoccupation de la retraite éventuelle devient de
plus en plus impérieuse au fur et à mesure qu'on se rapproche des formes les moins intenses de la défensive.
S'agit-il d'une résistance limitée ? Les grands champs de
tir sont avantageux ; ils permettent d'arrêter l'ennemi au
loin, de le forcer à se déployer à grande distance, de se
dégager soi-même à temps. Les points d'appui sont peu
utiles, puisqu'on ne veut pas attendre l'attaque. Veut-on,
au contraire, se rapprocher de la résistance à outrance ?
L'avantage des sites étendus se retourne peu à peu au
profit de l'attaque : notre infanterie y sera le plus souvent
exposée isolément aux coups combinés de l'infanterie et
de l'artillerie ennemies ; les points d'appui, au contraire,
deviennent de plus en plus précieux, à la condition d'être
peu en butte au feu de l'artillerie, de pouvoir se prêter
à une défense pied à pied et retarder suffisamment l'adversaire pour donner aux réserves le temps d'arriver.
Ainsi, une position peut convenir plus ou moins au degré
de résistance que l'on veut réaliser, quelle que soit, d'ailleurs, sa force relative, en entendant par force le rapport
des moyens que peuvent y mettre en ligne l'attaque et la
défense.

Il arrive rarement que l'on dispose d'assez de troupes
pour en saturer le terrain de combat. On ne pourra ni
tout attaquer, ni tout défendre à la fois. On devra se limiter à un ou plusieurs objectifs, un ou plusieurs points
d'appui. Il en résulte la nécessité de faire une synthèse
du terrain. Deux questions sont à examiner scrupuleuse-
ment : l'importance de ces objectifs par rapport à l'ensemble de la position ; leur vulnérabilité par rapport aux

conditions dans lesquelles peut se faire l'attaque. De même, dans une zone déterminée, comprenant un ensemble de positions, ces dernières n'ont pas toutes la même importance ; quelques-unes offrent un intérêt prédominant, et la possession des points qui les commande assure la elles peuvent être réalisées.

Ainsi, considéré au point de vue des mouvements possibles, le terrain se résume en un certain nombre d'itinéraires ; considéré au point de vue des conditions du combat, il se ramène à un certain nombre d'objectifs. Les itinéraires canalisent les mouvements des troupes et en limitent le débit. Quant aux objectifs, leur situation relative limite également les effectifs qui pourront être employés à leur défense ou à leur attaque. Lorsque nous aurons déterminé les uns et les autres, nous pourrons nous faire une idée des combinaisons maxima qui sont permises à l'ennemi ou à nous-mêmes. Il faudra ensuite chercher à nous rendre compte de la mesure dans laquelle elles peuvent être réalisées.

Par l'adversaire d'abord. Tout se réduit à étudier dans quelles conditions de temps il a la possibilité de prendre les itinéraires que nous avons reconnus, d'amener sur les positions ou en face des objectifs les effectifs qu'il y pourrait disposer. Dans l'espace qu'il occupe déjà, nous serons forcés de nous en rapporter au degré de précision de nos renseignements ; si l'on n'a aucune donnée sur la répartition de ses forces, on sera obligé d'admettre, jusqu'à preuve contraire, qu'il a pu réaliser les conditions les plus avantageuses. Dans l'espace qu'il n'occupe pas encore, la situation présentera une clarté momentanée. De sa position générale, on peut, en effet, déduire le temps dont il aura besoin pour transporter ses forces aux points qui nous intéressent et les y mettre en œuvre. C'est un calcul facile à faire et qui servira de base à nos décisions toutes les fois que nous serons en mesure d'agir avant l'écoulement complet du temps qui lui est nécessaire. Nous saurons, en effet, à quel effectif nous pourrons avoir affaire; et nous en déduirons les forces à lui opposer pour conquérir ici l'espace, là le temps dont nous avons besoin.

En même temps que l'on cherche à se rendre compte des mouvements et des actes possibles de l'ennemi, on examine ordinairement dans quelle mesure on est en état de s'y opposer. C'est, en effet, la balance entre ce qu'il peut et ce que nous pouvons nous-mêmes qui doit fixer notre impression sur la situation.

Cette contre-partie doit être établie le plus minutieusement possible. Elle a pour point de départ la répartition de nos forces et leur degré de disponibilité réel. Il faut tenir compte non seulement des durées de trajet, mais encore des durées d'écoulement, — qui, avec les distances de sûreté, deviennent très vite considérables, — du temps nécessaire à la conception et à la transmission des ordres, du temps nécessaire à la réception des renseignements et à l'orientation personnelle des subordonnés ; puis majorer le tout assez largement pour faire la part de l'imprévu. Il y a souvent à réagir contre la tentation instinctive de mettre les choses au mieux, de considérer comme disponibles des troupes qui ne le sont plus, de spéculer sur la possibilité de leur imposer un surcroît de mission. L'idéal, évidemment, serait de calculer juste ; mais, en raison des conséquences possibles d'une erreur, il est prudent de mettre la marge de son côté.

Fait dans ces conditions, l'examen de la situation nous conduira à un double résultat :

Si nous avons à choisir entre plusieurs itinéraires ou positions, entre plusieurs objectifs ou points d'appui, il nous montrera quelle est la solution qui nous oblige au

Situation tactique. 4

moindre effort, c'est-à-dire à lutter contre une action ou une résistance moins grandes de la part de l'ennemi.

En second lieu, les conditions d'exécution de la solution qui nous paraît la meilleure nous donnent sur la situation générale une impression plus juste que celle résultant du premier aperçu dont nous parlions au commencement de ce chapitre. Cette impression nous fixe sur le degré de prudence qu'il est nécessaire de ne pas dépasser jusqu'à ce qu'une situation nouvelle vienne nous donner l'occasion d'une nouvelle décision.

Il serait assez séduisant d'en rester là et de s'en tenir à ces données à peu près mathématiques si on les calcule avec soin. Mais si l'on veut passer de suite à la décision, on y trouvera souvent des mécomptes. Il arrivera rarement qu'après avoir fait le total de tous nos besoins, le chiffre des effectifs qui nous paraîtront nécessaires ne soit pas très supérieur au chiffre des effectifs réellement disponibles. Il faudra réaliser des économies. Faire porter ces économies sur les troupes nécessaires à l'action principale est toujours dangereux ; il en résulte une diminution de l'intensité d'action, et, de ce côté, nous sommes limités par la mission qui nous est imposée. Faire supporter les économies par les troupes destinées à garantir la sûreté de l'opération principale n'est pas moins délicat ; car on compromet, sinon la réussite de son opération, au moins sa propre tranquillité d'esprit. On se laisse alors aller, dans le courant de l'opération, à renforcer ces troupes trop faibles et à consentir finalement des sacrifices beaucoup plus forts que si on les avait faits franchement du premier coup. A la vérité, on peut chercher à se procurer de nouveaux renseignements ; mais ces renseignements n'arriveront que plus tard. Ils serviront de base à une résolution ultérieure, non à la résolution actuelle. On peut encore diminuer l'envergure de la décision, mais pas indéfiniment.

Autrement dit, la limitation de l'inconnu à laquelle nous sommes arrivés peut être insuffisante ; il faut aller plus loin. Nous avons déterminé un certain nombre d'hypothèses dangereuses ; elles ne le sont pas toutes au même degré ; il faut les classer suivant un ordre de probabilités. Nous avons reconnu à l'ennemi la possibilité d'être en forces sur un certain nombre de points; il ne les occupe vraisemblablement pas tous avec l'effectif maximum que le terrain lui permet d'employer ; il faut chercher à pénétrer le choix qu'il a pu faire lui-même.

Essayons de noter les premiers éléments de cette nouvelle étude dont le caractère purement spéculatif ne devra jamais être perdu de vue. Nous chercherons, en étudiant la décision, quel parti on pourra tirer des conclusions qui en résulteront.

Nous ne voyons pas d'autre procédé que de se mettre, par la pensée, à la place de l'adversaire, de raisonner sa situation, d'en déduire les mesures qui nous paraissent les plus logiques et de comparer ses manifestations à nos déductions.

Par analogie avec nous-mêmes, nous sommes certains que les dispositions de l'ennemi résulteront — sa nature et sa force mises à part — de sa mission, du terrain et de nos dispositions. Là sont les données du problème qu'il a à résoudre ; là les premiers germes de sa pensée.

Lorsque l'on a affaire à un parti isolé, on peut souvent se procurer des indications assez précises sur sa mission. On le sait plus ou moins lié à un terrain, à un défilé, à un convoi qu'il s'agit de couvrir ; on soupçonne qu'il pourra faire notre contre-partie, si c'est nous-mêmes qui sommes chargés d'une mission analogue. Mais ces cas sont rares ; le plus souvent, la fraction qui nous sera opposée fera partie d'un ensemble. C'est alors la situation générale de cet

ensemble qu'il faut considérer. Il est bien rare qu'au cours
d'une opération on n'ait pas quelque indication, sinon sur
le but général poursuivi par l'ennemi, au moins sur son attitude générale, sur la direction de son mouvement ou l'orientation de son front. Se plaçant alors à son point de vue, on
peut déterminer, comme nous l'avons fait nous-mêmes, les
itinéraires et les positions qui paraissent intéressants pour
lui.

Parmi ces directions ou positions, l'examen du terrain
nous montrera quelles sont les plus avantageuses. On peut,
en effet, considérer comme probable que l'ennemi fera ce
calcul et n'accumulera pas, par exemple, des forces là où
il ne pourrait s'en servir. Si sa cavalerie a le choix entre
un terrain libre et un terrain coupé, il y a plus de chances
qu'elle prenne plutôt le premier que le dernier. S'il a des
colonnes importantes, il cherchera vraisemblablement à
éviter les régions où il ne pourrait employer son artillerie.
On peut de même admettre que, pour ses attaques et ses
résistances, il utilisera le terrain de façon rationnelle et
fera ses choix en conséquence.

Ce qu'il peut connaître de nos dispositions actuelles in-
fluera également sur ses résolutions. Sans s'exagérer l'importance de la crainte que nous pouvons inspirer, il faut
bien admettre que toute troupe détermine autour d'elle une
zone dangereuse pour un adversaire qui s'en approcherait
sans précautions, zone dont l'étendue est au moins égale
à la portée des armes actuelles. On peut supposer que la
possibilité ou la certitude de trouver des obstacles dans
une direction peu favorable engagera cet adversaire à porter ses préférences ailleurs.

Cela considéré, et nous basant sur ce que nous savons
de sa nature et de sa force totale, on peut procéder à un
classement provisoire des hypothèses dont nous avons re-

connu tout à l'heure la possibilité. On peut également tenter d'esquisser une répartition des forces ennemies, en
complétant par la pensée les renseignements que l'on a
déjà ; si on connaît le contour apparent de son service
de sûreté, on en déduira les emplacements des principaux
échelons ; si les emplacements du gros ont été signalés, on
déterminera la zone probable et la répartition de son service de sûreté.

En procédant ainsi, nous avons substitué notre pensée
à celle de l'ennemi ; nous lui avons supposé les mêmes
méthodes et les mêmes usages que nous. Il ne faut pas
qu'il en résulte une déformation trop grande. S'il est très
différent de nous au point de vue du caractère ou des procédés tactiques, il convient de corriger nos prévisions en
conséquence. C'est surtout dans les manœuvres et à la
guerre que ces rectifications prennent une grande importance, et que la possession d'une science suffisante pour
les bien faire donne un sérieux avantage. « L'ennemi, à la
manière autrichienne, fera trois attaques... » (Bonaparte
à Masséna, 1800.)

Quel que soit le degré de probabilité que nous nous
croyions en mesure d'attribuer à nos hypothèses, elles de-
mandent à être vérifiées. Pour cela, on cherchera à déterminer le fait précis qui nous fixerait sur leur véracité :
variation d'attitude, intensité donnée d'action, présence ou
absence de l'ennemi en tel point, à telle heure, etc. Toute
notre attention, ainsi mise en éveil, pourra se concentrer
sur ce fait et ne pas risquer de laisser échapper un indice
qui, sans cette précaution préalable, nous eût peut-être laissés indifférents.

Tout ce travail est subtil et délicat. Il nécessite cette
observation de tous les moments dont parle de Brack, « qui
nous met au courant de l'ennemi comme si nous étions
dans son camp, dans ses rangs ; qui, sur un seul mouve-

ment de cet ennemi, nous fait la confidence de ceux qui vont suivre ».

Son danger, c'est qu'il peut conduire tout droit à l'idée préconçue. Est-ce une raison pour ne pas le tenter ?

L'idée préconçue consiste à considérer comme certain tel ou tel dessein que l'on prête à l'ennemi ; c'est, en somme, une limitation trop étroite de ses projets possibles. Une fois dans cet état d'esprit, on rapporte tout à son hypothèse ; on déforme inconsciemment les faits pour les interpréter en sa faveur. Aussi va-t-elle grossissant et se renforçant toujours jusqu'à la brutale désillusion de la fin. Alors, on se réveille avec des forces orientées à faux qu'il sera parfois impossible de ressaisir à temps.

Comment se garder de l'idée préconçue ? En ne faisant aucune hypothèse sur l'ennemi ? Oui, si l'on entend par là l'obligation de ne considérer comme certain que ce qui est su de source sûre ; non, si l'on veut simplement préconiser ou justifier une inertie complète de l'esprit. Quiconque a conduit une troupe, si faible fût-elle, sait par expérience que les inspirations sont généralement tardives ; une manœuvre heureuse n'est, le plus souvent, que la réussite d'une idée préconçue juste. Si l'esprit ne s'est pas préparé par une étude minutieuse des diverses éventualités possibles, il reste désemparé de surprise à chaque événement nouveau. S'il n'a prévu l'occasion dont il profitera, il la verra passer sans avoir ni le temps, ni les moyens de la saisir.

Chercher à éviter l'idée préconçue sous prétexte de ne travailler que sur des données précises, conduit à un écueil symétrique. De gré ou de force, on est amené à la passivité et à l'inertie ; on finit par se voir acculé à des résolutions extrêmes ; abandon de la mission ou tentatives désespérées suivant la trempe de son caractère. Une limitation trop large est aussi dangereuse qu'une limitation trop étroite, — plus dangereuse même, car le parti prêté à l'ennemi peut encore être pris par lui, et l'idée préconçue se réaliser, alors que, dans l'exagération contraire, on se met de gaîté de cœur à la merci d'une surprise inévitable. Point de formule, d'ailleurs, point de recette simple pour arriver à l'équilibre parfait qui constitue le juste milieu. C'est par une éducation de l'esprit résultant d'un travail soutenu et constant qu'on peut espérer s'en approcher dans la limite de ses forces naturelles. S'habituer à développer rapidement une hypothèse avec les contre-dispositions qu'on pourrait lui opposer ; chercher à interpréter, à deviner les projets de l'ennemi, tout en se gardant de prendre ses désirs pour des réalités, telle est, nous semble-t-il, la véritable méthode.

VI

La décision.

Le moment de la décision. — Proportion à établir entre le degré de prudence imposé par la situation et le degré de danger résultant de la répartition des forces. — L'attitude : Détermination d'un but immédiat. — Répartition générale du gros. — Dotation des éléments de sûreté. — Limitation de la décision.

Nous avons, en étudiant notre mission, précisé notre attitude ainsi que les conditions de temps et d'espace de notre action. En examinant la situation, nous avons comparé les différentes solutions qui pouvaient nous convenir, constaté les possibilités d'action ou de résistance de l'ennemi, mis en relief les éventualités les plus probables, déterminé le degré de prudence qui devra régler nos actes. De ces éléments doit sortir la décision. S'ils ont été suffisamment approfondis, elle en jaillira naturellement. Si, dans ce qui va suivre, l'esprit est arrêté par une obscurité ou demeure dans l'incertitude, on devra supposer que le travail précédent n'a pas été fait suffisamment à fond ; c'est seulement en le recommençant qu'on peut espérer trouver un supplément de lumière.

Ajoutons qu'en principe notre décision doit être enserrée dans les limites d'espace et de temps auxquelles a abouti l'examen de la mission. Toute résolution de détail, avant d'être arrêtée, devra être comparée à ce type et écartée si elle ne lui convient pas, quelque tentante qu'elle puisse paraître. Nous signalons une fois pour toutes la nécessité de ce rapprochement, qui doit être fait de façon continue.

Avant de prendre une décision, se pose parfois une question préalable : Est-ce le moment de se décider ? On sait

qu'attendre des renseignements plus précis est souvent un
calcul de dupe, l'expérience montrant qu'ils arrivent généralement trop tard. On sent qu'agir trop tôt est dangereux.
Mais à quoi se référer ? Dans cette série de nouvelles in-
complètes, de faits tronqués plus ou moins significatifs, à
quels traits reconnaître celui qui doit provoquer la décision ?

Pour arriver à résoudre le problème, il n'est pas inutile
de rechercher comment varie cette indétermination du moment d'agir. Elle est minima, lorsqu'on reçoit un ordre
immédiatement exécutable, ou lorsqu'un fait important
vient nous révéler brusquement une modification grave à
ce que l'on supposait être la situation de l'ennemi. Elle
croît lorsque les modifications dans la situation nous sont
connues incomplètement et par une gradation à peine sensible. Elle atteint son maximum lorsque ces modifications,
bien que certaines, ne se manifestent pas à nous. Ici, le
moment favorable à l'action qu'on projette n'est généralement pas un instant fugitif ; c'est une période d'une certaine durée. Tel est le cas, par exemple, lorsqu'il s'agit
de discerner après une préparation plus ou moins longue
si l'ennemi est suffisamment ébranlé pour céder à l'attaque
à fond ou à sa menace.

Constatons d'abord que tous les cas d'indétermination
se produisent au cours d'une opération, à un moment où
la troupe est déjà régie par une décision antérieure. C'est,
qu'en effet, les décisions successives ont entre elles une
étroite parenté ; elles s'engendrent pour ainsi dire les unes
les autres. Les transitions seront bien facilitées, si l'on précise très exactement le terme de chacune, c'est-à-dire si on
détermine à l'avance les changements dans la situation
— force, attitude de l'ennemi, espace occupé, répartition
des forces, etc., — qui sont appelés à la rendre caduque.

Cette limitation a aussi l'avantage d'indiquer d'avance à l'esprit sur quels points il doit porter son attention ; elle mettra en relief sur ses voisins tel fait qui, sans cette précaution, risquerait de demeurer dans l'ombre. Si elle n'a pas été faite et qu'on soit pris au dépourvu, il s'agira d'apprécier si les circonstances commandent une nouvelle résolution. Pour le savoir, on introduira le fait nouveau dans la situation qui a dicté la décision antérieure. On appréciera facilement dans quel sens il eût fait varier cette décision et, suivant l'importance de cette variation, on prendra ou non une détermination nouvelle. Lorsqu'enfin, au maximum d'indétermination, rien ne vient manifester la période favorable qu'on attend, lorsqu'aucun indice ne paraît devoir révéler le moment d'une décision que l'on sent nécessaire, il faudra, ou bien faire une hypothèse et la vérifier, ou bien risquer l'action en prenant les précautions rendues nécessaires par le degré d'incertitude que l'on n'a pu dépasser.

Arrivons maintenant à la décision elle-même. D'après les conclusions auxquelles nous sommes parvenu dans les premiers chapitres de ce travail, la disposition du gros variera suivant que nous voudrons procéder par effort simultané ou par efforts successifs. Il s'agit, par suite, de décider si l'on veut faire donner à la fois toutes ses forces ou si l'on préfère en réserver une certaine partie. Dans le premier cas, on aliène momentanément au moins sa liberté d'action ; dans le second, on la réserve, mais cette seule considération ne peut suffire à dicter un choix. Peu importe, en effet, que l'on perde sa liberté, si le but assigné est atteint quand même ; peu importera de l'avoir conservée si la mission n'est pas remplie. En réalité, chaque situation exige que l'on sacrifie plus ou moins de sa liberté et que l'on fasse ce sacrifice à bon escient. Une répartition donnée n'a pas de valeur intrinsèque ; elle répond à certaines nécessités ; or, ces nécessités varient avec chaque situation. Chercher à se renfermer dans un système unique, c'est supposer que la situation ne sortira pas du cadre plus ou moins large pour lequel ce système est fait ; c'est limiter trop étroitement les éventualités possibles ; c'est, par une voie détournée, revenir à l'idée préconçue.

Si l'on veut réellement aboutir à une solution aussi objective que possible, il n'y a, croyons-nous, qu'un seul moyen. La situation nous oblige à un certain degré de prudence ; il faut mettre au même point la répartition des forces.

C'est ici que les solutions vont différer, suivant les individus. Il y a, en effet, une double cause de déviation.

Tout d'abord, l'appréciation d'un danger sera forcément une impression personnelle. On ne saurait, en effet, trouver une relation normale entre un ensemble de circonstances données et l'état d'âme qui en doit résulter. Suivant que l'on est plus ou moins entreprenant, plus ou moins audacieux, on verra les choses sous un jour plus ou moins favorable. Dans les travaux de cabinet, il ne peut être question des causes de dépression ou d'exaltation morales qui ont tant d'importance à la guerre et faussent parfois les esprits les plus sains : danger personnel, sentiment de sa responsabilité, confiance plus ou moins grande en son savoir, en ses forces, en la valeur et l'habileté de ses subordonnés... Il ne reste que le fond du caractère, mais cela suffit pour créer des divergences. Pour demeurer dans des limites convenables, chacun doit se faire une éducation personnelle en comparant ses impressions à celles d'autrui. La base de l'appréciation semble bien être la mise en balance des moyens dont l'ennemi et nous pouvons disposer, au moment ou dans la période considérés ; mais tout n'est pas pondérable, et ce qui impressionne le plus, ce sont les éventualités résultant de l'inconnu absolu, éventualités dont on a tenté la réduction en essayant de classer suivant un ordre de probabilités les hypothèses dont on avait constaté la possibilité. On ne pourra donc pas ici échapper complètement à sa personnalité ; d'ailleurs, il ne faut pas trop chercher à le faire. Rester soi-même a toujours été non seulement un acte de sincérité, mais encore une garantie de progrès.

Une deuxième cause de déviation provient de l'impossibilité d'établir une notion saisissable dans les mêmes conditions par tous les esprits du danger qui va résulter d'une répartition de forces ou d'une intensité d'action donnée. La théorie ne peut faire qu'un classement ; l'appréciation est forcément personnelle et ne se rectifie que par des observations personnelles.

La décision ne peut donc pas atteindre à une complète objectivité. Il y a, au point ou nous en sommes, une solution de continuité. C'est à l'esprit d'y suppléer, mais une réfraction est inévitable. A la vérité, l'importance de cette réfraction est très variable. Parfois, elle disparaît complètement, par exemple dans certains cas initiaux où l'apparition de l'ennemi se trouve être une éventualité impossible ou sans danger. Alors, les éléments concrets restent seuls ; le problème peut se mettre en équation ; la tactique prend les apparences d'une science pure, sinon simple. Mais, dès que l'opération se développe, le caractère va s'affirmant de plus en plus pour prendre, aux heures de crise, une importance prépondérante.

Telle est, nous semble-t-il, la voie par laquelle il faut aborder cette question de simultanéité ou de succession des efforts dont la solution forme le cachet de la décision.

Une première explication va en être faite dans le choix d'un but immédiat. Nous avons déjà, il est vrai, un but général, mais il est plus ou moins immédiatement accessible. Dès lors, l'envergure de la décision pourra osciller entre deux limites. Au minimum, elle sera prise en vue de la situation du moment et pour cette situation seulement ; au maximum, elle embrassera toute la durée de l'opération ; entre les deux, elle visera une période plus ou moins longue. Plus l'échéance escomptée est lointaine, plus le chef abandonne sa liberté d'action, plus il doit avoir de confiance justifiée en lui-même et en ses subordonnés. Inversement, si cette échéance est trop rapprochée, on perd à chaque fois le temps nécessité par tout changement de disposition ; le minimum utile croît évidemment avec l'importance de l'unité considérée, puisque augmente parallèlement le temps nécessaire à la transmission et à l'exécution des ordres.

On aura d'ailleurs rarement l'occasion de se trop rapprocher des extrêmes. Les décisions à trop courte vue deviennent caduques à peine exécutées. Les combinaisons à très longue portée ne permettent pas de saisir les occasions qui se présentent, quand elles ne sont pas ruinées par des variations imprévues dans la situation. Dans la plupart des cas, une certaine restriction est nécessaire. Il ne faut pas oublier, en effet, qu'avec la portée actuelle des armes, le nombre des combinaisons susceptibles de réussir est plus limité qu'autrefois. On pouvait, jadis, persévérer dans une solution même médiocre et finir par réussir. La valeur de cette règle de conduite devient et deviendra de plus en plus aléatoire. Ne pas se réserver la possibilité de changer le mode d'application de ses forces, les lancer, pour ainsi dire, en ligne droite vers un objectif lointain, c'est leur ménager presque sûrement la surprise d'une impasse où elles finiront par être immobilisées sans profit.

Ainsi, le plus souvent, il y aura intérêt à se fixer une ou plusieurs étapes avant d'atteindre le but final. On visera d'autant plus loin qu'on croira pouvoir risquer davantage, mais ce n'est pas tout. Le choix que nous allons faire va influer considérablement sur la détermination des autres termes de la décision. Plus notre objectif sera rapproché, plus notre exécution pourra être audacieuse ; plus courtes seront nos visées, plus franc pourra être notre élan. Une moyenne assez convenable consiste à déterminer ce premier but de telle façon que, d'une part, il corresponde à un résultat déjà sensible, et que, d'autre part, la situation n'ait pas le temps de recevoir des modifications assez importantes pour changer d'une façon inquiétante les résistances ou les actions que nous avons prévues. Naturellement, on devra le préciser avec tout le soin que nous avons indiqué en parlant de la mission ; ce sera, suivant le cas, un objectif, une durée de résistance, etc.

Lorsque nous nous serons fixé un objectif immédiat, les conclusions que nous aurons tirées du travail indiqué au chapitre précédent nous permettront de déterminer facilement les moyens que le terrain met à notre disposition pour l'atteindre. S'il s'agit de marcher à l'ennemi, nous avons reconnu nos itinéraires et classé les plus avantageux ; si nous devons attaquer, nous savons, parmi les objectifs intéressants, quels sont les plus saisissables et quel effort ils peuvent nous demander. De même, dans la défensive, nous sommes fixés sur les avantages des positions que nous pouvons occuper et des points qui les résument. Nous sommes donc prêts à aborder la répartition des forces elle-même.

Dans la mesure laissée à son initiative, cette répartition dépendra à peu près exclusivement de l'état d'âme du commandement. C'est en comparant ce qu'il risque à ce qu'il peut risquer qu'il arrivera à faire un choix entre les formations linéaires et les formations profondes, entre les colonnes multiples et la colonne unique, entre la position unique et les positions successives, entre le rassemblement et le déploiement, entre les différents degrés d'intensité de combat. Lorsque, pour arriver à ce but immédiat que nous nous sommes fixé, on se sentira à chances égales devant son adversaire, il sera bon de se tenir dans les intensités moyennes ; si l'on croit être plus fort ou plus faible, on se rapprochera des extrêmes convenables.

Pour faire méthodiquement ce travail, on le décomposera en se fixant d'abord l'espace à embrasser. Cette détermination se fera en ajoutant progressivement aux données résultant de la mission, les itinéraires ou les points voisins, en lesquels nous avons résumé notre terrain. Dans l'offensive, on procédera par extension ou resserrement du front; dans la défensive, par resserrement ou extension de la profondeur.

Le problème ne sera pas encore résolu, car, dans l'espace ainsi délimité, la répartition des forces n'est pas nécessairement uniforme. On peut faire varier l'importance et la composition de chaque colonne ; on n'est pas obligé d'attribuer le même effectif à chaque position successive. Il est possible également de combiner la simultanéité et la succession de bien des façons. Tout en attaquant sur un front étendu, on peut ne confier à une première ligne qu'un rôle de reconnaissance et réserver des troupes en arrière en vue d'efforts plus intenses sur des objectifs choisis ou à choisir. Tout en résistant sur une profondeur restreinte, on peut se contenter de garnir faiblement sa ligne, et constituer en arrière des réserves destinées à augmenter la résistance sur certains points. La force à attribuer à chaque élément résulte de l'importance que l'on attache à son succès partiel et des obstacles qu'il paraît appelé à vaincre. Toutefois, la souplesse du dispositif n'est indéfinie que théoriquement ; pratiquement, elle est limitée par la nécessité d'agir par unités constituées.

Il faut évidemment une grande habitude et beaucoup de

réflexion pour se mouvoir à l'aise dans cette série de dispositifs. Il convient, au début, d'exagérer plutôt vers la prudence que de tomber dans l'excès inverse. On risquera moins d'être téméraire par ignorance du danger. Les solutions audacieuses sont séduisantes ; elles procurent des résultats immenses ; mais elles sont le privilège des personnalités supérieures.

Dans cet ordre d'idées, une petite unité n'a généralement pas intérêt à éparpiller ses efforts. Sauf exceptions motivées, elle ne vise, avec son gros, qu'un objectif à la fois ; elle tâche de l'aborder par son côté le plus saisissable, mettant en jeu ou prêtes à entrer en jeu toutes les forces que le terrain lui permet de disposer, conservant des réserves pour parer aux événements, constituant des replis pour enrayer une débâcle. Bien plus, la répartition plutôt linéaire qui est l'apanage presque forcé des grosses unités ne doit pas faire illusion. Chaque élément, dans son lot de terrain à conquérir ou à défendre, agit d'ordinaire au plus économiquement, progressant par étapes, par combinaisons momentanées d'efforts sur des points successivement choisis.

En ce qui concerne la deuxième partie de la répartition des forces, la constitution des éléments de sûreté, nous avons déjà eu l'occasion de rappeler à quelle nécessité ils répondent : orientation, préparation, protection dans les directions où l'on veut agir ; protection dans les autres. En d'autres termes, ils servent à procurer les renseignements, l'espace et le temps dont le gros a besoin.

Il faudra préciser ses besoins.

Les renseignements d'abord. Nous en possédons déjà au moment où nous prenons notre décision ; mais ils sont plus ou moins vagues. Nous les avons recomplétés par des hypothèses auxquelles nous avons attribué une probabilité plus ou moins grande ; il s'agit maintenant de vérifier ces hypothèses, et cela dans le double but de nous assurer du bien fondé de notre décision actuelle, et de préparer nos résolutions futures. Il arrivera parfois qu'après examen de la situation, l'indétermination paraisse trop grande pour que l'objet de la décision puisse être autre chose que la réduction de cette indétermination. Pour ne pas trop perdre de temps, il y a souvent intérêt à procéder par hypothèses graduées. Par exemple, après un premier contact avec l'ennemi, on se demandera d'abord si on est en face d'un point isolé ou d'une ligne. La question résolue, on cherchera à savoir si l'ennemi est en forces ou non ; la ligne occupée se résumant en un certain nombre de points, il suffira de faire effort sur un de ces points pour apprendre si l'ennemi veut ou ne veut pas tenir. Dans la défensive, on cherchera successivement à voir si l'ennemi utilise un ou plusieurs itinéraires, quels efforts il fait pour enlever une position sur laquelle on lui résiste, etc.

En second lieu, l'espace. A ce point de vue, le gros a besoin, en avant de lui, du terrain que le chef considère comme le plus avantageux pour son action, et, sur ses flancs, de l'horizon visible qui environne ce terrain et celui qu'il occupe, jusqu'à la limite de puissance de l'artillerie. Cette considération permet de repérer les points à occuper ou les lignes à surveiller.

Quant au temps nécessaire, il se détermine assez facilement lorsqu'il s'agit d'un mouvement ou d'un écoulement. Il est plus difficile à apprécier quand il faut supputer des éventualités de combat ; c'est, en effet, une question où l'expérience joue au moins autant de rôle que le calcul.

La fixation des effectifs à répartir dans le nouvel espace qui vient d'être délimité est assez délicate. Il n'y a généralement pas de mal à constituer fortement les éléments de protection en avant ; l'excédent de forces disponible est immédiatement utilisable. Sur les flancs, il n'en est pas ainsi ; les éléments détachés sont généralement perdus pour l'action principale. Pour ne pas trop dépenser, on cherchera d'abord à obtenir la sûreté par le renseignement à distance suffisante. Sinon, on constituera des détachements de force variable suivant le temps qu'ils auront à gagner, les conditions du terrain où ils auront à lutter, les probabilités d'intervention de l'ennemi, le degré de précision du renseignement qu'on leur demande, le degré de sûreté que l'on attend d'eux ; soit qu'ils aient simplement à retarder ou arrêter l'ennemi dans la direction qui leur est assignée, soit qu'ils doivent l'immobiliser, l'empêcher de porter ses forces ailleurs. Nous avons déjà dit quel inconvénient il y a à faire ces détachements trop forts, quel danger à les faire trop faibles. Il conviendra de peser minutieusement chaque cas. Au début, on pourra procéder par tâtonnements ; on fera varier par unités constituées les effectifs, en les augmentant et diminuant jusqu'aux limites extrêmes qui paraissent admissibles, et on se tiendra dans les moyennes.

Il ne restera plus qu'à préparer la transition, dont nous parlions au début de ce chapitre, entre la décision présente et les décisions ultérieures. Le terme cherché pourra souvent être le but immédiat que l'on a en vue. Mais il peut surgir telles éventualités qui soient de nature à affecter les caractéristiques de notre décision : attitude, espace, répartition des forces. Il est utile de les prévoir et de déterminer, si possible, la modification minima à partir de laquelle nos dispositions actuelles ne pourront plus convenir.

Résumons le chemin parcouru jusqu'à ce moment. Partis de l'ordre qui fixe notre mission, nous en avons scruté les différents termes, aussi bien la situation et le but de l'ensemble que notre tâche particulière; nous avons envisagé les étapes successives à parcourir, adopté notre attitude, marqué les limites de notre initiative. Passant ensuite à l'examen de la situation, nous avons étudié et résumé notre terrain, examiné les actions possibles de l'ennemi et les contre-dispositions que nous pouvions y opposer, classé les éventualités les plus probables. Ce travail, corrigeant la première impression que nous avaient donnée nos renseignements sur la nature, l'attitude et la force de l'ennemi, nous a montré ce que nous pouvions risquer.; nous en avons déduit l'amplitude de notre premier effort, la répartition de nos forces et les sacrifices à faire en vue de constituer nos éléments de sûreté. Le but prochain que nous avons choisi précise notre attitude.; le dispositif que nous avons en vue fixe l'espace à embrasser et la répartition des forces. La décision est maintenant complète.

VII

L'expression de la décision.

L'ordre. — Orientation générale : Situation générale, but général. — Orientation particulière : Mission particulière, limitation des moyens à employer.

La décision est complète, avons-nous dit ; mais elle est encore en puissance. Il faut maintenant la produire au dehors, la transmettre à ceux qui doivent l'exécuter, sous une forme saisissable, c'est-à-dire sous la forme d'un ordre. La décision n'aura, d'ailleurs, pas d'autre manifestation extérieure ; quelque nette, quelque précise qu'elle soit dans l'esprit, si elle est traduite d'une façon défectueuse, l'exécution ne pourra être qu'imparfaite. De là l'importance qui s'attache à la rédaction de l'ordre.

S'il s'agissait d'exprimer purement et simplement la répartition de forces à laquelle nous venons d'aboutir, rien ne serait plus facile. La question est autre. Les unités, une fois orientées, seront abandonnées à elles-mêmes plus ou moins longtemps. Echappant, désormais, à l'action directe du commandement, il faudra qu'elles agissent de leur propre initiative ; l'indication d'un emplacement ne suffirait pas à les guider. Notre ordre doit être la base de leurs décisions ; il faut qu'elles y trouvent toutes les données dont elles auront besoin.

Il convient tout d'abord que l'intéressé sache de quoi il s'agit. Tous les efforts devant tendre vers le but que nous nous proposons d'atteindre, il est nécessaire que chacun le connaisse. Par là, il ne faut pas entendre seulement la mission générale qui nous est attribuée, mais bien encore le but prochain que nous venons de nous fixer.

Il y a plus. Pendant le temps que nos unités vont se trouver hors de notre portée, les circonstances peuvent se modifier, évoluer dans un sens différent de celui que nous avions prévu. Que va faire dans ce cas le subordonné ? Comment d'abord en sera-t-il informé ? Où trouvera-t-il une règle de conduite ? L'ordre doit donc laisser deviner dans une mesure suffisante les motifs qui ont dicté, dans la décision actuelle, le choix du but et la répartition des forces. A cette condition, chacun sera à même de juger en connaissance de cause et pourra réellement agir au mieux de nos intentions.

La plupart du temps, surtout dans les petites unités, le commandement n'a pas à indiquer en grand détail les motifs de sa résolution. Ils résultent de la situation générale qu'il suffira, par suite, de faire connaître.

Ainsi l'ordre comprendra d'abord une orientation générale précisant :

1° *La situation générale.* — Situation de l'unité en elle-même et par rapport aux unités voisines ; situation connue de l'ennemi, et, s'il y a lieu, hypothèses déduites des renseignements reçus.

2° *Le but général.* — But immédiat ou buts successifs que l'on se propose d'atteindre.

Cette orientation générale donnée, il faut maintenant répartir le travail, distribuer à chacun sa tâche, lui indiquer le service qu'on attend de lui ; autrement l'exécution présenterait des chevauchements et des lacunes. Il faut, en un mot, préciser la mission particulière de chacun.

Parfois, une difficulté se présente. Notre décision a été conçue, en dernier ressort, sous la forme concrète d'un dispositif, et nous sommes tentés de l'exprimer sous cette forme. L'esprit recule, parfois, devant le labeur un peu ingrat de remonter le chemin parcouru ; on en arrive à désigner des emplacements, des itinéraires, des formations, sans indiquer ni objectif, ni mission. C'est là un écueil qu'il importe à tout prix d'éviter. Un ordre qui n'indique pas de but précis ne se conçoit pas ; il condamne à l'inaction intellectuelle celui qui le reçoit. On a pu même aller jusqu'à le considérer comme discutable et ne présentant qu'une autorité relative. Dans la pratique, de tels errements sont une source de malentendus, d'erreurs et d'échecs. Il faut donc arriver à isoler le but de chacun. Ce sera tantôt un objectif, une durée de résistance, tantôt une mission plus ou moins abstraite, suivant, comme nous le verrons plus loin, le degré et la durée de l'indépendance que l'on veut concéder.

Doit-on, maintenant, donner carte blanche à son subordonné, ou bien a-t-on le droit, au contraire, de lui prescrire l'emploi de tels ou tels moyens de préférence à d'autres ?

Lorsque nous avons pris notre décision, nous avons eu en vue une action précise de chaque élément ; nous avons déterminé sa force en conséquence. Or, dans l'exécution, le chef de cet élément va substituer sa personnalité à la nôtre, et cette substitution n'ira pas sans entraîner quelque changement plutôt désavantageux — il est humain de le croire — dans les dispositions qu'il adoptera pour son propre compte, et, par suite, dans le résultat final. D'où la tentation de prescrire, en même temps que le but à atteindre, les moyens à prendre pour y arriver.

Cette tendance à entrer dans les détails n'est pas sans danger. Plus les ordres sont limitatifs, moins ils ont de portée, plus fréquente doit être l'intervention du commandement. Si l'éloignement, la difficulté de communiquer rendent cette intervention personnelle plus difficile ou impossible, l'inférieur risque de se trouver sans directions. En outre, la responsabilité de l'exécutant est limitée à la forme prescrite pour l'exécution ; il serait en droit de se désintéresser complètement du résultat.

Ajoutons que, lorsqu'un chef veut réellement conduire son opération, il est obligé de maintenir son esprit constamment tendu sur l'ensemble. Or, en général, l'intelligence n'est pas simultanément au point pour des détails d'une amplitude différente ; il lui faut à chaque fois modifier son accommodation. Cette opération trop souvent répétée finit par troubler la netteté de l'esprit et l'empêcher de voir distinctement cet ensemble qu'il ne doit pas perdre de vue. La puissance d'hypnotisation des détails est particulièrement sensible à la tête d'une troupe, où toutes sortes d'incidents extérieurs viennent solliciter et distraire l'attention. Qui n'en a fait l'expérience à ses dépens ? De gaîté de cœur, il n'est pas bon de se laisser absorber par les détails ; il convient, au contraire, de s'en décharger le plus tôt possible.

A la vérité, certains chefs particulièrement doués voient d'un même coup d'œil ensemble et détails ; leur esprit actif et pénétrant embrasse tout à la fois. Est-il besoin de dire qu'on ne doit chercher à les imiter que dans la mesure de ses propres forces ?

Nous ne prétendons pas cependant qu'il faille constamment et complètement laisser la bride sur le cou à ses subordonnés. Ce serait éviter un extrême pour tomber dans un autre. L'initiative à concéder n'est pas un bloc, à prendre ou à laisser. Au point de vue restreint qui nous préoccupe, elle est susceptible de degrés, depuis la discipline « du rang », où elle tend vers zéro, jusqu'à l'indépendance absolue qui en est le terme extrême. La note juste est, pour chaque cas particulier, comprise entre ces deux limites ; et, pour déterminer le degré d'indépendance à laisser, il faut à chaque fois peser le pour et le contre. Le pour, c'est l'utilité de s'abstraire des détails, de ne pas entraver arbitrairement l'activité d'esprit des sous-ordres, et de leur donner des directives d'autant plus larges qu'on aura moins la possibilité de les rectifier. Le centre, c'est la nécessité d'assurer la coordination des efforts ; c'est, parfois, la difficulté plus ou moins grande de faire connaître au subordonné, en temps utile, tous les éléments qui sont de nature à influer sur sa décision, ou encore l'utilité de maintenir dans les limites voulues l'intensité de son action.

On peut distinguer trois étapes progressives dans cette limitation de l'initiative. Tout d'abord, la mission de l'échelon inférieur peut lui être donnée sous une forme purement abstraite, avec latitude de choisir lui-même les buts successifs qu'il devra se proposer ; on peut, au contraire, faire ce choix pour lui et le lui imposer. Une deuxième étape consistera à limiter l'espace attribué à l'unité considérée, et dans lequel elle devra développer son action, soit que cette attribution se réduise à la simple indication d'une région, soit qu'elle précise les points et les lignes auxquels on attache le plus d'importance. Cette limitation de l'espace s'impose, sous l'une ou l'autre forme, toutes les fois que plusieurs unités doivent agir concurremment ou parallèlement dans des zones rapprochées. Au troisième degré enfin, ce sera la fixation plus ou moins sommaire, plus ou moins détaillée de la répartition des forces dans l'espace précédemment défini. Ce dernier procédé est attrayant en ce qu'il permet de corriger ce qu'a de trop carré, de trop grossier si l'on veut, la répartition des forces par unités constituées. Toutefois, sauf dans les cas où le commandement a besoin de se tailler des réserves, il ne faudrait pas s'illusionner sur sa valeur indéfinie, car son premier résultat sera certainement de diminuer la franchise d'action du subordonné.

Il n'est naturellement pas aisé de déterminer à chaque fois, dans cette série, le degré qui convient le mieux à la bonne réussite de l'opération. Le meilleur moyen de s'en approcher le plus possible paraît être d'exprimer d'abord l'ordre sous une forme provisoire, puis d'en faire successivement varier les termes, de façon à augmenter d'abord, ensuite à diminuer la quantité d'indépendance concédée. Il suffira pour cela de descendre ou de remonter la progression que nous venons d'indiquer. On pourra constater dans le premier sens le moment où nos intentions risqueraient de ne plus être exécutées par suite d'une orientation insuffisante, et dans le second, celui où les détails imposés restreignent par trop la responsabilité do l'exécutant. Ajouterons-nous qu'en vertu d'un penchant généralement constaté et assez naturel, on a quelque tendance à imposer des restrictions trop grandes, et qu'il est prudent de se surveiller dans ce sens ?

En résumé, après l'orientation générale que nous avons analysée au début de ce chapitre, l'ordre doit donner à chaque unité une orientation particulière en indiquant :

1° La mission ou le but à atteindre, exprimés sous une forme aussi précise que possible, mais qui peut être plus ou moins concrète ;

2° Eventuellement et sous les réserves exprimées ci-dessus, les moyens à employer, c'est-à-dire, en premier lieu, la fixation de l'espace attribué, et en second lieu la répartition des forces.

L'expression finale de la décision va être, comme on le voit, notablement différente de la forme dernière qu'elle avait revêtue dans l'esprit. Pour préparer la transition, il est généralement utile de simplifier sa répartition de forces, de la débarrasser de l'échafaudage des détails qui ont servi de base aux calculs, d'en faire la synthèse par arme et, autant que possible, par unité immédiatement subordonnée. Ainsi réduite à ses termes essentiels, la décision deviendra d'une traduction plus facile.

VIII

Les applications pratiques.

Nécessité d'une progression. — Les différents systèmes. — Méthode adoptée pour la 2ᵉ partie de cet ouvrage.

De tout ce qui précède, il résulte que l'étude d'une situation tactique, si on voulait l'approfondir dans tous ses détails, serait une opération à la fois longue et complexe. La complexité est inévitable, car elle tient à la nature même des choses. La solution du cas le plus simple en apparence soulève, en effet, une foule de questions reliées les unes aux autres par des influences et des dépendances réciproques. Et cependant, dans la pratique, il faut agir vite. Comment donc concilier la double nécessité d'un raisonnement rigoureux et d'une décision prompte ? La réponse a été donnée depuis longtemps ; on n'y arrivera que grâce à un entraînement progressif.

Au surplus, ce caractère de complexité n'est pas spécial à la tactique ; il est commun à toutes les connaissances de l'esprit. Si l'on voulait, par exemple, analyser en détail la solution d'un problème d'algèbre, de géométrie, d'optique, on arriverait de proche en proche à refaire un cours complet de chacune de ces sciences. Pour parer aux inconvénients que nécessiterait ce perpétuel retour en arrière, pour pouvoir discuter vite tout en conservant au raisonnement la rectitude et la précision indispensables, on a classé les différents problèmes suivant un ordre de difficultés croissantes. L'esprit s'élève ainsi de degrés en degrés ; chaque résultat, une fois vérifié et assimilé, devient à son tour le point de départ d'un progrès nouveau. Et c'est seulement lorsqu'on est arrivé, pour un échelon donné, à un automatisme suffisant que l'on peut, sans danger, monter à l'échelon supérieur, le raisonnement étant alors allégé de tout ce qui a été acquis précédemment. Nous avons tous constaté que cette méthode permet de progresser pour ainsi dire indéfiniment, parce que les notions sont présentées à l'esprit dans un ordre rigoureusement gradué et procédant du simple au composé.

Ces considérations précisent le but que doit se proposer toute progression : il s'agit de graduer les problèmes à résoudre, de manière à rendre rapides, automatiques pour ainsi dire, un certain nombre d'opérations élémentaires qui se reproduisent constamment dans les questions plus élevées.

Les différents systèmes adoptés jusqu'ici ne nous paraissent pas répondre complètement à ce desideratum.

1° Le procédé qui paraît, au premier abord, le plus naturel, consiste à étudier les différentes unités suivant leur ordre d'importance : escouade, section, compagnie, bataillon, etc... Mais la progression, ici, n'est qu'apparente. D'une part, il faut en établir une particulière pour chaque unité ; on n'a donc fait que reculer le problème. D'autre part, les difficultés en face desquelles on se trouve ne sont pas absolument proportionnelles aux effectifs ; telle situation pour une compagnie, par exemple, peut être plus délicate que telle autre pour un bataillon.

2° Un deuxième système, qui peut se greffer sur le premier, consiste à étudier le rôle de chaque unité dans les différentes circonstances qui se présentent à la guerre : avant-garde, flanc-garde, avant-postes, combat de préparation, attaque, défense, etc.... Ici, il y a plutôt une juxtaposition qu'une progression proprement dite. On arrive cependant à l'automatisme, mais presque inconsciemment et uniquement parce que les problèmes élémentaires sont ceux qui se représentent le plus souvent.

3° *Le schéma*. — Le schéma nous paraît avoir été, en réalité, le seul essai d'une méthode véritablement progressive. Après avoir joui d'une grande vogue, il est tombé dans un discrédit profond. Il semble qu'il y ait là quelque exagération. Premier essai de méthode concrète, il a fourni une base précise de discussion et marqué une étape utile dans les progrès de la tactique. S'il a facilité les débuts de la science, ne peut-il pas rendre le même service à ceux qui en entreprennent l'étude ?

Toutefois, on ne peut l'utiliser tel qu'il avait été compris autrefois. En l'idéalisant trop, en lui donnant une allure géométrique, on l'avait complètement amputé des racines qu'il plongeait dans la réalité. Un dispositif rationnel sur un de ces terrains moyennement accidentés où nous sommes appelés à combattre n'a plus aucune signication sur un terrain absolument plan ; un dispositif qui peut convenir à un groupe donné de cas concrets n'a plus aucune valeur pour les groupes voisins. Si l'on veut que le schéma soit utile sans être dangereux, il faut lui donner l'empreinte des deux caractères qui en empêcheront la généralisation abusive : variabilité et adaptation au terrain.

4° *Les principes*. — Le schéma disparaissant, un point de départ nouveau était nécessaire. On a adopté un certain nombre de principes : liberté d'action, économie des forces, sûreté, etc. Ces principes sont excellents en eux-mêmes ; mais ils sont plutôt des synthèses que des dogmes ; car, si « les principes sont fixes, ils sont d'une application variable suivant les circonstances ». Pour en bien comprendre la portée, il faut les étudier à la lumière d'un très grand nombre de cas concrets. Et pour la résolution de ces cas concrets, l'utilité d'une progression reparaît.

En résumé, de ces quatre méthodes, aucune ne résout

complètement le problème posé : présenter les questions dans un ordre de difficulté croissante. D'ailleurs, il s'en faut que tout soit à rejeter dans ces systèmes ; chacun d'eux a ses avantages et doit être mis à contribution.

Reprenons donc la question pour notre compte, sans pouvoir, évidemment, nous flatter d'arriver à la solution idéale.

Nous avons vu que l'étude d'une situation avait pour terme final une décision. Cette décision est prise en fonction de la mission reçue et de la situation où l'on se trouve. Elle consiste dans l'adoption d'un certain dispositif adapté à un terrain donné.

Or, l'analyse d'une mission, ainsi que nous l'avons montré, a pour but d'en éliminer toutes les données abstraites et de la transformer en un objectif correct. L'analyse de la situation a pour objet de mettre au point le dispositif, de nous faire connaître les limites de prudence ou de vigueur entre lesquelles nous devons agir, et, enfin, de préciser le moment de l'action.

Les premiers exercices doivent supprimer tout ce travail de réduction et mettre l'esprit en face de missions concrètes et de situations traduites. C'est seulement lorsqu'on sera suffisamment entraîné à prendre une décision sur des données simples que l'on pourra s'attaquer aux données complexes de la réalité.

Donc, au premier degré, décisions à prendre en fonction d'une mission et d'une situation simplifiées.

La décision, avons-nous dit, c'est le choix d'un dispositif. Or, les dispositifs dont on peut se servir doivent satisfaire à des données primordiales, les unes fixes (portée des armes, vulnérabilité, etc.), que nous supposons connues du lecteur ; les autres variables : nature et forme du terrain. C'est, par conséquent, l'étude de ces dernières données qui va former notre point de départ, et notre programme s'établira comme il suit :

I. *Le terrain.* — Son étude en vue d'une opération donnée.

II. *Les dispositifs élémentaires.* — Décisions prises en fonction d'une mission et d'une situation simplifiées. Leur adaptation au terrain.

III. *La situation.* — Décisions prises en fonction d'une mission simple et d'une situation réelle.

IV. *La mission.* — Décisions prises en fonction d'une mission normale.

V. *La rédaction des ordres.*

Dans toute méthode progressive, les débuts sont naturellement très faciles. Nous n'avons pas cherché à nous soustraire à cette loi ; aussi, nos premiers exercices sont probablement déjà familiers aux lecteurs qui voudront prendre ce livre pour guide. On ne devra pas perdre de vue, toutefois, que si la tactique est, avant tout, affaire de réflexion, elle est aussi, à beaucoup de points de vue, affaire de pratique et d'entraînement. Il ne suffit donc pas de connaître approximativement les problèmes élémentaires et de se savoir en mesure de les résoudre ; il faut arriver à une assimilation assez parfaite pour pouvoir parcourir en un instant, et pour ainsi dire inconsciemment, le cycle total des réflexions par lesquelles devrait passer une analyse méthodique. Sinon, la préoccupation des détails viendra encombrer l'esprit à un moment où il aurait besoin d'appliquer toute son activité à des questions d'un ordre plus élevé. Ainsi, ce n'est pas temps perdu que de multiplier les exercices simples et de s'attarder un peu sur les débuts ; c'est, au contraire, le plus sûr moyen d'aller vite.

IIE PARTIE

EXERCICES PRATIQUES

I

L'ÉTUDE DU TERRAIN

1. L'étude du terrain a pour but d'en mettre en relief les éléments essentiels en vue d'une opération donnée.

Nous adopterons la division suivante :

§ 1. Points d'appui ;
§ 2. Lignes et positions ;
§ 3. Zones ;
§ 4. Examen de quelques cas particuliers.

N. B. — Il n'est peut-être pas inutile de se demander si les méthodes d'étude employées dans un travail sur la carte pourront être appliquées sur le terrain.

On sait que la carte donne une image généralisée du terrain; et cette généralisation, cette synthèse comme on l'appelle quelquefois, consiste dans l'omission d'un certain nombre de détails secondaires.

En particulier :

1) Ce que nous appelons point d'appui sur la carte forme, sur le terrain, un ensemble plus ou moins complexe, qui peut souvent se résumer et s'étudier comme une petite position.

2) Les intervalles sont parsemés de petits points d'appui et de cheminements secondaires que la carte a supprimés.

3) Une position peut devenir une véritable zone.

En résumé, il se crée sur le terrain une nouvelle hiérarchie des détails, s'il est permis de s'exprimer ainsi. Ce qui forme sur la carte un détail du 1er degré peut être, sur le terrain, un détail du 2e degré, et ainsi de suite.

Cette remarque faite, il n'est pas besoin d'insister pour montrer que la méthode d'analyse employée sur la carte peut être légitimement utilisée sur le terrain. Il suffira de faire les transpositions ou tout au moins les additions nécessaires.

Par exemple, un point d'appui important, présentant à la fois les caractères d'un point d'appui et d'une position, devra être examiné à ces deux points de vue.

N° 1. — Gén. Maillard, p. 427. — *Frœschwiller*, p. 385.

§ 1. Points d'appui.

2. Résumer une ligne du terrain.

Au fur et à mesure que croissait la portée des armes, certains points du terrain ont pris une importance plus grande. On les appelle *points d'appui*. Ce sont :

Les points élevés, à cause de leur grand champ de tir ;

Les petits bois et les villages, à cause de l'abri qu'ils offrent.

On peut dire que ces points résument le terrain, car leur seule occupation — s'ils sont suffisamment rapprochés pour que leurs intervalles soient efficacement battus — oblige l'adversaire à prendre des dispositions d'attaque ; et leur chute compromet la durée de la résistance.

Exemple 1 (B N).

Résumer la croupe qui s'étend d'Aubercy à Foucaucourt, face au nord.

Les points d'appui sont :

Mamelon au nord d'Aubercy ; mamelon et bois à 800 mètres à l'est ; bois cote 213 ; boqueteaux à l'est ; cote 224.

3. Etudier un point d'appui.

Etudier un point d'appui, c'est examiner dans quelle mesure il possède les propriétés suivantes :

1° Champ de tir ;

2° Couvert pour les tireurs (contre les coups directs, contre les coups d'enfilade) ;

3° Points d'accès. Peut-on aborder partout, ou l'accès est-il limité à certains points ?

N° **2.** — Gén. Langlois, *Artillerie*, I, p. 542.

4° Résistance à l'investissement. La garnison du point d'appui pourra-t-elle continuer à s'y maintenir lorsque le point d'appui sera enveloppé ?

5° Résistance à la progression intérieure. L'ennemi une fois maître de la lisière, peut-on continuer à lui disputer la possession et l'occupation du point d'appui ?

Il est intéressant de comparer, à ces divers points de vue, les points élevés, les localités et les bois.

PROPRIÉTÉS	POINTS ÉLEVÉS découverts.	BOIS.	LOCALITÉS.
1° Champ de tir.	Considérable.	Variable.	Variable.
2° Couvert.	Nul.	Variable.	Généralement très bon.
3° Points d'accès.	Partout.	Partout.	En raison des obstacles passifs que forme la lisière, l'accès est limité à un certain nombre de points, généralement aux routes.
4° Résistance à l'investissement.	Nulle.	Variable, suivant l'importance du bois.	Facile. Les maisons forment des masques qui abritent les tireurs contre les coups de revers et les coups d'enfilade.
5° Résistance intérieure.	Nulle. Le défenseur est immédiatement rejeté au premier angle mort, généralement la crête militaire. (Voir n° 46.)	Possible. En raison de l'absence d'obstacles passifs, le défenseur n'a pas d'avantages particuliers sur l'assaillant.	Facile. En raison de la présence d'obstacles passifs, le défenseur est dans une situation plus favorable que l'assaillant.

Exemple 2 (A N).

Propriétés du village d'Eclaires en face d'une attaque venant du sud.

Champ de tir : 1.500 à 2.000 mètres.

Points d'accès : les trois passages sur le ruisseau du Hardillon.

Résistance à l'investissement : possible.

Résistance intérieure (résistances successives) : possible si l'attaque vient du sud-ouest.

Exemple 3 (D N).

Propriétés du bois de Renonlieu (2.000 mètres au sud de Saint-André) en face d'une attaque venant du sud.

Champ de tir : 2.000 mètres.

Points d'accès : partout.

Résistance à l'investissement : possible.

Résistance intérieure : possible. Sera facilitée si on prépare des coupures successives.

4. Rôle des points d'appui.

Les points d'appui jouent dans le combat deux rôles différents :

1° Un rôle qu'on pourrait appeler *actif* et qui consiste à permettre au défenseur de faire usage de ses armes dans de meilleures conditions (utilisation des propriétés n°s 1, 2, 3 : champ de tir, couvert, limitation des points d'accès) ;

2° Un rôle que l'on pourrait appeler *passif* et qui consiste à servir d'*appui* à la ligne de combat, en mettant les défenseurs qui y sont enfermés dans une situation matérielle telle qu'ils soient à l'abri d'une panique et ne puissent être entraînés dans les flux et reflux des troupes voisines (utilisation des propriétés n°s 4 et 5 : résistance à l'investissement et résistance intérieure).

N° 4. — *Frœschwiller*, p. 112, 134. — Gén. Bonnal, *Sadowa*, p. 183.

Il est rare qu'un point d'appui réunisse simultanément les cinq propriétés que nous venons d'énumérer et, par suite, soit également apte à jouer le rôle actif ou le rôle passif. Nous verrons plus loin qu'on y remédie par un choix approprié, ou par des travaux de fortification de campagne.

5. Couvrir un point.

Couvrir un point, c'est occuper les crêtes dangereuses, c'est-à-dire les crêtes d'où on peut agir, par le fusil ou le canon, sur le point à couvrir.

L'occupation d'une crête, lorsqu'on veut empêcher l'ennemi de s'y installer par surprise, est réalisée par l'occupation des points importants qui la résument. Ces points peuvent être distants du double de la portée efficace du fusil, à la condition que les intervalles soient vus.

En résumé :

1° Déterminer l'horizon dangereux, c'est-à-dire l'horizon visible dans un rayon de 1.500 mètres à 2.000 mètres si on veut se couvrir contre le fusil ; de 4.000 mètres si on veut se couvrir contre le canon ;

2° Résumer cet horizon dangereux (n° 2).

Nous appellerons les points ainsi trouvés : points dangereux, et leurs directions : directions dangereuses.

Exemple 4 (D N).

Couvrir Issoncourt, face au sud-est.
1° Horizon dangereux : de la corne ouest du bois de Meuse au signal d'Issoncourt.
2° Points dangereux : corne ouest du bois de Meuse; partie de la crête située vers le c. d'Issoncourt; signal d'Issoncourt.

6. Se porter d'un point à un autre.

Lorsqu'un gros veut se porter en sécurité d'un point à un autre, il utilise un cheminement — c'est-à-dire un itinéraire lui permettant de dissimuler le plus longtemps possible son mouvement — et en fait occuper l'horizon dangereux.

Le problème comporte donc :

1° Recherche des cheminements ;

2° Détermination des points dangereux.

Une simple comparaison aux points de vue : facilité de parcours, nombre et distance des **points dangereux**, permet ensuite de déterminer le cheminement le plus avantageux.

Exemple 5 (D O).

Se porter du signal d'Issoncourt à Neuville-en-Verdunois.

1° Thalweg partant du *d* de Signal détruit; thalweg montant vers Neuville. — Points dangereux : signal d'Issoncourt et croupe à l'est; croupes à l'ouest et à l'est de Neuville.

2° Cote 346, pont de Rampon. — Points dangereux : cotes 346, 324, mamelon au nord des mots *sur-Aire*.

3° Thalweg à 1.000 mètres à l'est du signal; thalweg montant vers la chapelle Sainte-Anne. — Points dangereux : mamelon à l'est du signal; mamelon à l'ouest du bois de Neuville; croupe au sud du bois de Neuville.

Toutes choses égales d'ailleurs, le n° 1 est le plus simple. On ne préférera les n°° 2 ou 3 que si la situation y invite.

7. Attaque d'un point découvert.

Attaquer un point, c'est y aller malgré l'ennemi.

La marche en avant comprend trois phases de durée variable suivant le terrain, et de difficulté progressive :

1° Sans tirer. — Utilisation des cheminements. S'il faut marcher à découvert, emploi de formations peu vulnérables ;

2° Marche protégée par le feu. — Les troupes sont dis-

N° 7. — Col. Foch, *Principes*, p. 195, 215. — Gén. Langlois, *Artillerie*, I, p. 588. — Comm. de Grandmaison, p. 21, 65, 89, 64.

posées de façon qu'une fraction tire pendant que l'autre continue à avancer ;

3° Marche succédant au feu. — On cherche à écraser l'ennemi par des feux et on se porte en avant. Procédé à employer seulement lorsqu'on a tiré des deux premiers tout le parti possible.

En résumé, l'attaque recherche la combinaison aussi simultanée que possible du feu et du mouvement en avant. On devra donc, dans l'étude du terrain, examiner successivement :

1° Les cheminements permettant d'approcher du point à attaquer ; points dangereux pour ces cheminements (n° 6) ;

2° Les positions de feux (artillerie et infanterie), permettant de «nettoyer» le cheminement, de favoriser la progression de la troupe d'attaque et d'appuyer cette dernière le plus longtemps possible.

En procédant ensuite par comparaison, on trouvera le *côté saisissable* du point à attaquer, c'est-à-dire celui dont on peut s'approcher le plus près, tout en y concentrant le plus de feux.

Exemple 6 (B N).

Attaquer la cote 213 (1.500 mètres au nord-est de Triaucourt), en venant de l'ouest.

1° *Cheminements et points dangereux.*

a) Ravin de Brizeaux. Couverture : les hauteurs au nord des Avies (ce cheminement répondrait plutôt à la question : attaque par le nord-ouest);

b) Ravin à 300 mètres au sud du chemin Aubercy - 213. Couverture : le mamelon au nord;

c) Ravin à 500 mètres au sud du précédent;

d) Ravin à 500 mètres au nord de Triaucourt;

e) Ravin de Triaucourt au Franc-Bois. Couverture : crête 201, Franc-Bois.

2° *Positions de feux.*

Artillerie : croupe à l'ouest de Triaucourt; croupe 194.

Infanterie : mamelon et boqueteau à 1.200 mètres au sud de Brizeaux; boqueteau à 800 mètres au sud-ouest de 213; ligne de changement de pente.

3° Côté saisissable.

Les cheminements qui permettent d'arriver le plus près et sont les plus faciles à couvrir sont les cheminements c) et d).

Exemple 7 (C O).

Attaquer la cote 260 (1.500 mètres au sud-ouest de Pretz-en-Argonne), en venant du sud-est.

1° Cheminements et points dangereux.

a) Ruisseau des Cinq-Fontaines. Croupes au nord et au sud; croupe à l'ouest de la Presle;

b) Ravin passant par enlin de Fontaine-Saint-Quentin. Croupes au nord et au sud;

c) Ravin de Pretz-en-Argonne. Croupes au nord et au sud; croupe à l'ouest de la Presle.

2° Positions de feux.

Artillerie : cote 285 (4.000 mètres); cote 241; croupe à l'ouest de Sommaisne.

Infanterie : croupe au sud de Pretz-en-Argonne; pentes de 241; croupe au nord-est de Vaubecourt.

3° Côté saisissable.

Le cheminement b) paraît le plus avantageux aux points de vue appui et couverture de l'attaque.

8. Attaque d'un village.

L'approche d'une localité est soumise aux mêmes lois que l'approche d'un point découvert. C'est en vue de l'enlèvement que commencent les différences. L'attaque doit :

1° Prendre pied dans le point d'appui ;
2° L'envelopper pour le faire tomber ;

N° 8. — Col. Foch, *Principes*, 123, 126. — Gén. Bonnal, *Sadowa*, p. 183.

3° Progresser à l'intérieur, dans la mesure du possible (n° 3).

L'étude du terrain comprendra donc, en plus de ce qui a été indiqué pour l'attaque d'un point découvert :

1° Détermination des points d'accès *saisissables* ;

2° Conditions d'enveloppement : cheminement pour le mouvement, couverture de ce cheminement, appui possible des positions de feux en arrière au moment du débouché ;

3° Conditions de la progression intérieure.

Exemple 8 (A N).

Attaque de Senard par une troupe venant du nord.

a) *Approche* (résumé).

Cheminement : ravin 185.
Feux d'artillerie : cote 181.
Feux d'infanterie : mamelon à l'est et à l'ouest de 185; mamelon de l'*n* de Senard.

b) *Enlèvement*.

1° Point d'accès le plus saisissable : sortie nord-ouest.
2° Progression intérieure : difficile.
3° Enveloppement. Deux solutions possibles :

Ravin à l'ouest du mamelon, au sud-ouest de Senard (cheminement discontinu). — Couverture : mamelon à 1.200 mètres au sud-ouest de Senard. Débouché bien appuyé par l'infanterie, mal par l'artillerie de 181.

Ravin à l'est du mamelon, à 600 mètres à l'est de Senard. — Couverture : croupe à l'est du *d* de Senard. Débouché bien appuyé par l'artillerie.

Toutes choses égales d'ailleurs, l'enveloppement par l'est paraît plus facile.

9. Attaque d'un bois.

Mêmes règles que pour l'attaque d'un village. Mais, ici,

N° 9. — Col. Foch, *Principes*, p. 194. — *Frœschwiller*, p. 238, 251. — Gén. de Lacroix, p. 57.

les points d'accès ne sont pas limités (n° 3) et la progression intérieure est généralement possible. L'étude devra donc porter sur les points suivants :

1° Points saisissables (n° 7) ;

2° Progression intérieure :

Axes de progression : lisières, chemins (parallèles à la direction de marche).

Barrages que peut faire l'ennemi : coupures, chemins transversaux.

Points à enlever successivement (si le bois est important) ;

3° Enveloppement. Comme ci-dessus (n° 8).

Exemple 9 (D N).

Attaque du bois de Renonlieu (2.000 mètres au sud de Saint-André) par une troupe venant du nord.

Enlèvement :

1° Point saisissable : saillant nord.

2° Progression intérieure :

Axes de progression : le long des lisières ouest et est; pas de chemin à l'intérieur.

Pas de barrages naturels à l'intérieur.

Etant donnés les points d'arrivée, il paraît préférable de chercher à progresser le long de la lisière est.

3° Enveloppement. Difficile :

Par l'ouest : cheminement éloigné; couverture vers la crête 280 et le bois Chanet; bon appui de l'artillerie de 280.

Par l'est : ravin boisé, débouché difficile; bon appui d'artillerie si elle est placée au sud-est de Saint-André.

Exemple 10 (D N).

Enlèvement du bois Blandin par une troupe venant du sud.

1° Point saisissable : corne sud.

2° Progression intérieure :

Axes de progression : lisière ouest; chemin de Scraucourt à Mondrecourt; lisière est.

Barrages : chemin de Rignaucourt à Deuxnouds; carrefour vers le *d* de Blandin.

Points à enlever successivement : corne sud; carrefours *B* et *d* du mot Blandin; lisières nord.

3° Enveloppement :
Par l'est, couverture à Mondrecourt et environs.
Par l'ouest, couverture à la croupe à 1.000 mètres au sud-est de Deuxnouds.

10. Notions générales de la défensive.

La défensive comprend deux actes différents :

1° La résistance (la parade) ;

2° La contre-offensive (la riposte).

La résistance peut s'effectuer sur place (une seule position) ou en profondeur (plusieurs positions successives).

La contre-offensive peut s'exécuter à deux périodes différentes :

1° Avant que l'ennemi aborde la position. C'est la *contre-attaque* ;

2° Après que l'ennemi a occupé la position. C'est le *retour offensif*.

11. Défense d'un point découvert. — 1° Résistance.

Défendre un point découvert, c'est s'opposer à son attaque. Par conséquent, on devra rechercher :

1° Les positions de feux interdisant l'attaque directe et à découvert. Positions successives s'il y a lieu. Examiner le champ de tir de chaque position (pour le choix de la position à utiliser, voir n° 24) ;

2° Les points d'où on peut barrer les cheminements dangereux.

De plus, la troupe chargée de défendre ce point doit être en sûreté, donc :

3° Couvrir les flancs (n° 5), si le point est isolé.

N° 10. — Gén. Langlois, *Artillerie*, I, p. 361, 362, 562.
N° 11. — Gén. Langlois, *Artillerie*, I, p. 361, 362.

Exemple 11 (C N).

Défendre, face à l'ouest, la cote 263 (1.500 mètres au sud-ouest de Nubécourt).

1° Positions de feux : cote 263 (grand champ de tir); crête militaire à l'est.

2° Cheminements : *a*) ravin de la Presle; barrage à l'éperon à 400 mètres au sud de 263; *b*) ravin d'Evres; barrage à l'éperon à 300 mètres au nord-ouest de 263.

3° Sûreté des flancs : cote 274 au nord de 263. Crête à 1.200 mètres au sud de 263.

12. Défense d'un point découvert. — 2° Contre-offensive.

On examinera comment on pourrait exécuter, le cas échéant, soit une contre-attaque, soit un retour offensif.

A. *Contre-attaque en avant du point à défendre.* Déterminer :

1° Les cheminements que pourrait suivre la contre-attaque, c'est-à-dire les zones où l'on pourrait se mouvoir à l'abri des feux de l'assaillant ;

2° Les points dangereux pour ces cheminements ;

3° Le point où pourrait stationner la troupe qui fera la contre-attaque (1).

B. *Retour offensif.* Déterminer :

1° Position de feux, cheminements, côté saisissable, comme dans une attaque ordinaire (n° 7) ;

2° Emplacement d'attente pour la troupe destinée à faire le retour offensif.

Exemple 12 (B N, C N).

Défendre, face au nord-ouest, la cote 239 (1.200 mètres au sud d'Evres). — Contre-offensive.

A. *Contre attaque* (en avant de 239).

1° Par l'ouest :

Cheminement : ravin nord-est - sud-ouest à l'ouest de 239.

---

(1) Si l'ennemi procède par enveloppement, la contre-attaque pourra se faire comme il est indiqué au n° 14, B.

Point dangereux : le mamelon à l'ouest.
Emplacement de la troupe : petit bois au sommet du thalweg.

2° Par l'est :

Contre-attaque partant du petit bois à 400 mètres à l'est de 239.

B. *Retour offensif* (contre 239).

Positions de feux : la crête au sud de la Presle (artillerie).
Côté saisissable : côté sud.
Emplacement de la troupe : au sud et hors des vues de 239, sur le versant nord de la Presle.

Exemple 13 (C N). Suite de l'exemple 11.

Défendre, face à l'ouest, la cote 263 (1.500 mètres au sud-ouest de Nubécourt). — Contre-offensive.

A. *Contre-attaque.*

Pas de cheminement favorable.

B. *Retour offensif.*

Positions de feux. Artillerie : rive droite de l'Aire. Infanterie : contreforts à 800 mètres environ au nord-est et au sud-est de 263.
Cheminement : thalweg au nord-est de 263.
Emplacement de la troupe : dans le cheminement indiqué ci-dessus.

13. Défense d'un bois ou d'un village. — 1° Résistance.

But : Empêcher successivement l'ennemi :

1) De s'approcher du point d'appui ;

2) D'y prendre pied ;

3) De l'utiliser comme point de départ d'un nouveau progrès en avant (n° 4).

Etudier d'abord le terrain comme s'il s'agissait d'un point découvert (n° 11). Examiner ensuite les moyens de faire face à l'attaque rapprochée.

N° 13. — Col. Foch, *Principes*, p. 212, 215.

1° *Résistance du point d'appui proprement dit.*

Résistance directe (lisière faisant face à l'ennemi) : position de feux pour interdire l'attaque directe et à découvert (généralement en avant du point d'appui). Point d'accès.

Résistance à un investissement : lisières faisant face à droite et à gauche. Points d'accès.

Résistance intérieure : 2ᵉ ligne de défense, réduit.

2° *Résistance extérieure au mouvement enveloppant.*

Noter les cheminements à barrer.

Rechercher les points de couverture et les points qui peuvent recevoir des échelons défensifs pour s'opposer au mouvement débordant de l'attaque (nᵒˢ 8 et 9).

Exemple 14 (B N).

Défense de Foucaucourt, face au sud.

1° *Résistance du point d'appui.*

Lisière sud. Position de feux : la crête 224, puis la lisière sud du village. — Points d'accès à barrer : les trois sorties.

Résistance à l'investissement. Sortie sud-ouest, face à l'ouest; moulin et groupe de maisons au nord, face au sud-est.

Résistance intérieure. Réduit : groupe de maisons sur la route de Waly, au delà du ruisseau.

2° *Résistance extérieure.*

Couverture : mamelon à l'est de Foucaucourt.

Echelons : croupes au nord de Foucaucourt, à l'est et à l'ouest des Avies.

Exemple 15 (B N, C N).

Défense du Bois-le-Comte, face au sud.

1° *Résistance du point d'appui.*

Lisière : saillant sud, la Suisserie, saillant sud-est.

Résistance à l'investissement. A l'ouest, difficile (lisière rectiligne à faible champ de tir); à l'est, saillant est.

Résistance intérieure. Constituer une deuxième ligne sur la route transversale Waly - Fleury, dont les points principaux sont : sortie ouest, carrefour du chemin la Suisserie - Autrécourt, sortie est.

2° *Résistance extérieure.*

Mamelon au nord-est de Waly; mamelon au sud-ouest d'Autrécourt.

14. Défense d'un bois ou d'un village.
2° Contre-offensive.

A. La contre-attaque simple s'étudie comme pour un point découvert (n° 12).

Il en est de même pour le retour offensif simple, mais on tiendra compte du fait que l'objectif à réoccuper est un point d'appui (n°ˢ 8, 9).

B. Entre l'instant où l'ennemi a pris pied dans le point d'appui et le moment où il en est complètement maître, il s'écoule habituellement un certain temps pendant lequel la contre-offensive peut se proposer, soit de reprendre à l'ennemi la lisière qu'il vient d'enlever, soit de le contre-attaquer pendant qu'il effectue l'investissement du point d'appui.

La première de ces opérations est souvent très difficile. La deuxième, en revanche, est presque toujours possible, car l'ennemi, pour faire son enveloppement, est obligé d'avancer une aile, et il arrive bientôt un moment où il lui est difficile de la couvrir et de l'appuyer. Il est nécessaire, bien entendu, que le point d'appui, même partiellement investi, continue à tenir jusqu'au moment de la contre-attaque.

L'étude du terrain aura pour but de déterminer la ligne à partir de laquelle l'ennemi se trouvera en situation défavorable (voir n° 16), et, par voie de conséquence, le moment favorable pour la contre-offensive.

Exemple 16 (B N). Suite de l'exemple 14.

Défense de Foucaucourt, face au sud. — Contre-offensive.

1° Reprise de la lisière (sortie sud de Foucaucourt). Très difficile : on est dominé par la hauteur au sud de 188 et par 224.

2° Contre-offensive pendant l'investissement. L'ennemi cessera d'être en mesure d'appuyer les fractions enveloppantes lorsqu'elles atteindront les crêtes à l'ouest ou à l'est de Foucaucourt. C'est donc à partir de ce moment que la contre-offensive aura chance de réussir.

Exemple 17 (B N, C N). Suite de l'exemple 15.

Défense du Bois-le-Comte face au sud. — Contre-offensive.

1° Reprise de la lisière sud (du bois l'Abbé). Possible, par retour offensif direct sous bois.

Tous les points choisis comme foyers de la résistance sous bois peuvent être l'objet de contre-attaques ou de retours offensifs.

2° En cas d'investissement par l'est, la contre-offensive pourra s'effectuer immédiatement (appui d'artillerie sur la croupe au nord de Fleury-sur-Aire).

En cas d'investissement par l'ouest, attendre que l'ennemi s'approche de 221.

15. Se retirer d'un point que l'ennemi va occuper.

Il s'agit d'empêcher l'ennemi de faire du mal à la troupe qui se retire. Par conséquent, déterminer :

1° Les positions de repli, c'est-à-dire les positions de feux (artillerie et infanterie) d'où on pourra agir sur le point en question pour y neutraliser l'ennemi;

2° Les cheminements à suivre par la troupe qui bat en retraite.

N. B. — Le problème étant identique au fond à celui du n° 7 (attaque d'un point découvert), il nous paraît inutile d'insister. Les mêmes exemples peuvent servir, il suffit de les inverser.

16. Limites de l'offensive et de la contre-offensive.

Les dispositions que peut prendre l'assaillant pour appuyer son attaque perdent généralement de leur efficacité au fur et à mesure que la troupe d'attaque se rapproche de l'adversaire.

Il y a lieu, à ce point de vue, de diviser en trois zones le terrain que devra parcourir l'attaque :

1° Zone où l'on aura la supériorité du feu;

2° Zone où l'on sera à égalité. L'artillerie de l'attaque est obligée de cesser son tir lorsque l'assaillant est arrivé à 500/400 mètres de la position à enlever;

3° Zone où l'on aura l'infériorité du feu.

Exemple 18 (B N).

Attaque de la cote 204 (1.500 mètres au sud-est de Triaucourt) par une troupe venant de l'ouest.

Attaque basée sur les positions de feux : 187, 194 et mamelon au sud-est.

On aura la supériorité du feu jusqu'à la crête militaire; on sera à égalité à partir de ce point; on sera en état d'infériorité en arrivant à la crête topographique.

17. Limites de la résistance.

Dans certaines situations, le défenseur cherche à gagner

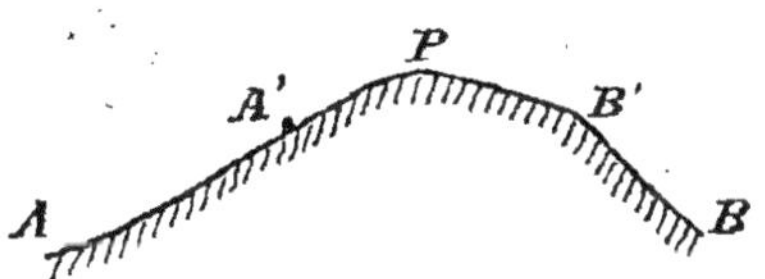

du temps sans se compromettre, et ne veut pas ou ne doit pas accepter le combat rapproché.

N° 16. — Gén. Langlois, *Enseignements*, p. 17, 35, 71. — *Frœschwiller*, p. 327, 350, 359.

N° 17. — Gén. Langlois, *Enseignements*, p. 123.

Soit P le point à défendre (généralement un point dominant), P B la direction de la retraite, B' le point où on cesse d'être vu de P. Le défenseur devra se retirer lorsque l'ennemi sera arrivé à une distance $P A' = P B'$; en partant plus tard, il n'éviterait pas le combat rapproché.

Exemple 19 (B N).

Soit à défendre la cote 204 (2.000 mètres au sud-est de Triaucourt) contre une attaque venant de l'ouest, mais avec ordre de ne pas se compromettre.

La gauche devra partir lorsque l'ennemi sera arrivé à 400/500 mètres. La droite, qui se réfugie dans le bois, peut laisser l'ennemi s'approcher à 100 mètres.

18. Organiser un emplacement de tir.

L'organisation d'un emplacement de tir comprend :

1° Dégagement du champ de tir : abatis;

2° Abri contre les feux de front : tranchées, ouvrages, utilisation d'obstacles naturels;

3° Abri contre les feux d'enfilade (1) : défilement par le terrain ou par un masque naturel; masques artificiels; traverses ; éléments de tranchées, avec retour du flanc dangereux, disposés sur la même ligne ou en échelons.

§ 2. Lignes et positions.

19. Résumer une position.

Nous avons vu qu'au point de vue tactique, une ligne peut se résumer en un certain nombre de points d'appui.

N° 18. — Lieut.-col. de Montdésir, *Essai sur l'emploi tactique de la fortification de campagne.*

(1) De nombreux exemples, dans la guerre russo-japonaise, montrent qu'il devient de plus en plus nécessaire de s'abriter contre les coups d'enfilade.

Une position comprend généralement plusieurs lignes successives, dont chacune peut être définie par les points qui la résument.

Résumer une position, c'est donc y noter des lignes successives de points d'appui.

20. Propriétés des différentes lignes qui constituent une position.

Beaucoup de positions ont un profil se rapprochant du type ci-dessous. Il est intéressant d'en noter les caractères généraux.

a) EMPLACEMENTS DE L'ARTILLERIE.

L'artillerie se place habituellement aux environs de la crête topographique, de façon à avoir un champ de tir étendu, et en arrière de cette crête, afin de rester masquée. (L'artillerie peut, théoriquement, se placer partout; mais, sur les emplacements à faible champ de tir, elle n'utilise qu'incomplètement ses propriétés.)

On voit que, dans ces conditions, pour une artillerie placée entre E et F, l'action directe rapprochée est généralement limitée par des angles morts D G, M N. Ces angles morts devront être battus, soit par des feux de flanc, soit directement par l'infanterie.

La distance E A est souvent voisine de la portée du canon actuel.

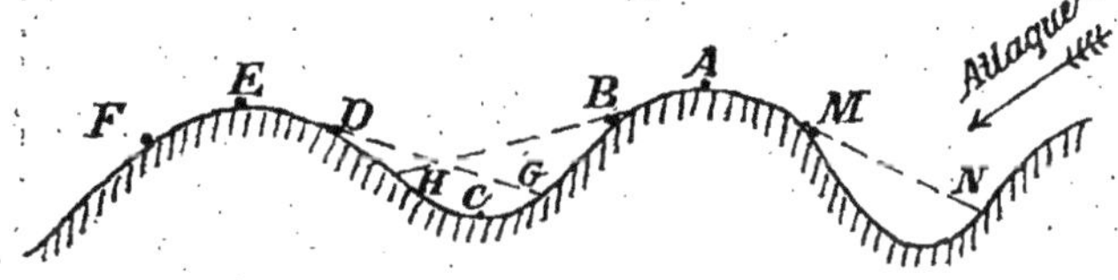

b) EMPLACEMENTS DE L'INFANTERIE.

Supposons l'artillerie placée entre F et E et examinons dans quelles conditions se trouvera l'infanterie occupant l'un des points A, B, C, D, E.

A. *Crête topographique.* — Présente habituellement un grand champ de tir coupé par un grand angle mort M N. Les points d'ap-

---

N° 20. — Gén. Langlois, *Artillerie*, I, p. 407, 408, 503; II, p. 383. — Lieut.-col. de Mondésir, *Essai sur l'emploi tactique de la fortification de campagne.*

pui y sont assez fréquents (bois ou localités), suivant les régions. L'infanterie du défenseur n'est pas soutenue par son artillerie. La retraite sera facile, l'assaillant étant immobilisé en A par l'artillerie E F.

B. *Crête militaire* (contre-pente). — Champ de tir restreint, mais terrain en avant et en arrière bien battu par l'artillerie de la défense, alors que l'artillerie de l'attaque ne peut intervenir directement. Retraite facile jusqu'à la vallée.

C'est aux environs de cette crête, et généralement sur tout le versant A B C, que se trouve la zone la plus favorable à une défense active, car toute contre-offensive pourra être préparée et appuyée dans de bonnes conditions par l'artillerie du défenseur.

C. *Vallée.* — Champ de tir souvent restreint. Présente fréquemment des points d'appui (localités, vergers, haies) et des obstacles passifs (cours d'eau). La défense peut être appuyée par son artillerie, tant que l'assaillant n'a pas atteint l'angle mort D C. L'artillerie de l'attaque ne peut agir directement qu'en s'installant à découvert en B.

D. *Crête militaire.* — Grand champ de tir pour l'infanterie; pas d'angle mort. En revanche, l'artillerie du défenseur est impuissante contre l'assaillant quand il a pénétré dans la zone D C, et l'attaque est bien appuyée par son artillerie, à couvert en A M.

·D'une façon générale, tout mouvement d'offensive ou même de retraite est difficile au défenseur placé sur le versant E C, à moins que ces mouvements ne puissent être masqués par des couverts ou des ondulations du terrain.

E. *Crête topographique.* — Mêmes propriétés que la crête A. Tous les avantages sont du côté de l'artillerie de l'assaillant. L'artillerie de la défense est obligée de partir quand l'infanterie adverse approche de la crête militaire D.

L'étude du terrain aura principalement pour but de noter les points d'appui importants et les zones favorables à la contre-offensive.

Exemple 20 (D O).

Résumer la position Courcelles-sur-Aire, bois Landlut, Issoncourt, face au sud-est.

La position comprend tout le terrain entre la crête de Neuville et celle d'Issoncourt. A noter :

Points d'appui importants. — Neuville (très difficile à attaquer), Le Chanet, bois Landlut (saillant sud-ouest facile à investir).

Zones favorables à la contre-offensive. — Tout le versant nord de la crête de Neuville, couloir descendant de 346 vers le sud-ouest, bois Landlut, zone limitée à l'ouest par la ligne Rignaucourt, signal d'Issoncourt, et à l'est par la crête 346, bois de Meuse.

21. Choisir un point d'attaque.

Attaquer une ligne, c'est en attaquer un ou plusieurs points.

Lorsqu'on veut faire un choix entre plusieurs points, il faut les comparer à deux points de vue :

1° Importance de chaque point, c'est-à-dire résultat que nous donnera l'acquisition de ce point en vue de la conquête de la ligne;

2° Facilités d'attaque (n°s 7, 8, 9).

Exemple 21 (D N).

Attaque de la ligne : signal d'Heippes (342), station à 600 mètres au sud d'Heippes, cote 318, par une troupe venant de Souilly. Objectif ultérieur de l'attaque : Issoncourt.
Choix d'un point d'attaque.

1° *Importance.*

L'occupation de 318 rend maître du terrain depuis la croupe à l'ouest de Mondrecourt jusqu'au bois de Meuse; la défense de 342 est rejetée sur Deuxnouds.
L'occupation de 342 ne donne pas un très grand résultat immédiat; mais elle rend facile l'attaque de 318.

2° *Facilités d'attaque.*

a) 342.
Feux d'artillerie : 324, mamelon au sud du bois de la Warge, mamelon à 1.200 mètres au nord-est de Heippes.
Feux d'infanterie : Heippes, bois d'Ahaye.
Cheminements : bois Chardin et ravin au sud.
b) 318.
Feux d'artillerie : de 324 au bois de Pontoux.
Feux d'infanterie : Heippes, bois de Claire-Côte et mamelon au nord-est.

N° 21. — Gén. Langlois, *Enseignements*, p. 26, 42, 108; *Artillerie*, I, p. 588. — Col. Foch, *Principes*, p. 123, 193, 215, 329. — *Fræschwiller*, p. 281. — Gén. de Lacroix, p. 37.

Cheminements : col 299, Rambluzin, puis ravin au nord-est de **318** ou ravin de Claire-Côte (point dangereux pour ce dernier : le saillant nord-ouest du bois de Meuse).

3° *Conclusion.*

L'attaque de 342 paraît plus facile et exige moins de moyens que celle de 318.

Exemple 22 (C N).

Attaque de la crête au nord de Pretz-en-Argonne par une troupe venant du sud-est. Objectif ultérieur de l'attaque : Foucaucourt.
Choix d'un point d'attaque.
Les points qui résument cette crête sont : n° 1, croupe à 1.000 mètres au nord-ouest de 264; n° 2, masse d'arbres; n° 3, croupe à 1.200 mètres au nord-ouest de Pretz-en-Argonne.

1° *Ordre d'importance.*

N° 1, n° 2, n° 3.

2° *Facilités d'attaque.*

N° 1. Pas d'investissement par les feux. Pas de cheminements.
N° 2. Positions de feux d'artillerie : de la croupe au sud de Pretz-en-Argonne à la croupe à l'ouest de Beauzée. Cheminement : ravin 234.
N° 3. Pas d'investissement par les feux. Tous les cheminements enfilés.

3° *Conclusion.*

Objectif principal : la masse d'arbres.

Exemple 23 (A N, B N).

Passage de vive force de la rivière d'Evres entre Eclaires et Triaucourt. Attaque venant du nord.
Choix d'un point de passage.
Deux points sont favorables au déploiement d'une grande supériorité de feux : Gumont et Aubercy.
Dans les opérations de ce genre, l'étude du terrain montre que les rentrants sont en général les points les plus favorables.

22. Attaque d'un point faisant partie d'une ligne.

1° Etudier les conditions d'attaque de ce point comme il est indiqué ci-dessus (n°⁸ 7, 8, 9);

N° **22.** — Gén. Langlois, *Artillerie*, I, p. 562.

2° Si l'on n'a pas, *de plano*, les moyens d'acquérir la supériorité du feu, déterminer les points qu'il est nécessaire de faire tomber au préalable pour acquérir cette supériorité;

3° Si les points dangereux (n° 5) pour les cheminements que doit suivre la troupe d'attaque sont au pouvoir de l'ennemi, ces points devront être neutralisés au cours de l'attaque;

4° Limites probables de l'offensive (dans les conditions indiquées au n° 16).

Exemple 24 (C N).

Attaque de la masse d'arbres (1.200 mètres au nord de Pretz-en-Argonne) par une troupe venant de Beauzée. Voir exemple 22.

1° Conditions d'attaque : pour mémoire.

2° Points à occuper au préalable : Pretz-en-Argonne (peut servir de base à une contre-attaque ennemie).

3° Point à neutraliser : saillant à 800 mètres au nord de la masse d'arbres.

4° Limites de l'offensive : la lisière ouest de la masse d'arbres.

23. Attaque d'une position.

Déterminer l'ordre dans lequel on attaquera les différents points faisant partie de la position, c'est-à-dire :

Choisir un point d'attaque dans la ligne présentée; le supposer enlevé; en choisir un nouveau, etc.

Exemple 25 (D N).

Attaque des positions au sud de Heippes par une troupe venant du nord.

Points à enlever successivement : mamelon au nord-ouest du bois de Claire-Côte, cote 342, cote 318, station à l'est de Mondrecourt; mamelon au saillant ouest du bois de Meuse.

Exemple 26 (C N).

Attaque des positions à l'ouest de la ligne Fleury-sur-Aire, Nubécourt, par un assaillant venant de l'est.

Points à enlever successivement : mamelon au sud de Fleury, cote 274, mamelon à l'est de la Fontaine-de-Royant, croupe au sud du précédent, croupe à l'est de la Suisserie, etc.

24. Choisir une ligne de résistance.

Les propriétés d'une ligne de résistance peuvent se classer en trois groupes :

1° Aptitude à la défense éloignée.

Grand champ de tir.

2° Aptitude à la défense rapprochée.

Présence de points d'appui complets (bois ou localités).
Impossibilité pour l'attaque de développer des lignes de feux supérieures à celles de la défense.
Facilités pour la contre-offensive (n° 20).

3° Facilités de retraite.

Positions de recueil (artillerie et infanterie).
Cheminements défilés pour se retirer.

Il est rare qu'une ligne de résistance réunisse simultanément ces trois propriétés.

La défense a pour but de gagner du temps. Les propriétés du terrain ont une valeur variable suivant la quantité de temps qu'on doit gagner.

Quand on ne veut pas résister à fond, on recherche de préférence :

Aptitude à la défense éloignée;

Facilités de retraite.

Quand on veut résister à fond, on recherche :

Aptitude à la défense rapprochée.

____

N° **24.** — Gén. Langlois, *Enseignements*, p. 123; *Artillerie*, I, p. 503.

Par conséquent, lorsqu'on veut choisir entre plusieurs
lignes de résistance, on examine successivement chacune
d'elles au triple point de vue indiqué, et l'on adopte
comme ligne *principale* celle qui paraît réunir le mieux
les conditions imposées par le genre de défense que l'on
veut faire.

N. B. — On peut remarquer que l'attaque choisit son terrain dans
le sens de la largeur (choix entre plusieurs points d'attaque). La
défense, au contraire, choisit le sien dans le sens de la profondeur
(choix entre plusieurs lignes de résistance).

Exemple 27 (B N).

Soit à défendre, face à l'ouest, la ligne Aubercy - Triaucourt et
la position en arrière.
1° Pour une résistance à fond (aptitude à la défense rapprochée),
la ligne principale sera :
Infanterie : Aubercy, boqueteaux entre Aubercy et Triaucourt,
Triaucourt;
Artillerie : mamelon à l'est d'Aubercy, 213, 201.
2° Pour une résistance momentanée (aptitude à la défense éloignée, facilités de retraite) :
Infanterie et artillerie : mamelon à l'est d'Aubercy, environs de
213 et de 201.

Exemple 28 (C M).

Défense, face au nord, de la crête Froidos - Julvécourt.
Ici, pas de points d'appui complets. Front égal pour l'attaque et
la défense. Donc, une seule solution dans tous les cas : la crête.

25. Défense d'une position. — 1° Résistance.

A. La valeur d'une ligne de résistance n'est pas simplement la somme des valeurs des points qui la composent. Ces points, en effet, s'appuient et se complètent mu-

---

N° 25. — Col. Foch, *Principes*, p. 177. — Gén. Langlois, *Artillerie*, I, p. 497; II, p. 126. — *Frœschwiller*, p. 189.

tuellement, et l'ensemble acquiert une solidité plus grande par la combinaison judicieuse des feux directs et des feux de flanquement.

Par conséquent, après avoir examiné chaque point comme il est dit plus haut (n°s 11 et 13), étudier :

1° L'appui qu'il peut donner à ses voisins;

2° L'appui qu'il en peut recevoir.

B. Les différentes lignes successives que l'on peut tracer sur une position peuvent aussi se combiner et se renforcer mutuellement.

La ligne de résistance principale étant choisie et arrêtée (n° 24), il convient donc d'examiner comment l'occupation, *complète ou partielle*, des lignes en deçà ou au delà permettrait d'améliorer les conditions de la défense.

1° *Résistance limitée.* — Prolongation de la résistance par l'acceptation d'un combat rapproché sur des points d'où la retraite est possible.

Positions de recueil, destinées à empêcher l'ennemi de poursuivre les fractions en retraite (n° 15).

2° *Résistance à fond.* — Addition d'une résistance momentanée sur une ligne plus avancée.

Consolidation de la ligne principale par l'occupation de points en avant ou en arrière.

Prévisions en vue d'une retraite.

Exemple 29 (B M).

Résistance à fond sur la position Rarécourt-Froidos, face à l'est. Troupe supposée encadrée. Les troupes voisines occupent : au nord, le mamelon au sud d'Auzéville; au sud, le mamelon au sud de Froidos.

Artillerie : mamelons à l'ouest de Rarécourt et de Froidos.

Infanterie : mamelon à 1.200 mètres au nord-ouest de Rarécourt, Rarécourt, mamelons au nord et au sud de Selvange, Froidos.

On voit, d'une façon générale :

1° Que les hauteurs à l'ouest de l'Aire permettent d'empêcher l'investissement des villages de Rarécourt et de Froidos;

2° Que Rarécourt et Froidos constituent de véritables caponnières assurant le flanquement du fossé de l'Aire;

3° Que les angles morts peuvent être battus : en avant de Froidos, par l'artillerie de 227 (ouest de Rarécourt); en avant de Rarécourt, par l'artillerie au sud de Montgarny.

Exemple 30 (B N, C N).

Résistance limitée sur la position : bois de Soisy, croupe au nord-est d'Evres, face au sud-est.

Position normale : la crête.

On peut occuper le village d'Evres : accès limité par le fossé de la Marque, retraite facile par le ravin coudé qui se dirige vers le nord-est.

Replis : crête 224 et bois au sud, crête au sud-ouest de 237.

26. Défense d'une position. — 2° Contre-offensive.

Par suite de la liaison qui existe entre les différents points d'une position, certains points ou certains groupes de points ont plus d'importance que les autres; il est nécessaire de veiller d'une façon plus particulière à leur conservation.

1° Comparer les différents points d'appui au point de vue de leur importance et des facilités de contre-offensive (comparer n° 21). Noter les plus intéressants;

2° Choisir le mode d'action à employer : contre-attaque ou retour offensif;

3° Déterminer les emplacements des troupes de contre-offensive;

4° Noter les limites de la contre-offensive (n° 16).

Exemple 31 (B M). Voir exemple 29.

Défense à fond sur la position Rarécourt-Froidos, face à l'est. — Contre-offensive.

1° Objectif : sur Rarécourt et Froidos, contre-offensive difficile. Après ces deux villages, le point le plus important paraît être le mamelon au sud-ouest de Rarécourt; il flanque Froidos et gêne le débouché de Rarécourt. C'est un point à garder.

N° 26. — *Frœschwiller*, p. 189.

(En prolongeant le front, on reconnaît une importance analogue au mamelon au sud d'Auzéville et au mamelon au sud de Froidos.)

2° Mode d'action : retours offensifs.

3° Emplacement de la troupe : 300 mètres à l'est de la Tuilerie neuve.

4° Limites : la crête du mamelon.

Exemple 32 (B N, C N). Voir exemple 30.

Défense limitée de la position : bois de Soisy, croupe au nord-est d'Evres, face au sud-est.

1° On pourra probablement se dispenser de contre-offensive; mais il peut aussi arriver que l'ennemi enlève Evres plus rapidement qu'on ne s'y attendait, et coupe la retraite à une partie des défenseurs de la localité.

2° Il faudra le rejeter par un retour offensif.

3° Troupe placée dans le ravin au nord du village.

4° Limites : la lisière sud du village.

27. Organisation défensive d'un point d'appui faisant partie d'une ligne.

Etudier successivement les moyens de le renforcer aux points de vue suivants :

1° Action directe;

2° Action de flanquement (n° 25 A);

3° Barrage des cheminements;

4° Limitation des points d'accès;

5° Résistance à l'investissement (en vue de la contre-offensive) ;

6° Résistance intérieure. Empêcher l'ennemi d'utiliser le point d'appui.

Déterminer à chacun de ces points de vue :

Les emplacements de tir et leur organisation (n° 18);

Les travaux passifs nécessaires.

Nous allons étudier l'organisation de quelques points d'appui dans la position indiquée à l'exemple 29 : défense de la position Rarécourt-Froidos, face à l'est.

N° 27. — Col. Foch, *Principes*, p. 177. — Lieut.-col. de Mondésir, *Essai sur l'emploi tactique de la fortification de campagne.*

Exemple 33 (B N, C N).

Organisation de Rarécourt, face à l'est.

1° Action directe. Lisière est.

2° Action de flanc. Lisières nord et sud.

3° Barrage des cheminements. Fait par les points en arrière.

4° Limitation des points d'accès. Les limiter aux routes (barricader les autres entrées).

5° Résistance à l'investissement. Assurée par les éléments de flanquement (2°).

6° Résistance intérieure. Réduit dans la partie ouest du village.

Exemple 34 (B N).

Organisation du mamelon au sud-ouest de Rarécourt, face à l'est.

1° Action directe. Tranchées en 1.

2° Action de flanc. Tranchées en 2 et 3.

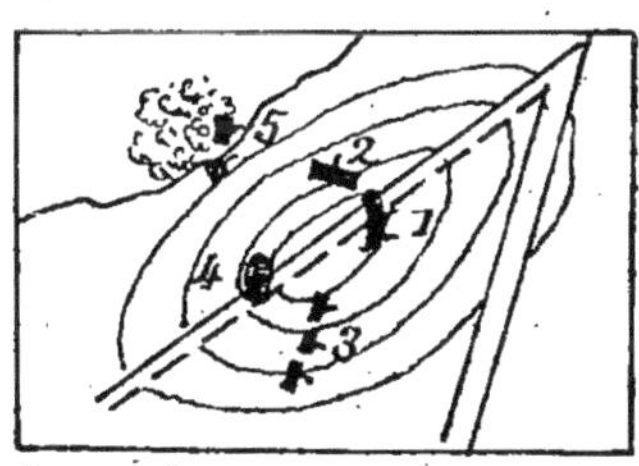

3° Cheminements. Tranchées en 5 pour le barrage du cheminement nord.

6° Résistance intérieure. Petit ouvrage en 4.

Exemple 35 (B N).

Organisation du mamelon 227 à l'ouest de Rarécourt, face à l'est.

1° Action directe. Tranchées en 1.

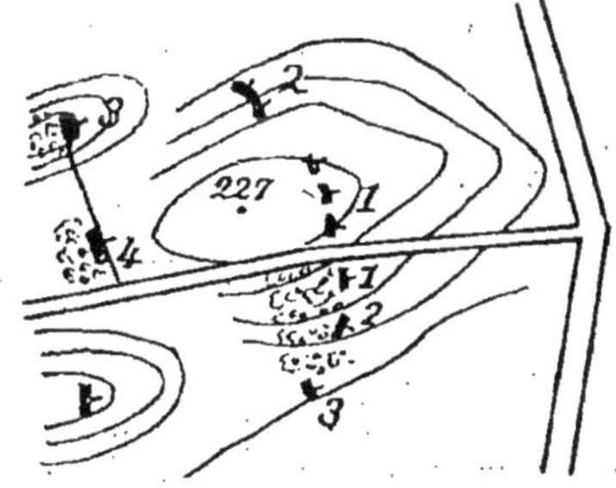

2° Action de flanc. Tranchées en 2.
3° Cheminements. Tranchées en 3 et organisation de bois.
6° Résistance intérieure. Lisière organisée en 4.

28. Organisation défensive d'une position.

L'étude du terrain a pour but de mettre en relief :

1° Les points d'appui qu'il convient d'organiser et le rôle qu'on veut leur faire jouer (n° 4) ;

2° Les travaux à exécuter pour mettre en valeur les points choisis (n° 27) ;

3° Les travaux à exécuter pour faciliter les mouvements (contre-offensive, retraite).

On pourra suivre l'ordre suivant :

1° Étude d'ensemble de la position. — A. Positions d'artillerie en 1re et en 2e ligne ; action directe et action de flanc. — B. Points d'appui en 1re et en 2e ligne ; leur combinaison, rôle qu'ils doivent jouer. — C. Objectifs probables de contre-offensive ;

2° Organisation défensive de chaque point d'appui ;

3° Mouvements probables de contre-offensive ou de retraite. Communications à créer ou à améliorer. Liaisons entre les différents points d'appui.

Exemple 36 (B N, C N).

Un parti Nord se propose d'accepter le combat sur la Marque contre un ennemi venant du sud. Ligne de retraite vers le nord.
Organisation défensive de la position qui s'appuie à droite au bois 217, à gauche au bois de la Héronnière.

N° 28. — Gén. Langlois, *Enseignements*, p. 236. — Instruction sur les travaux de campagne. — Lieut.-col. de Mondésir, *Essai sur l'emploi tactique de la fortification de campagne.*

1° ETUDE GÉNÉRALE DU TERRAIN.

A. *Positions d'artillerie.*

En 1re ligne : crête du bois de Soisy (action de flanc en amont d'Evres); croupe au nord-est d'Evres (action de flanc en aval d'Evres et au sud du bois de la Héronnière); 274 (action de flanc sur la vallée de la Marque).

En 2° ligne : Franc-Bois, crête 224, crête à l'ouest de 237.

B. *Points d'appui d'infanterie en 1re ligne.*

N° 1. 217. Flanque le ravin.

N° 2. Groupe formé par le village d'Evres, le bois au sud et la croupe au sud-est.

N° 3. Crête 263. Couverture de l'artillerie.

(La crête 239 peut former avant-ligne; mais le terrain au delà est en dehors de la zone d'action de l'artillerie.)

Points d'appui en 2° ligne.

N° 4. Bois de Soisy. Bat l'intervalle entre les n°s 1 et 2.

N° 5. Tuilerie. Commande le cheminement au nord d'Evres.

N° 6. Mamelon à 600 mètres au sud-est de 237. Bat l'intervalle entre le n° 2 et le n° 3.

N° 7. Bois de la Héronnière.

C. *Objectifs principaux de contre-offensive.*

Bois de la Héronnière.
Mamelon au sud-est de 237.

2° ORGANISATION DES POINTS D'APPUI.

Se reporter au n° 27. Nous ne noterons ici que quelques particularités.

Bois de Soisy. 1re résistance à la partie du bois qui se trouve près de la Marque.

Evres. Réduit au nord de l'église pour gêner l'utilisation, par l'ennemi, du cheminement au nord du village.

263. Simples tranchées pour les fractions chargées de la couverture de l'artillerie.

Bois de la Héronnière. 2° ligne au bois au nord.

Mamelon au sud-est de 237. Organisation complète. Les emplacements de tir doivent être défilés de la lisière ouest de la Héronnière, et le point d'appui devra pouvoir résister à un investissement par l'est.

3° COMMUNICATIONS.

Passerelles sur la Marque pour la retraite des fractions qui occupent 217 et les deux petits points d'appui au nord d'Evres.

Pistes dans le bois 217 et dans le bois au nord du bois de la Héronnière.

§ 3. Zones.

29. Se porter ou se retirer d'une position à une autre.

1° Choisir comme objectif le point le plus intéressant de la position nouvelle (n° 47) ;

2° Choisir le point de départ le plus favorable ;

3° Se porter d'un point à l'autre (n° 32).

Exemple 37 (D N).

Se porter du bois de la Warge à la position au sud d'Heippes.

1° Objectif : cote 318.

2° Point de départ : corne est du bois de la Warge.

3° Cheminement : ravins passant par l'F de Fontaine et l'H de Heippes. Points dangereux : cote 342, mamelon au nord-ouest de Claire-Côte.

30. S'avancer ou se retirer de position en position.

1° Noter les différentes positions qui jalonnent la direction de l'objectif général ;

2° Se porter d'une position à l'autre (n° 29).

Exemple 38 (C N).

Se porter de Bulainville à Foucaucourt.

Positions successives : croupe 263, croupe au nord-est d'Evres, croupe à l'ouest de 237.

31. Zones favorables à l'action des trois armes.

Pour qu'une zone forme un bon terrain de combat, il faut qu'elle soit favorable à l'action des trois armes et permette :

1° Utilisation de la portée des armes, ce qui exclut les grands bois et les terrains coupés ;

2° Economie des forces. Présence de points d'appui en nombre suffisant, ce qui exclut le terrain « plat et découvert » ;

3° Facilité des mouvements. Cheminements pour les mouvements à l'abri ; absence d'obstacles matériels.

Sur la carte jointe à ce volume, on peut considérer comme zones favorables tout le terrain en dehors des grands bois.

32. Défilé et débouché.

Un *défilé*, pour une troupe donnée, c'est un passage resserré la mettant momentanément dans l'impossibilité d'employer tous ses moyens de combat : passage de rivière, route à travers bois, passage resserré entre deux bois, entre deux hauteurs, etc.

Le *débouché* est l'ensemble du terrain nécessaire à une troupe donnée pour qu'elle puisse prendre ses dispositions de combat en avant du défilé.

Le minimum de débouché, c'est la zone de sûreté immédiate du point terminus du défilé (n° 5).

Le débouché pour une grande unité, c'est généralement la position au delà du débouché minimum.

N° **31.** — Gén. Langlois, *Enseignements*, p. 123; *Artillerie*, I, p. 589. — Col. Foch, *Principes*, p. 215. — Gén. Maillard, p. 280, 281.

N° **32.** — Gén. Maillard, p. 166, 280, 281, 382.

Exemple 39 (E M).

Défilé de Senoncourt. Débouché vers le sud-ouest (point terminus : Senoncourt).

1° Minimum : lisière sud du bois de Dugny (vers 303), mamelon au nord du bois de Faverulle, mamelon au sud de 329.

2° Lemmes, croupe à 1.500 mètres au nord-ouest de Souilly, la Gargasse.

33. Etudier un itinéraire.

Etudier un itinéraire, c'est examiner les conditions dans lesquelles se trouvera placée, au point de vue de la marche et du combat, la troupe qui va s'y engager.

Au point de vue de la marche : nature du chemin, formation qui en découle, etc. (pour mémoire).

Au point de vue du combat :

1° Sur l'axe de marche. Défilés et débouchés (n° 32) ;

2° Sur les flancs. Horizon dangereux pour la route suivie.

Exemple 40 (N).

Itinéraire : Récourt-le-Creux (E N), Souilly, Ippécourt, Autrécourt.

1° Défilés. — Forêt de Souilly (débouchés : bois de la Warge, Souilly, la Gargasse). Ravin de Cousances (débouchés : crête au sud-ouest et à l'ouest d'Ippécourt, croupe 289).

2° Horizon dangereux de la route suivie (en dehors des défilés) :

Flanc droit : hauteurs au nord de Souilly, bois de Batinvaux, croupe 289, poirier de Lavoye.

Flanc gauche : 321 (est de Souilly), bois de la Warge, croupe au nord de Saint-André, 287, 282.

34. Choisir un itinéraire.

Lorsqu'on a à choisir entre plusieurs itinéraires, on les compare aux points de vue suivants :

1° Importance et longueur des défilés ;

2° Importance des zones permettant l'action combinée des trois armes (n° 31) ;

3° Extension à donner au service de sûreté sur les flancs.

Exemple 41 (B N, D M).

Une troupe doit se porter de Triaucourt à Lemmes. L'ennemi est vers le nord-est. Choisir entre les fragments : Nubécourt - Fleury - Ippécourt, et Nubécourt - Bulainville - Saint-André.

Le fossé de l'Aire entre Nubécourt et Fleury-sur-Aire constitue un défilé long et dangereux puisqu'on ne peut pas se déployer face à la direction de l'ennemi (le danger serait surtout sérieux pour l'artillerie). — L'itinéraire par Bulainville et Saint-André ne présente pas cet inconvénient.

35. Choisir un point de stationnement pour un petit détachement.

Les petits détachements ne peuvent généralement donner qu'une envergure restreinte à leur dispositif de sûreté. Par suite, lorsqu'ils ont à choisir un point de stationnement, ils doivent rechercher les conditions suivantes :

1° Horizon dangereux rapproché, mais permettant de voir au loin (1) ;

2° Présence d'obstacles passifs pour arrêter l'ennemi ;

3° Facilités de retraite.

Exemple 42 (D·N).

Un détachement (1 bataillon d'infanterie, 1 peloton de cavalerie), venant du nord, doit cantonner dans la région Heippes - Issoncourt. L'ennemi est vers le sud.

Le point qui répond le mieux à la première condition est Heippes. Les trois localités (Heippes, Mondrecourt, Issoncourt) se valent aux points de vue 2° et 3°. On stationnera donc à Heippes.

---

(1) Si cette condition ne peut être remplie, il sera avantageux de n'occuper le cantonnement qu'à la nuit tombante, et de l'évacuer avant le lever du soleil.

Situation tactique.   8

36. Résumer une zone de terrain.

Considérer :

1° Au point de vue de la marche, ou de la recherche d'un ennemi en marche, les itinéraires (routes et chemins) ;

2° Au point de vue du stationnement ou de la recherche d'un ennemi au stationnement : les grands centres habités ;

3° Au point de vue de la sûreté et du combat :

a) Les grandes coupures : rivières ou ruisseaux, lignes de bois, d'escarpements, etc. ;

b) Les positions successives :

Exemple 43 (D N).

Une troupe venant de l'est a atteint la région d'Heippes. On veut savoir si l'ennemi occupe la région de Triaucourt. Quels seront les objectifs à assigner aux reconnaissances?

1° Fleury-sur-Aire, Waly et Foucaucourt, Brizeaux, Eclaires (le chemin).

2° Bulainville, Evres, Triaucourt, Charmontois.

Exemple 44 (D O).

Une troupe venant du sud a atteint la région Courcelles-sur-Aire, Chaumont-sur-Aire. On veut savoir si l'ennemi, signalé dans la direction du nord, se porte en avant. Quels seront les itinéraires à surveiller?

1° Froidos, Foucaucourt.
2° Vallée de l'Aire.
3° Ippécourt, Saint-André, Deuxnouds.
4° Souilly, Issoncourt.

Exemple 45.

La région de Triaucourt étant considérée comme un défilé entre la forêt d'Argonne et les bois qui s'étendent de Belval à Vaubecourt, couvrir ce défilé face à l'est.

1re coupure : le fossé de l'Aire.
2e coupure : lisières orientales des bois de Souhesme, d'Osches, de Grosse-Haut, d'Ahaye, Blandin, Landlut.

Les positions successives que l'on pourrait tracer à l'ouest de l'Aire, dans la même hypothèse, sont :

1° Bois-le-Comte, croupes à l'ouest de l'Aire, 263, masse d'arbres, Pretz-en-Argonne.
2° Waly, 237, Evres, 239.
3° L'Epinay, Brizeaux, Triaucourt, 194.
4° Passavant, Grigny, 181, Senard, 172.

§ 4. De quelques cas particuliers.

37.

Certaines circonstances limitent plus ou moins la portée des armes, et par suite modifient les conditions du combat.

Les plus habituelles sont : la nuit, le brouillard, les grands bois, les pays coupés.

Nous notons ici les caractéristiques qui ont le plus d'influence sur les dispositifs.

38. La nuit.

1° *Infanterie.*

Marches. — L'infanterie circule difficilement à travers champs. Il est parfois impossible de s'orienter. Les longs parcours sont à peu près impossibles en dehors des routes et des chemins.

Combat. — La portée des armes se trouve, en fait, réduite à quelques mètres. Le combat se fait principalement à l'arme blanche.

L'intervention des chefs est difficile; le combat ne peut guère être dirigé.

Chaque point d'appui devient isolé de ses voisins; les appuis réciproques ne sont naturellement plus possibles. Les obstacles passifs (barricades, maisons, etc.) prennent une grande valeur.

2° *Cavalerie.*

Marches. — La cavalerie est liée aux routes.
Exploration. — Il est impossible de voir de loin.
Combat (à pied). — Mêmes conditions que pour l'infanterie.

3° *Artillerie.*

Sans effet la nuit.

N° 38. — Comm. de Grandmaison, p. 10, 164.

39. Le brouillard.

Effets analogues à ceux de la nuit, quoique moins accusés. Mais le brouillard peut disparaître en quelques instants. Les dispositifs adoptés devront pouvoir se transformer instantanément en dispositifs de jour.

1° *Infanterie.*

Marches. — L'orientation est à peu près impossible en dehors des routes et chemins. La circulation serait possible.

Combat. — Portée des armes plus ou moins réduite, suivant l'épaisseur du brouillard. On peut viser.

On atteint *de plano* la zone du combat rapproché.

Pour le reste, mêmes caractéristiques que la nuit.

2° *Cavalerie.*

Marches et explorations. — Comme la nuit.

Combat à cheval. — Possible; peut donner des résultats considérables contre l'infanterie.

3° *Artillerie.*

Toujours annihilée.

40. Grands bois.

Le combat sous bois présente, pour l'infanterie, les mêmes caractéristiques que le combat dans le brouillard, sous deux réserves :

1° Les conditions de visibilité sont constantes pour un même bois;

2° L'orientation pour la marche et la direction du combat sont un peu moins difficiles.

La cavalerie et l'artillerie ne peuvent, pour ainsi dire, pas participer aux combats de bois.

(Les bois ont été étudiés aux n°° 9 et 13.)

41. Pays coupé (fonds de vallées, bocages).

Tout en ayant son caractère propre, la physionomie des pays coupés oscille entre deux limites : d'une part les bois, et d'autre part les zones favorables à l'action des trois armes.

Voici quelques-unes des principales caractéristiques :

N° 40. — *Frœschwiller*, p. 238, 251.

1° Importance des carrefours, la circulation étant difficile en dehors des chemins;

2° Les localités forment des points d'appui très solides, difficiles à battre par l'artillerie;

3° L'importance des bois, en tant que points d'appui, se trouve très diminuée;

4° Les points élevés ont des vues restreintes. Les meilleurs points de vue se trouvent aux crêtes militaires;

5° La cavalerie est liée aux routes;

6° L'artillerie est obligée de s'employer aux petites distances.

EXERCICES (1).

1 (B N, C N). — Résumer la ligne Fleury-sur-Aire, bois 217 (entre Evres et Triaucourt) face au sud-est (n° 2).

2 (D O, E O). — Résumer la ligne Chaumont-sur-Aire, bois des Moines, face au nord-ouest (n° 2).

3 (D N). — Propriétés du village de Souilly en face d'une attaque venant du nord (n° 3).

4 (D O). — Propriétés du village de Neuville-en-Verdunois : *a*) en face d'une attaque venant du sud; *b*) en face d'une attaque venant du nord (n° 3).

5 (B N). — Couvrir Brizeaux, face à l'est (n° 5).

6 (B N). — Couvrir Evres, face au nord-ouest (n° 5).

7 (C N). — Couvrir, face au sud, la portion de ravin comprise entre Pretz-en-Argonne inclus et le carrefour 222 inclus (n° 5).

8 (B N). — Se porter de la croupe de Bel-Air (au sud de Waly) à la croupe 237 (2.000 mètres est de Foucaucourt) (n° 6).

9 (A N, B N). — Se porter de la cote 213 à Senard (n° 6).

10 (C N). — Attaquer la cote 263 (1.500 mètres au sud-ouest de Nubécourt), en venant de l'ouest (2) (n° 7).

11 (C N). — Attaquer la croupe 237 (2.500 mètres à l'est de Foucaucourt), en venant de l'est (n° 7).

12 (C N). — Attaque d'Evres en venant du nord (n° 8).

13 (C N). — Attaque de Fleury-sur-Aire en venant de l'est (n° 8).

14 (B M). — Attaque de Rarécourt en venant de l'est (n° 8).

---

(1) Tous ces exercices sont évidemment très faciles; mais, au début, il est nécessaire de les multiplier si l'on veut acquérir le « coup d'œil » du terrain.

(2) Le lecteur voudra bien considérer comme imposée la direction indiquée. D'ailleurs, la solution du mouvement débordant a simplement pour effet de déplacer l'axe de l'attaque et de poser une nouvelle question analogue à la première.

15 (B N). — Attaque du Franc-Bois en venant de l'est (n° 9).

16 (D O). — Attaque du bois Landlut en venant du sud (n° 9).

17 (D M). — Attaque du bois Queue-de-Mata en venant de l'ouest (n° 9).

18 (D N). — Défendre, face au sud, la cote 342 (n°° 11, 12).

19 (E O). — Défendre, face au nord-ouest, le signal de la chapelle Sainte-Anne (n°° 11, 12).

20. — Etudier la défense des points indiqués aux exercices 10 et 11 (n°° 11, 12).

21. — Etudier la défense des points indiqués aux exercices 12 à 17 (n°° 13, 14).

22. — Se retirer d'un point à un autre. Reprendre, à ce point de vue, les exercices 7 et 8 (n° 15).

23. — Limites de l'offensive dans les cas indiqués aux exercices 10 et 11 (n° 16).

24. — Limites de la défensive dans les cas indiqués aux exercices 18, 19, 20 (n° 17).

25 (C N). — Résumer la position 239-263, face au sud-est, du bois de la Grande-Brouenne à l'Aire (n°° 19 et 20).

26 (C N). — Résumer la position Fleury-sur-Aire, Beauzée, face à l'est (n°° 19, 20).

27 (B N). — Une troupe venant de l'ouest se propose d'attaquer la ligne mamelon à 1.500 mètres au nord-est de Brizeaux, 213, 201, 204. Choix d'un point d'attaque sur le front (n° 21).

28 (A N). — Une troupe venant du sud veut forcer le passage du ruisseau de Hardillon et de la rivière d'Evres, entre le chemin et Aubercy. Choix du point de passage (n° 21).

29 (D N, E N). — Une troupe venant du sud se propose d'attaquer la ligne bois Chardin, 324, mamelon au sud et au sud-est du bois de la Warge, bois de Rambluzin. Choix du point d'attaque (n° 21).

30. — Conditions d'attaque du point choisi comme objectif principal dans les trois exercices ci-dessus, n°° 27 à 29 (n° 22).

31 (D N, D O). — Attaque de la position bois Blandin, Rignaucourt, signal d'Issoncourt, par un assaillant venant du nord-est (n° 23).

32 (B N). — Attaque de la position Foucaucourt et mamelon à l'est, 224, bois de Soisy, 217, par un assaillant venant de l'est (n° 23).

33 (D O, E O). — Défense, face au nord-ouest, de la position Chaumont-sur-Aire, bois des Moines. Choix de la ligne principale de résistance : cas d'une résistance limitée et cas d'une résistance à fond (n° 24).

34 (B M, C N). — Défense, face à l'est, du cours de l'Aire entre Froidos et Fleury-sur-Aire. Choix de la ligne principale de résistance : cas d'une résistance limitée et cas d'une résistance à fond (n° 24).

35. — Défense des positions indiquées dans les exercices n°˙ 31 à 34 ci-dessus. Résistance limitée ou à fond. Contre-offensive (n°˙ 25 et 26).

36. — Organisation des points d'appui dans les positions étudiées aux exercices précédents (n° 27).

37 (B O, C N). — Se porter, de position en position, de Vaubecourt à Fleury-sur-Aire (n°˙ 29 et 30).

38 (A N, C N). — Se porter, de position en position, de Sénard à Nubécourt (n°˙ 29 et 30).

39 (B N). — Passage du ravin des Avies à Foucaucourt. Débouchés dans la direction du sud-est (n° 32).

40 (D N). — Défilé entre le bois d'Ahaye et le bois Blandin. Débouchés vers l'ouest (n° 32).

41 (C O, B N). — Etudier l'itinéraire : Sommaisne - Waly (n° 33).

42 (E O, C N). — Se porter de Courouvre à Beauzée. Ennemi vers l'est. Choix de l'itinéraire (n° 34).

43 (A N, B N). — Se porter du Chemin à Triaucourt. Ennemi vers l'est. Choix de l'itinéraire (n° 34).

44 (A N, C O). — Se porter de Passavant à Pretz-en-Argonne. Ennemi vers le sud-est. Choix de l'itinéraire (n° 34).

45 (D M). — Un petit détachement (1 bataillon de chasseurs à 6 compagnies, 1/2 escadron de cavalerie), venant du nord-est, doit stationner dans la région Souhesme-la-Grande, Lemmes, Osches. L'ennemi est sur l'Aire. Choix du point de stationnement (n° 35).

46 (B O, D M). — Une troupe venant du sud-ouest a atteint la région de Vaubecourt. On veut savoir si l'ennemi occupe la région Rampont - Senoncourt. Quels sont les objectifs à assigner aux reconnaissances?

Quels seraient les itinéraires à surveiller pour savoir si l'ennemi se porte en avant? (n° 36).

47 (E). — Une troupe, venant de l'est, doit traverser la forêt de Souilly par les routes de Senoncourt, du bois des Monthairons et de Rambluzin.

Examiner les conditions générales de son débouché (n° 36).

II

LES DISPOSITIFS ÉLÉMENTAIRES

---

§ 1. Généralités.

42. Eléments essentiels d'un dispositif.

Un dispositif comprend essentiellement :

1° Des éléments d'information destinés à procurer au commandement les renseignements dont il a besoin ;

2° Des éléments de sûreté destinés à donner à la troupe la sécurité qui lui est nécessaire ;

3° Un gros qui marche, stationne, ou combat offensivement ou défensivement.

N. B. — Dans des exercices faits sur la carte, c'est-à-dire sur un terrain généralisé, les dispositifs se trouvent eux-mêmes généralisés. On ne pourrait donc pas les transporter tels quels sur le terrain réel.

En particulier, certains éléments dont la disposition pouvait être considérée comme simple sur la carte devront faire l'objet d'un dispositif complexe sur le terrain, en raison des détails d'ordre secondaire que la carte a dû négliger. Si, par exemple, ce qu'on croyait un point d'appui est, en réalité, une petite position, les dispositions d'attaque ou de défense devront être modifiées en conséquence.

Mais, puisque ces deux terrains, terrain donné par la carte et terrain réel, ne présentent pas entre eux de différences spécifiques, il s'ensuit que les méthodes à employer sont les mêmes dans les deux cas. Dans ces conditions, il faut voir dans l'exercice sur la carte plutôt un procédé particulier de formation et d'entraînement que la préparation d'un travail à reporter sur le terrain réel.

N° **42.** — Gén. Maillard, p. 473. — Col. Foch, *Principes*, p. 147.

43. Variabilité des dispositifs.

Les dispositifs varient suivant l'intensité que l'on se propose de donner à l'action. Le même dispositif ne peut, en effet, convenir à la fois à un engagement prudent ou à un engagement à fond.

Nous étudierons d'abord, pour chaque cas, un dispositif répondant aux conditions d'un combat dans lequel le chef veut agir vigoureusement, tout en se réservant la possibilité de faire face à certaines éventualités. Puis nous indiquerons dans quel sens il faut faire varier la force des éléments qui le composent : 1° lorsqu'on veut augmenter ; 2° lorsqu'on veut atténuer la vigueur de l'action.

Ce procédé d'exposition a pour but de mettre l'esprit en présence, non pas d'un dispositif unique qu'il appliquera indistinctement à tous les cas, mais d'une série de dispositifs dans laquelle il pourra faire son choix au moment de l'action. On ne doit donc pas attribuer de valeur absolue aux exemples que nous donnons ; il faut simplement les considérer comme des jalons, et s'en servir pour reconstituer mentalement la série complète à laquelle ils appartiennent. Ajoutons que si, théoriquement, chacune de ces séries comprend un nombre indéfini de dispositifs, pratiquement on est limité par la règle suivante, dont il convient de se rapprocher le plus possible : *tous les éléments d'un dispositif doivent être des unités constituées.*

Nous avons indiqué dans la première partie (page 20) les motifs qui nous déterminaient à choisir pour *variable* la notion d'intensité d'action. Il n'y a donc pas lieu d'y revenir ici.

44. Propriétés et aptitudes comparées des trois armes.

PROPRIÉTÉS.	INFANTERIE.	CAVALERIE.	ARTILLERIE.
1. Mobilité.	Arme lente : longues colonnes, déploiements lents. Ne peut faire sentir son action sur des points différents qu'à de longs intervalles. Exige des organes de sûreté susceptibles de tenir longtemps.	Allures et déploiements très rapides. Peut faire sentir son action sur des points différents, à de très courts intervalles. Se contente d'organes de sûreté légers.	Allures et déploiements rapides. Peut faire sentir son action sur des points différents, à de courts intervalles.
2. Aptitude au combat par le feu.	Apte surtout aux petites et aux moyennes distances (0-1.400 mètres). Rayon d'action assez restreint. A besoin de beaucoup de place pour mettre en ligne des moyens susceptibles de produire un feu puissant.	Aptitude secondaire. A besoin d'autant d'espace que l'infanterie. De plus la nécessité de faire tenir les chevaux et de garder une réserve à cheval ne lui permet pas d'utiliser toutes ses carabines.	Propriété principale de l'artillerie. Peut fournir des feux très puissants, surtout entre 1.000 et 4.000 mètres. Rayon d'action considérable. N'exige qu'un espace restreint, toutes proportions gardées.
3. Aptitude au combat par le choc.	Apte. Moins de vitesse que la cavalerie, mais plus de souplesse dans les terrains difficiles.	Propriété principale de la cavalerie.	»
4. Vulnérabilité.	Vulnérable. Mais peut, en se terrant, se soustraire partiellement aux effets du feu. Peut, avec des précautions, s'infiltrer dans les zones battues.	Très vulnérable. Peut quitter rapidement les zones battues, mais ne peut y séjourner.	Peu vulnérable, grâce à ses boucliers et à sa possibilité d'agir masquée.

PROPRIÉTÉS.	INFANTERIE.	CAVALERIE.	ARTILLERIE.
5. Solidité au feu.	L'infanterie s'accroche facilement au terrain, principalement aux points d'appui. Elle est sujette, sous l'influence des surprises, à des paniques qui peuvent la désorganiser complètement.	Ne peut tenir que pied à terre. Se trouve alors dans une situation anormale et qui n'utilise qu'une propriété secondaire de l'arme.	Solidité classique, grâce à la fixité des pièces.
6. Nature de l'effort.	Susceptible de produire des efforts d'intensité variable, soit violents et courts, soit continus et progressifs. Apte au combat prudent ou au combat à fond.	Effort violent et court, dans le combat à cheval. La notion du combat de reconnaissance ou du combat de préparation n'est pas applicable à la cavalerie. Efforts limités dans le combat à pied.	L'action préférée est l'action par rafales. L'artillerie peut aussi faire un tir lent et continu; mais la durée en est limitée par les approvisionnements.
7. Aptitude à la conquête du terrain.	Apte à la conquête du terrain, grâce à la souplesse de ses formations; mais l'appui de l'artillerie lui est indispensable.	A peu près inapte à la conquête du terrain, sauf en face de la cavalerie ou d'un adversaire très faible. N'est apte qu'au combat éloigné (par le feu).	Indispensable pour prendre la supériorité du feu et pour préparer l'attaque des points d'appui.
8. Aptitude à la conservation du terrain.	Très apte à la conservation du terrain, particulièrement des points d'appui.	Apte au combat éloigné (par le feu), non au combat rapproché. On peut lui demander la conservation provisoire d'un débouché.	Indispensable pour empêcher l'adversaire de prendre la supériorité du feu et de préparer ses attaques.

PROPRIÉTÉS.	INFANTERIE.	CAVALERIE.	ARTILLERIE.
9. Aptitude à la recherche du renseignement.	Peu apte à fournir rapidement le renseignement qui peut s'obtenir par la vue (présence ou absence de l'ennemi, contour apparent). Apte au renseignement à obtenir par la force. A besoin d'être soutenue par l'artillerie.	Très apte à fournir rapidement le renseignement qui peut s'obtenir par la vue. Peu apte au renseignement à demander à la force, sauf en face d'un ennemi très faible.	Appoint nécessaire de l'infanterie dans le combat de reconnaissance.
10. Aptitude à pourvoir à sa sûreté particulière.	1° En marche : A besoin de la cavalerie pour la sûreté par le renseignement; Peut se couvrir par des détachements. 2° En station : Peut se suffire.	1° En marche : Se suffit. 2° En station : Sa faible aptitude à la résistance ne permet pas aux petites unités de cavalerie de cantonner sans danger à proximité de l'ennemi (unités inférieures au régiment).	Doit toujours être encadrée (marche, cantonnement, combat). Si elle est momentanément isolée, lui donner un soutien spécial.
11. Disponibilité.	On considère généralement comme indisponibles : · Les troupes au feu, en 1ʳᵉ ligne (on ne peut pas les appeler sur un autre point); Les troupes qui viennent de fournir un effort considérable; Les troupes qui viennent d'évacuer une position (elles ne peuvent se reformer qu'à l'abri de troupes fraîches).	La vitesse avec laquelle la cavalerie combat et se dégage la rend rapidement disponible. Néanmoins, il est parfois difficile de régler son action, par suite de l'indépendance d'allures qui lui est nécessaire et de l'impossibilité où elle peut se trouver de se maintenir sur un terrain donné.	Disponible tant qu'elle agit masquée. Engagée à découvert, cesse d'être disponible si elle n'a pas la supériorité du feu.

§ 2. Sûreté.

45. Généralités.

A. Les dispositions de sûreté ont pour but :

1° D'éviter à une troupe les surprises brutales par le feu ou par le choc ;

2° De réserver au chef la liberté d'action dont il a besoin.

Le premier degré est réalisé par l'occupation ou la surveillance de l'horizon dangereux (n° 5).

Le deuxième degré est réalisé lorsque la troupe s'est assuré le terrain nécessaire pour manœuvrer et combattre dans de bonnes conditions (n° 31 et 32).

B. La sûreté peut être obtenue :

1° Par des détachements chargés de renseigner ou de couvrir la troupe dans les directions dangereuses ;

2° Par la manœuvre : substitution du mouvement discontinu au mouvement continu dans l'offensive ; substitution de la manœuvre en retraite au combat sur place dans la défensive (§§ 3 à 7).

C. La sûreté est nécessaire en marche, au stationnement, au combat. Plus simplement, toute troupe en marche ou arrêtée doit prendre des dispositions de sûreté.

46. Sûreté par le renseignement.

Le problème se pose habituellement comme il suit :

Soient T l'emplacement de la troupe à couvrir, C un point dangereux. À quelle distance faut-il aller chercher

---

N° 45. — Col. Foch, *Principes*, p. 130, 131. — Gén. Maillard, p. 473.

le renseignement pour avoir le temps d'envoyer un détachement en C avant l'arrivée de l'ennemi ?

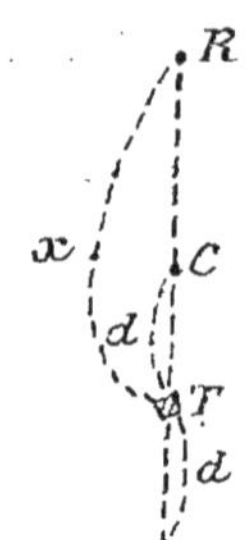

Soient d la distance C T, x la distance cherchée, v la vitesse de l'estafette, v la vitesse de l'ennemi. On arrive aisément à la formule

$$x = d \times \frac{2v}{v - v_1}. \qquad (1)$$

Habituellement $v_1 = 4$ kilomètres (vitesse de l'infanterie); v varie entre 8 et 12 kilomètres (vitesse d'un cavalier). Pour ces valeurs, la formule (1) devient :

$$3\,d < x < 4\,d. \qquad (2)$$

Par conséquent, si $d = 3$ kilomètres, la distance à laquelle on devra envoyer chercher le renseignement sera compris entre 9 et 12 kilomètres.

N. B. — Lorsqu'on veut simplement se ménager un temps déterminé, la formule devient :

$$x = \frac{dv}{v - v_1} \qquad (3)$$

d représentant la distance que parcourrait l'ennemi pendant le temps en question.

S'il s'agit de troupes de cavalerie, on peut poser (I P Cav., n° 239) : $v_1 = 10$ kilomètres, $v = 20$ kilomètres. La formule donne :

$$x = (d \times 20) : (20 - 10) = 2\,d. \qquad (4)$$

47. Sûreté par les détachements.

Soit T la troupe à couvrir, C un point de la ligne de

N° 47. — Col. Foch, *Principes*, p. 130, 131.

couverture, R le point où il faudrait aller chercher le renseignement (n° 46). Quatre solutions sont possibles.

1° On peut aller jusqu'au point de renseignement R. — Sûreté par le renseignement. Il suffit de voir ; par conséquent, l'effectif du détachement pourra être très faible ;

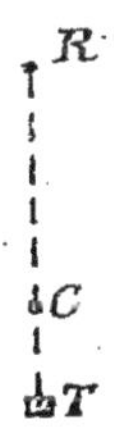

2° On ne peut aller jusqu'en R, mais on peut atteindre C. — Sûreté par un détachement qui prendra position à C ou entre C et R, et qui résistera le temps nécessaire. Il faut, dans ce cas, des détachements de force moyenne ;

3° On ne peut aller jusqu'en C. — Sûreté par un échelon (infanterie ou artillerie) qui s'établira en surveillance sur le point C, de façon à neutraliser les forces ennemies qui pourraient s'y présenter. Sûreté plus précaire que dans le cas précédent ; sûreté assez coûteuse, car il est souvent nécessaire de constituer plusieurs échelons ;

4° Enfin, dans le dernier cas considéré, la sûreté peut encore être réalisée par l'attaque du point dangereux.

48. Application à la sûreté en avant.

Troupes en station. — La règle s'applique sans difficulté.

Troupes en marche. — Lorsqu'une troupe en marche effectue un mouvement continu, le point de couverture se déplace progressivement et irrégulièrement.

La solution théorique consisterait à occuper successivement les

---

N° 48. — Gén. Maillard, p. 166. — Voir ci-après n° 83.

crêtes dangereuses au fur et à mesure qu'elles le deviennent. C'est celle qu'emploie la cavalerie.

Mais, dans une colonne d'infanterie, il n'est pas possible de faire varier constamment la distance des éléments de sûreté. On prend alors une distance moyenne en se basant sur la portée des armes : on se couvre à 1.500/2.000 mètres environ contre le fusil, et à 4.000 mètres contre le canon. (Voir aussi n° 90).

Exemple 46 (C O).

Une troupe à Pretz-en-Argonne veut se couvrir dans la direction d'Evres, contre l'infanterie.

Point de couverture : la crête à 800 mètres au nord de Pretz-en-Argonne. Sûreté :

1° Par le renseignement : $800 \times 4 = 3.200$. Un poste de surveillance à Evres (en plein jour, on pourra le placer à 239).

2° Par un détachement placé au point de couverture.

3° Par des échelons sur les croupes au sud et à l'est de Pretz-en-Argonne.

Exemple 47 (D N).

Des colonnes de l'est, arrivées à Souilly-Heippes, veulent se réserver la possibilité de déboucher le lendemain vers l'ouest.

La ligne à occuper (n° 32) est jalonnée par Ippécourt, Saint-André, Deuxnouds. Distance : 4 kilomètres.

1° Renseignement : $4 \times 4 = 16$ kilomètres. Reconnaissances à hauteur de Waly, Foucaucourt, etc.

2° Détachements : avant-gardes poussées sur la ligne de couverture.

Nous verrons (§ 7) que, dans les cas analogues, on emploie simultanément les deux dispositifs.

Exemple 48.

Une colonne d'infanterie donnée, en marche, a besoin d'une heure pour prendre ses dispositions de combat. A quelle distance doit-elle pousser ses éléments de sûreté ?

Une heure correspond à 4 kilomètres. Donc :

1° Renseignements : $4 \times 3 = 12$ kilomètres.

2° Détachements : avant-garde assez forte pour gagner une demi-heure et poussée à 2 kilomètres.

49. Application à la sûreté sur un flanc pendant la marche.

Soit P la tête de la colonne à couvrir. Le point de couverture sur le flanc sera en C. Par conséquent, on aura :

2° Détachements : petites flancs-gardes d'infanterie en C, E, F.
1° Renseignements : flanqueurs (cavalerie) en R_1, R_2.

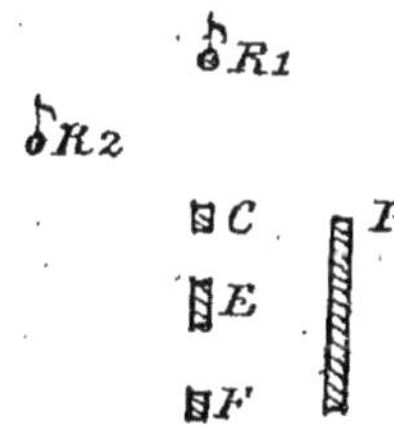

3° Echelons : grosse flanc-garde E agissant par ses feux ou par son offensive.
Pour les exemples, voir le paragraphe 6.

50. Application à la sûreté sur un flanc pendant le stationnement ou le combat.

Le raisonnement sera le même que ci-dessus, et l'on se couvrira :

1° Soit par un élément de renseignement poussé en avant;
2° Soit par un détachement de couverture au point dangereux;
3° Soit par un échelon en arrière de ce point.

Exemple 49.

Un parti Nord a engagé le combat sur la croupe au sud-est d'Evres, face au sud-est. Son aile gauche est appuyée à la route d'Evres à Beauzée. — Couverture de cette aile gauche. Temps à gagner : une demi-heure (2 kilomètres).

1° Renseignement à $2 \times 3 = 6$ kilomètres : poste d'observation à hauteur de Beauzée.
2° Détachement de sûreté à 263.
3° Echelon au bois de la Héronnière.

N° 50. — *Frœschwiller*, p. 81, 136, 192. — Gén. de Lacroix, p. 59, 134.

51. Règle de la sûreté rapprochée.

Afin d'éviter toute surprise, les dispositifs éloignés de sûreté doivent être complétés par des dispositifs rapprochés.

La règle pourrait s'énoncer dans les termes suivants :

. « Toute troupe ou fraction de troupe se couvre *pour son propre compte*, dans toutes les directions. Exception pour les directions où l'on est au contact de l'ennemi et pour celles où on est encadré par des éléments visibles ; encore convient-il de se mettre en liaison avec ces derniers. »

APPLICATIONS.

I. *Colonnes en marche.* — On prélève sur la cavalerie une fraction (cavalerie divisionnaire) pour assurer la sécurité immédiate de la colonne (exploration de l'horizon dangereux).

II. *Cantonnements.* — Postes aux issues.

III. *Rassemblements et marches d'approche.* — Détacher de petits éléments de couverture.

IV. *Convois.* — Une fraction est laissée à la garde immédiate.

V. *Réquisitions.* — Même précaution que pour les convois.

VI. *Artillerie.* — Lui donner un soutien particulier quand elle est isolée.

§ 3. Combat offensif.

52. Attaque d'un point isolé.

Procéder par investissement, c'est-à-dire simultanément :

Attaquer de front ;

Déborder d'un ou de deux côtés.

N° 52. — Comm. de Grandmaison, p. 139 à 152.

Exemple 50 (B N).

Une colonne se porte de Triaucourt sur Foucaucourt. La cavalerie signale que l'ennemi occupe le petit bois de la cote 213. Le mamelon au sud de Brizeaux et le Franc-Bois ne sont pas occupés.

Le bataillon de tête reçoit l'ordre de chasser l'ennemi de la cote 213. — Dispositif :

1re compagnie : objectif, le bois, tout droit.
2e compagnie : enveloppement par la gauche.
3e compagnie : enveloppement par la droite.
4e compagnie : suivra la 3e, en renfort éventuel.

N. B. — Les compagnies qui déboîtent doivent se couvrir du côté qui peut devenir dangereux. Un échelon en surveillance suffira.

53. Attaque d'un point découvert, encadré.

Lorsqu'il s'agit d'attaquer un point D, l'étude du terrain a révélé (nos 7 et 22) :

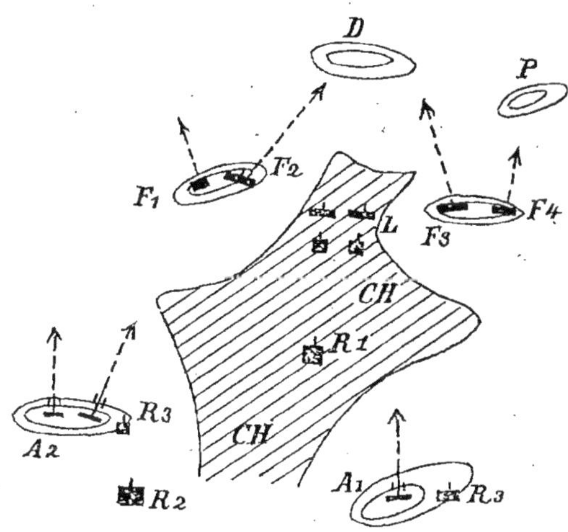

N° 53. — Gén. Langlois, *Artillerie*, I, p. 353; *Enseignements*, p. 23, 33, 53. — Comm. de Grandmaison, p. 19, 21, 64, 65. — *Frœschwiller*, p. 298. — Col. Foch, *Principes*, p. 192, 195.

Des positions de feux A_1, A_2 (artillerie); F_1, F_2, F_3, F_4 (infanterie);

Un cheminement d'approche : C H ;

Des points à neutraliser : P.

La répartition des forces doit assurer simultanément la préparation, la protection et l'exécution de l'attaque.

A. *Préparation de l'attaque.*

Organiser des lignes de feux en A_1, A_2 (artillerie), F_2, F_3 (infanterie). But : rendre intenable à l'ennemi tout le terrain en avant de D, afin de permettre l'utilisation du cheminement par les unités chargées de l'attaque (n° 6) ; infliger des pertes aux défenseurs de D, afin de faciliter l'attaque rapprochée.

B. *Protection de la troupe d'attaque.*

1° Neutraliser les points dangereux qui n'ont pu être enlevés ou attaqués. Echelon en F_4, destiné à surveiller le point P ;

2° Couvrir les flancs. Echelons de feux en F_1, F_4, et aussi en A_1, A_2 (infanterie et artillerie) ;

3° Recueillir l'attaque en cas d'insuccès. Replis en F_1, F_3, R_3.

C. *Exécution de l'attaque.*

1° Prendre pied sur la position : troupe chargée de l'attaque proprement dite, sur une ou plusieurs lignes L (ligne de combat et renforts) ;

2° Compléter les résultats obtenus. Réserves R_1, R_2.

Exemple 51 (B N).

L'ennemi a été rejeté sur la ligne : Triaucourt, 194, les Etots. Attaque de la cote 194 (800 mètres au sud de Triaucourt) par une troupe venant de l'est. — Effectif consacré à l'attaque : 1 régiment à 4 bataillons, 2 batteries.

A. *Préparation*. Artillerie à 204. — Infanterie : 187, mamelon au sud-est de 194.

B. *Protection*. Neutraliser Triaucourt : Infanterie à 187. — Couverture des flancs et replis : infanterie à 187 et au mamelon au sud-est de 194.

C. *Exécution*. Attaque par l'est.

RÉCAPITULATION PAR EMPLACEMENTS.

1° 187. Préparer l'attaque, couvrir le flanc, neutraliser Triaucourt, repli : 2 compagnies.

2° Mamelon au sud-est de 194. Préparer l'attaque, couvrir le flanc, repli : 2 compagnies.

3° 204. Préparation, repli, réserve : artillerie et 1 bataillon.

4° Exécution : 2 bataillons.

Exemples 52 (D O, D N).

L'ennemi occupe la crête à l'ouest du bois Landlut, le bois Landlut et le signal d'Issoncourt, la crête au sud-est d'Issoncourt, le mamelon à l'ouest du bois de Neuville.

Attaque de la cote 346 par une brigade (8 bataillons) venant du sud-est, appuyée par l'artillerie divisionnaire. La cote 324 et le mamelon à l'est du bois de Neuville sont attaqués par des troupes amies.

Cheminement pour la troupe d'attaque : ravin allant de Neuville à la cote 346.

Dispositif.

1. Crête militaire au sud de 346. Préparation, couverture du flanc gauche : 1 bataillon.

2. Croupe à l'est du signal. Préparation, couverture du flanc droit : 2 bataillons.

3. Croupe de Neuville. Repli : 1 bataillon.

4. Exécution. Troupe d'attaque : 2 bataillons.

5. Ravin à 1.500 mètres au sud de 346 (réserve et renforts éventuels) : 2 bataillons.

6. Artillerie :

Mamelon à 1.800 mètres au sud-ouest de Neuville. Préparation; couverture du flanc gauche : 3 batteries.

Chapelle Sainte-Anne. Préparation; couverture du flanc droit : 3 batteries.

54. Attaque d'un point découvert. — Variantes.

Les circonstances peuvent commander, soit une action aussi vigoureuse que possible (attaque à fond d'une unité encadrée), soit au contraire une action prudente (combat de reconnaissance, n° 75) dans laquelle il faut éviter de se compromettre.

Les modifications qui paraissent pouvoir être apportées au dispositif sont les suivantes :

A. *Attaque à fond.*

Renforcer les troupes d'exécution au moyen d'économies portant principalement sur les replis et sur les réserves R_2.

Placer l'artillerie de façon à bien voir tout l'objectif, quitte à installer quelques éléments à découvert.

B. *Attaque prudente.*

Renforcer les troupes de protection, principalement les replis et réserves R_2, au moyen d'économies :

1° Sur les troupes d'exécution ;
2° Sur les troupes de préparation.
Maintenir l'artillerie à couvert.

REMARQUE.

Comme on le voit, agir prudemment, dans l'offensive, ce n'est pas imposer une allure uniformément prudente à tous les éléments de la troupe assaillante ; c'est simplement modifier la proportion entre les troupes engagées et les troupes réservées.

N° 54. — Gén. Langlois, *Artillerie*, I, p. 363, 553. — Gén. de Lacroix, p. 60, 115, 144, 152, 156.

Il reste d'ailleurs bien entendu que la troupe chargée de l'exécution agit toujours à fond (R M I, n° 253). *Nous répudions formellement toute autre interprétation de la notion de prudence dans l'offensive.*

Exemple 53 (B N).

L'ennemi occupe : mamelon à 1.500 mètres au nord-est de Brizeaux, 213, 201.

Attaque de la cote 213 par une troupe venant de l'est. Effectif chargé de l'attaque : 1 régiment à 4 bataillons, 3 batteries.

Dispositif moyen et variantes.

	ATTAQUE à fond.	ATTAQUE vigoureuse.	ATTAQUE prudente.
a) *Infanterie :*			
1. Croupe à 500 mètres à l'est de 213. Couvrir le flanc droit, préparer l'attaque...............	1 Bat.	3 Comp.	2 Comp.
2. Lisière ouest du Franc-Bois. Neutraliser 201, couvrir le flanc gauche, préparer l'attaque.....	1 Bat.	3 Comp.	2 Comp.
3. Replis et réserves, à proximité du chemin Foucaucourt-Longues-Poies....................	»	2 Comp.	2 Bat.
4. Exécution de l'attaque........	2 Bat.	2 Bat.	1 Bat.

b) *Artillerie.*

L'artillerie est à 300 mètres à l'est du chemin Foucaucourt-Longues-Poies. Dans les deux premiers cas, feux croisés sur la cote 213. La batterie 3 sera probablement à découvert.

Dans le troisième cas, maintenir les batteries à l'abri, quitte à sacrifier une partie de l'efficacité du tir.

Exemple 54. Suite de l'exemple 52.

Répartition de l'infanterie.

	ATTAQUE à fond.	ATTAQUE vigoureuse.	ATTAQUE prudente.
1. Crête militaire au sud de 346..	2 Bat.	1 Bat.	1 Bat.
2. Croupe à l'est du signal.......	2 Bat.	2 Bat.	1 Bat.
3. Croupe de Neuville...........	»	1 Bat.	4 Bat.
4. Troupe d'attaque............	4 Bat.	2 Bat.	2 Bat.
5. Ravin de Rampon...........	»	2 Bat.	»

N. B. — En ce qui concerne plus particulièrement la réserve, on voit que, dans le premier cas, elle est engagée; dans le deuxième, tenue à portée; dans le troisième, mise à l'abri.

55. Enlèvement d'un point découvert.

Lorsque la troupe chargée de l'exécution d'une attaque arrive sur son objectif, la proportion des moyens de feux mis en ligne se renverse habituellement au profit de la défense (n° 10). Un retour offensif est à craindre à brève échéance.

Les dispositions à prendre à ce moment ont pour but de préparer la transformation du dispositif offensif en dispositif momentanément défensif. Elles comprennent :

1) Occupation du point enlevé (1re ligne de la troupe qui a exécuté l'attaque) ;

2) Maintien ou reconstitution d'une réserve pour parer à un retour offensif ;

3) Elargissement de la brèche faite, afin de se donner plus d'assiette (troupes qui n'ont pas encore été engagées);

4) Appel d'une fraction de l'artillerie.

N° **55.** — Col. Foch, *Principes*, p. 123, 126. — Gén. de Lacroix, p. 158.

Exemple 55 (C N).

La ligne 274, 263, 264 (hauteurs à l'ouest de l'Aire) est attaquée par des troupes venant de l'est.

L'effectif de la troupe d' « exécution » lancée sur la cote 263 est de deux bataillons.

Premier cas. — Pour arriver, elle a dû successivement mettre 4 compagnies en 1re ligne; il lui reste un bataillon en renfort.

On pourra adopter le dispositif suivant (opérations simultanées) :

1er bataillon.... { 2 compagnies vont tenir la position.
{ 2 compagnies se reconstitueront en soutien.

2e bataillon.... { 1 compagnie prolongera la ligne vers la droite.
{ 1 compagnie vers la gauche.
{ 2 compagnies resteront en réserve.

Deuxième cas. — La troupe d'exécution a dû mettre en ligne 6 compagnies; elle n'a plus que 2 compagnies en réserve.

Reconstituer d'abord deux compagnies en arrière de la chaîne, puis agir comme dans le premier cas.

Troisième cas. — Les huit compagnies ont dû être portées en ligne.

Reconstituer d'abord un bataillon de soutien, puis agir comme dans le premier cas.

56. Enlèvement d'un village.

L'étude du terrain en vue de l'attaque rapprochée a permis de déterminer :

Les points directement saisissables, tels que V_1 ;

Le cheminement favorable pour déborder, $C H_2$;

Les points dangereux pour ce cheminement, tels que D.

La répartition comprendra :

1) *Attaque directe.* F_1, F_2, L_1, A (voir n° 53) ;

2) *Enveloppement.*

Troupe chargée de l'enveloppement : L_2.

N° 56. — Col. Foch, *Principes*, p. 123, 126. — Gén. Bonnal, *Sadowa*, p. 183.

Couverture du mouvement enveloppant. Echelon F chargé d'occuper, de neutraliser ou d'attaquer le point D, avec appui de l'artillerie A.

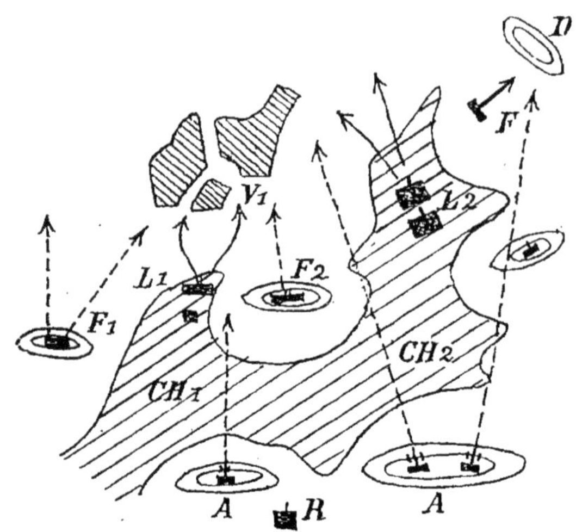

La troupe d'exécution est ainsi scindée en deux groupes : L_1 attaque directe; L_2, enveloppement. Le premier de ces groupes est généralement beaucoup plus faible que le second, par suite de la limitation des points d'accès (n°.3) qui ne permet pas d'employer *utilement* beaucoup de monde à l'assaut direct d'une localité.

Suivant l'effectif dont on dispose, l'importance de la localité et les facilités d'opérer, les deux opérations se feront tantôt simultanément, tantôt successivement.

Exemple 56 (A N). Voir l'exemple 8.

L'ennemi occupe le front 172, Senard, Triaucourt. Attaque de Senard par une troupe venant du nord. Effectif consacré à l'attaque : 1 régiment à 4 bataillons, 3 batteries.

1° *Répartition de l'infanterie.*

Secteur à l'ouest du chemin à un trait de Gumont à Senard. Attaque directe : 1 bataillon.

Secteur à l'est du même chemin. Enveloppement : 2 bataillons.

Réserve près de 181 : 1 bataillon.

2° Artillerie.

1 batterie à 181, appui de l'attaque directe.
2 batteries près de Gumont, appui de l'attaque enveloppante.

3° Exécution de l'attaque directe.

1 compagnie : mamelon 185, préparation.
1 compagnie : mamelon à l'est de 185, préparation.
1 compagnie : attaque du saillant nord-ouest.
1 compagnie : renfort.

4° Exécution de l'enveloppement.

Attaque, s'il y a lieu, du mamelon à 500 mètres à l'est de Senard, puis :

2 compagnies vers l'a de Senard (préparation).
2 compagnies sur le mamelon à 500 mètres à l'est de Senard (couverture).
2 compagnies : attaque du saillant est de Senard.
2 compagnies : renfort.

Exemple 57 (C N).

Attaque d'Evres par une troupe venant du nord (4 bataillons, 3 batteries).

Répartition de l'infanterie.

1re opération. — Attaquer le saillant nord-ouest, masquer la face ouest : 2 bataillons.

2° opération. — Prendre pied sur le mamelon avec petit bois au sud d'Evres, l'occuper : 2 bataillons.

3° opération. — Reconstituer une troupe disponible (1 ou 2 bataillons) et attaquer le saillant sud-ouest.

57. Enlèvement d'un bois.

Les propriétés des bois étant intermédiaires entre celles des villages et celles des points découverts, le dispositif d'attaque sera aussi un dispositif intermédiaire.

1° Proportion entre l'effectif de la troupe chargée de

N° **57.** — Col. Foch, *Principes*, p. 194. — *Frœschwiller*, p. 238, 251, 337.

l'attaque directe et l'effectif de la troupe chargée de l'enveloppement. Comparer les difficultés de la progression intérieure et de l'enveloppement. Renforcer la troupe qui a le plus de chances de réussir ;

2° Progression à travers bois. Organiser des colonnes qui suivront les axes de progression, couvertes sur leurs flancs par des échelons et reliées par des patrouilles ;

3° Attaque des points tenus par l'ennemi. Procéder comme en face d'un point isolé (n° 52).

Exemple 58 (D N).

Enlèvement du bois Blandin par une troupe venant du sud, encadrée. Effectif consacré à cette attaque : 1 régiment à 4 bataillons, 3 batteries.

Points voisins occupés par l'ennemi : croupe au nord-ouest de Seraucourt, croupe au sud de Mondrecourt.

1° *Enlèvement de la lisière.*

Préparation et couverture : 2 bataillons à la lisière nord du Chanel, dans les boqueteaux et sur les pentes au nord du bois Landlut.

Exécution : 2 bataillons lancés sur le saillant sud.

2° *Enveloppement.*

Conduirait le régiment à occuper, pour couvrir son cheminement, soit la croupe au nord de Seraucourt, soit la croupe de Mondrecourt.

Toutes les forces seront consacrées à la progression intérieure, moins un bataillon laissé en repli au sud du Bunel.

3° *Progression intérieure.*

1ᵉʳ objectif : la transversale Deuxnouds - Rignaucourt.
1 bataillon suivant la lisière ouest;
2 compagnies par le chemin Seraucourt - Mondrecourt;
2 compagnies par la lisière est;
1 bataillon maintenu en réserve à proximité du saillant sud.

Exemple 59 (C N).

Attaque du bois de la Héronnière par une troupe venant du nord. Effectif d'infanterie consacré à l'attaque : 1 régiment à 4 bataillons.

Il a été nécessaire d'enlever au préalable le mamelon au nord et le mamelon à l'ouest du saillant nord.

Le terrain se prête à l'enveloppement par l'ouest. La répartition pourra être la suivante :

2 compagnies maintenues en repli au nord-ouest du bois;

2 compagnies à travers bois pour le fouiller;

1 bataillon, progression le long de la lisière est;

2 bataillons, enveloppement par l'ouest;

Artillerie, sur le mamelon à l'ouest du saillant nord.

58. Attaque d'une position.

L'attaque d'une position, c'est l'attaque des points qui la jalonnent.

Il est de règle d'attaquer partout à la fois ; mais le ter-

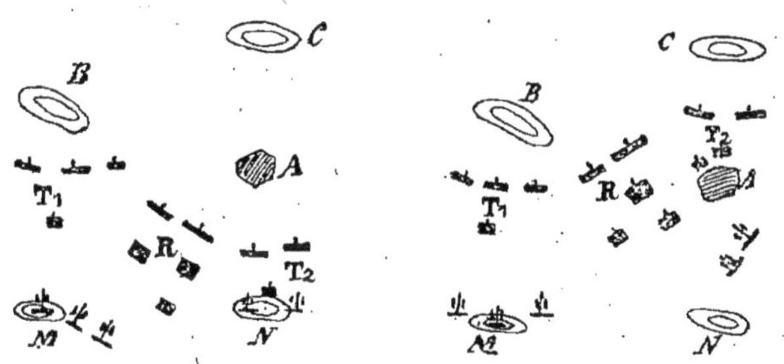

rain et les forces dont on dispose permettent rarement d'attaquer partout avec la même intensité.

Le dispositif peut habituellement se comprendre comme il suit :

Soient M, N, les points de départ de l'attaque ; A, B, C, les points qui jalonnent la position à enlever, classés dans

---

N° 58. — Gén. Langlois, *Enseignements*, p. 118. — Col. Foch, *Principes*, p. 195. — *Frœschwiller*, p. 52. — Gén. de Lacroix, p. 123, 143, 188.

l'ordre suivant lequel ils paraissent devoir être attaqués (n° 23).

1° On fera attaquer simultanément les points qui jalonnent la première ligne par des unités chargées de (combat de préparation) :

Conserver le terrain conquis ;

Menacer directement l'ennemi ;

Mettre à profit les résultats obtenus sur des points voisins.

2° On portera successivement sur chaque point tout l'effort de la masse disponible : artillerie et infanterie.

En résumé, ce dispositif a pour caractéristiques, dans l'esprit du commandement (1) : attaque vigoureuse d'un point, attaque prudente des autres.

Exemple 60 (D N).

Attaque de la ligne : 342, station de Heippes, 318, par une division venant du nord, supposée encadrée.

1ᵉ Situation. Répartition générale.

1ᵉ régiment. Objectif : cote 218.
2ᵉ régiment. Objectif : cote 342.
2ᵉ brigade. En réserve, prête à appuyer l'attaque de 342.
Artillerie. Etablie à 324 et sur le mamelon à l'est; appuie plus particulièrement au début l'attaque de 342.

2ᵉ Situation.

La cote 342 est enlevée. L'ennemi tient toujours à 318.
Après réorganisation (n° 55), la répartition générale sera la suivante :

1ᵉ régiment : occupation de 342, progression vers Mondrecourt.
2ᵉ régiment : continue l'attaque de 318.

---

(1) Nous disons : « dans l'esprit du commandement » qui ordonne la répartition. Il va sans dire que, si l'objectif secondaire est faiblement tenu, la troupe qui l'attaque n'hésitera pas à s'en emparer. Mais, en fait, la plupart du temps, *le faible effectif* qu'on lui a donné ne lui permettra pas d'arriver à ce résultat.

Artillerie : partie sur le mamelon à l'est de 324, partie à 342, prépare l'attaque de 318.

2° brigade : partant du ravin de Heippes, porte un régiment à l'attaque de 318 et conserve un régiment en réserve générale.

Exemple 61 (B N).

Attaque des hauteurs au sud de Triaucourt par un détachement venant de Vaubecourt (1 régiment à 4 bataillons, 2 batteries).

1re *Situation.*

L'ennemi occupe 194, 187, 201.
Répartition générale :

1 bataillon : attaque de 194.
1 bataillon : attaque et neutralisation de 187.
2 compagnies : repli sur le mamelon au sud-est de 194.
1 bataillon 1/2 : prêt à appuyer l'attaque de 194.

Artillerie : sur le mamelon au sud-est de 194, appuie l'attaque sur 194 et couvre ses flancs.

2° *Situation.*

L'ennemi est rejeté de 194. Il tient encore 187.

1 bataillon : occupation de 194, neutralisation de Triaucourt.
1 bataillon : continue l'attaque de 187.
2 bataillons, artillerie : attaque de 187.

59. Attaque d'une position. — Variantes.

1° *Attaque à fond.*

Attaque vigoureuse ou à fond de tous les points à la fois (attaque décisive, poursuite).

La masse disponible est répartie entre tous les points de la ligne, proportionnellement aux difficultés d'attaque de chacun.

N° 59. — Gén. Langlois, *Artillerie*, I, p. 363, 553.

2° *Attaque prudente.*

Attaque prudente sur un ou plusieurs points. Défensive sur les autres. (Combat de reconnaissance, engagement d'avant-garde).

La masse disponible n'est pas employée. Le plus souvent, d'ailleurs, elle est encore en voie de réunion.

3° Il est évident que chacune de ces formes est elle-même susceptible de nombreux degrés qui forment la transition entre les deux extrêmes.

Exemple 62. Situation de l'exemple 60.

1° *Attaque à fond.*

Pas de réserve générale. 1re brigade. Objectifs : cote 342 et station de Hcippes.
2° brigade. Objectif : cote 318.
Artillerie : appuie les deux attaques; se découvre en partie s'il le faut.

2° *Attaque prudente.*

1er régiment : attaque du front 342-318. Objectif principal : 342.
2 bataillons du 2° régiment : repli sur les hauteurs au sud du bois de la Warge.
2 bataillons du 2° régiment et 2° brigade : maintenus vers le bois de la Warge.
Artillerie : appuie l'attaque. Reste en position masquée.

Exemple 63. Situation de l'exemple 61.

1° *Attaque à fond.*

2 bataillons et demi. Objectif : 194.
1 bataillon et demi. Objectif : 187.
Artillerie : appuie les deux attaques.

2° *Attaque prudente.*

1 bataillon. Objectifs : 194 et 187. Objectif principal : 194.
2 bataillons 1/2 : se rassemblent à l'abri du mamelon au sud-est de 194.
2 compagnies : repli du 1er bataillon.
Artillerie : appuie l'attaque.

60. Cas où la position est très étendue.

Lorsqu'une position est très étendue, la masse disponible, si elle ne formait qu'un seul bloc, serait obligée à des déplacements latéraux très considérables. On prend alors des dispositions analogues à celles qui viennent d'être étudiées, mais sur une plus grande échelle.

1° Le terrain est divisé en secteurs, et l'on procède dans chaque secteur comme il est indiqué au n° 58.

2° Une réserve générale cherche à obtenir une décision en portant son effort sur le secteur qui paraît à la fois le plus saisissable et le plus important (attaque décisive).

L'étude approfondie de cette question dépasse évidemment le cadre d'un ouvrage élémentaire.

61. Attaque pendant la nuit.

1° On ne peut pas diriger un combat en profondeur, c'est-à-dire visant la conquête de points successifs du terrain. Donc, un seul objectif ;

2° L'objectif peut être considéré comme isolé (n° 38). On procédera donc par enveloppement (n° 52) ;

3° Les surprises sont très dangereuses. On se couvrira par des échelons sur les flancs.

Exemple 64 (C N).

Deux lignes d'avant-postes occupent :

L'une la crête militaire à l'est de l'Aire, sur le front Nubécourt-Bulainville-Beauzée;

L'autre, la ligne bois Sauny, bois de Renonlieu, 294, Amblaincourt.

Attaque, par un bataillon, du carrefour 294. Point de départ : la papeterie. Itinéraire : chemin à un trait allant de la papeterie à Deuxnouds.

Dispositif préparatoire d'attaque : 1 compagnie de front; 1 compagnie en échelon défensif à gauche; 2 compagnies en échelons défensifs à droite. Ce dispositif sera pris à proximité du point d'attaque.

N° 61. — Comm. de Grandmaison, p. 164. — Gén. de Lacroix, p. 108 à 125.

Situation tactique.   10

§ 4. Combat défensif.

62. Défense d'un point découvert.

Par analogie avec celui indiqué pour l'attaque, le dispositif de défense d'un point découvert comprendra les éléments ci-après (1) :

A. *Résistance.*

1° Garnison du point à défendre, avec ses renforts, P ;

2° Barrage des cheminements que pourrait utiliser l'attaque. Echelons de feux en B ;

3° Replis en E_1, E_2, A, destinés à faciliter la retraite (2).

B. *Contre-offensive.*

1° Fractions en C destinées à la contre-attaque, si le terrain s'y prête ;

2° Echelons de feux d'infanterie E_1, E_2, et d'artillerie. A destinés à préparer le retour offensif au moment où l'ennemi prendra pied sur la position ;

3° Réserve R chargée du retour offensif.

N° 62. — *Frœschwiller*, nᵒˢ 273, 283, 287.

(1) Bien entendu, ce dispositif n'est pris qu'au moment du combat. Jusque-là, la troupe chargée de la défense est en stationnement défensif (§ 7). On conservera le plus longtemps possible les éléments d'information et de sûreté du dispositif préparatoire.

(2) Le règlement n'oblige pas à disposer dès le début du combat les fractions qui doivent jouer le rôle de repli; mais il faut qu'elles soient en place avant le commencement du mouvement de retraite qu'elles sont chargées de couvrir.

C. Artillerie.

1° Pendant le combat éloigné, aux environs de P. L'infanterie qui devra occuper ce point est maintenue provisoirement à l'abri ;

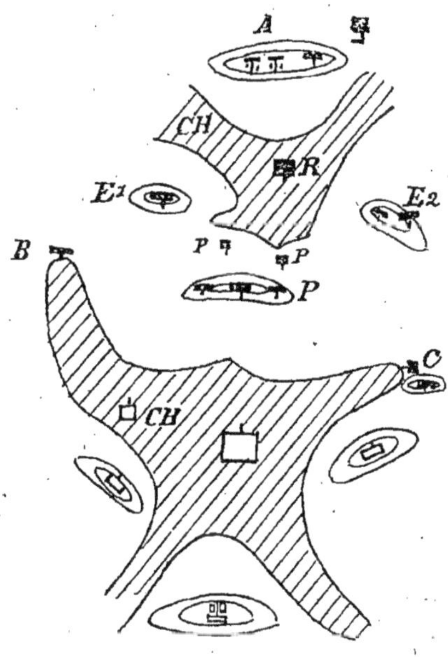

Défense

Attaque

2° Pendant le combat rapproché, en A, au moins une partie (appui des retours offensifs).

N. B. — Si le point est isolé, couvrir les flancs (n° 50).

Exemple 65 (C N). Voir l'exemple 71.

Défense de la cote 263, face à l'ouest. Point d'appui encadré au nord (274) et au sud (carrefour à 800 mètres au sud-est de 263).
Troupe chargée de la défense : 3 bataillons, 2 batteries.

a) Répartition de l'infanterie.

Occupation de 263 : 3 compagnies. (Voir n° 42.)
Barrage des cheminements : au nord, 1 compagnie; au sud, 1 compagnie.
Replis : 1/2 compagnie en arrière du cheminement de droite; 1/2 compagnie sur la croupe allongée à 800 mètres à l'est de 263.
Renforts et contre-offensive : 6 compagnies dans le ravin au nord-est de 263.

b) Artillerie.

1ʳᵉ position : 263.
2ᵉ position : signal de Bulainville.

Exemple 66 (D N, E N).

Défendre, face au nord, la cote 318. Effectif disponible : 4 bataillons. Point d'appui encadré à l'ouest (station de Heippes).

a) Répartition de l'infanterie.

Occupation de 318 : 1 bataillon.
Cheminement du bois de Claire-Côte, et sûreté du flanc droit : 1 bataillon.
Repli. Corne nord-ouest des bois de Meuse : 1 compagnie.
Renforts et contre-offensive : 7 compagnies vers le petit bois au sud de 318.

b) Artillerie.

1ʳᵉ position : 318.
2ᵉ position : station de Mondrecourt, crête de Flélieu.

63. Défense d'un point découvert. — Variantes.

Nous savons déjà que la durée que l'on se propose de donner à la résistance influe sur le choix du point à défendre (n° 24). Cette durée influe également sur le dispositif.

A. *Défense à fond, sans idée de retraite.*

Diminution ou suppression des réserves ; suppression des replis éloignés qui cessent d'être nécessaires.

N° 63. — Gén. Langlois, *Enseignements*, p. 123; *Artillerie*, I, p. 485 à 496; II, p. 43. — Col. Foch, *Principes*, p. 72, 253, 359, 300 à 304.

Renforcement des unités en première ligne et de leurs renforts si le front est considérable ; des troupes destinées à la contre-offensive si le front est restreint.

B. *Défense limitée avec idée d'éviter le combat rapproché.*

Diminution ou suppression des troupes chargées de la contre-offensive.

Renforcement des replis en E et surtout en A.

N. B. — Pour le choix entre ces différents dispositifs, voir p. 240.

Exemple 67 (C N). Voir exemple 65.

Défense de la cote 263, face à l'ouest.

1° *Défense à fond.*

Occupation de 263 et barrage des cheminements : 2 bataillons.
Contre-offensive : 1 bataillon.

2° *Défense limitée.*

Occupation de 263 et barrage des cheminements : 1 bataillon et demi.
Replis : crête allongée à 800 mètres à l'est de 263 : 1 compagnie; Bulainville : 1 compagnie cote 280 et bois Chanet : 1 bataillon.
Construire une passerelle sur l'Aire à 1 kilomètre au sud de Bulainville. Retraite par le ravin au sud des cotes 261 et 274.

Exemple 68 (D N, E N). Voir exemple 66.

1° *Défense à fond.*

318 : 2 bataillons (1re ligne et renforts).
Bois de Claire-Côte : 1 bataillon.
Contre-offensive : 1 bataillon.

2° *Défense limitée.*

318 et bois de Claire-Côte : 2 bataillons et artillerie.
Corne ouest du bois de Meuse et crête du cimetière de Flélieu : 2 bataillons.

64. Défense d'un village ou d'un bois.

A. *Résistance du point d'appui proprement dit.*
(Voir n° 27.)

Action directe : A, A₁, A₂.
Action de flanquement : D.

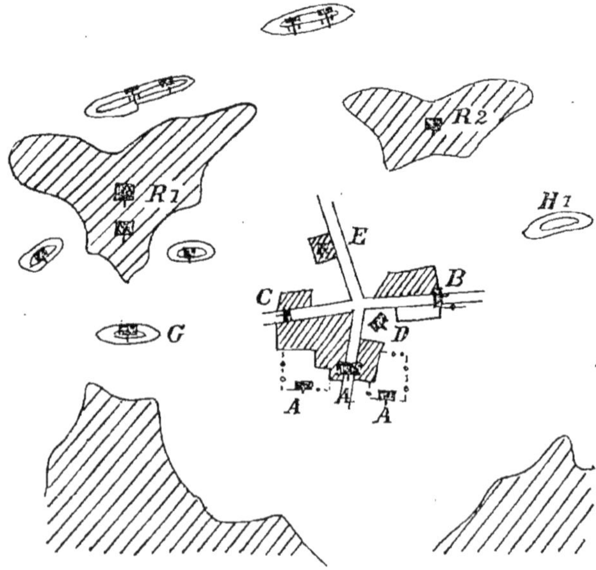

Résistance à l'investissement : A, B, C, D.
Résistance intérieure : E.

N° 64. — Col. Foch, *Principes*, p. 212, 215. — *Frœschwiller*, p. 245, 298, 323, 387.

B. *Résistance extérieure.*

Barrage des cheminements : G, H.
Echelons : H (renforts en R_2).

C. *Contre-offensive.*

Choix de l'objectif et du mode d'action (n° 14).

Dispositif : R_1, F_1, F_2 (préparation éventuelle d'un retour offensif sur G). Voir n°s 53 à 57.

Exemple 69 (B N). Voir exemples 14 et 16.

Défense de Foucaucourt, face au sud, par 2 bataillons. La crête 224 est supposée tenue provisoirement par d'autres troupes.

Garnison de Foucaucourt : 3 compagnies dans le village; 1 peloton à chacune des issues sud; 1 peloton en renfort; 1 compagnie dans la partie du village au nord du ruisseau.

Replis sur les pentes au nord de Foucaucourt : 1 compagnie.

Mamelon à l'est de Foucaucourt : 1 bataillon, savoir : 1 compagnie en 1re ligne (résistance extérieure); 3 compagnies : contre-offensive.

Exemple 70 (B N, C N). Voir exemples 15 et 17.

Défense du Bois-le-Comte, face au sud, par un régiment à 4 bataillons.

Lisière sud : 2 bataillons.

2e ligne (route Waly - Fleury-sur-Aire) : 1 bataillon.

Cote 221 : 1 bataillon.

Contre-offensives partielles à organiser sur chaque point.

65. Défense d'un village ou d'un bois. Variantes.

1° *Résistance momentanée.*

On se contente d'occuper la lisière qui fait face à l'ennemi. Il faut pour cela qu'elle remplisse les conditions convenables ; autrement le point d'appui ne devrait pas être défendu (n°s 4, 17, 24).

*2° Occupation du point d'appui dans le seul but
d'empêcher l'ennemi de s'en servir.*

On peut, dans ce cas (n°ˢ 4 et 27), se contenter d'occuper le réduit.

Exemple 71 (B N).

Défense de Waly et des points à proximité, face au sud, par 1 bataillon.

Premier cas : résistance mômentanée.

Lisière sud de Waly et croupe à l'ouest : 2 compagnies.
Mamelon à 600 mètres au nord de 221 : 1 compagnie.
Tuilerie : 1 compagnie.

Deuxième cas : empêcher l'ennemi d'utiliser Waly.

Réduit au nord de l'église : 1 compagnie.
Tuilerie : 1/2 compagnie.
Mamelon au nord de 221 : 1/2 compagnie.
Contre-offensive : 2 compagnies.

66. Défense d'une position.

A. *Répartition entre les différentes lignes de défense.*

Effectif principal sur la ligne choisie comme ligne de résistance.

Effectifs secondaires sur les lignes au delà (avant-lignes ou postes avancés) et en deçà (amorce d'une 2° ligne de résistance, replis).

Détachements de sûreté sur les flancs (n° 50).

.B. *Résistance sur la ligne principale.*

Défense de chaque point comme il est dit plus haut (n°ˢ 62 à 65), en tenant compte des appuis mutuels que

---

N° 66. — Gén. Langlois, *Artillerie*, I, p. 497; II, p. 126. —
Frœschwiller, p. 52, 196, 200. 301, 376, 387.

doivent se prêter les différents points (flanquement réciproque).

C. *Contre-offensive et réserves.*

1° Sur tous les points, petites réserves destinées à répondre aux efforts des fractions assaillantes ;

2° Grosse réserve à proximité du point le plus important de la ligne ;

3° Réserve générale destinée à parer aux éventualités, s'il y a lieu.

Exemple 72 (D N).

Défense de la position 342-318, face au sud. Effectif de la troupe de défense : 1 division (16 bataillons).

1° *Résumé de l'examen du terrain.*

Avant-lignes : croupe de Flélieu, lisière sud-est du bois d'Ahaye,
Ligne principale : mamelon à l'ouest de 342, 342, Heippes, station, 318.
2° ligne : bois Chardin, hauteurs au nord d'Heippes (crête 324-299), mamelon au nord-ouest du bois de Claire-Côte.
Objectifs probables de contre-offensive : 342, 318.

2° *Répartition générale.*

Résistance : 1ᵉʳ régiment :
Lisière sud-est du bois d'Ahaye : 2 compagnies.
342 et mamelon à l'ouest, station : 2 bataillons.
Heippes : 2 compagnies.
Contre-offensive : 1 bataillon.

2° régiment :
Croupes de Flélieu : 2 compagnies.
Cote 318 et bois au sud : 6 compagnies.
Bois de Claire-Côte et mamelon au nord-ouest : 1 bataillon.
Contre-offensive : 1 bataillon.

Contre-offensive : 3° régiment.
Ravin d'Heippes, vers la cote 272.

Replis et réserve : 4° régiment.
Lisière sud du bois Chardin : 2 compagnies.
Hauteur 324 et mamelon à l'est : 2 compagnies.
Réserve, vers le bois de la Warge : 3 bataillons.

Artillerie :

1re position : 3 batteries à 318, 3 batteries à 342.
2e position : hauteurs au nord d'Hcippes.

67. Défense d'une position. — Variantes.

1° Défense à fond, sans idée de retraite.

Défense à fond sur une seule ligne. La masse disponible est répartie entre tous les points de la ligne, proportionnellement aux difficultés de défense de chacun.

2° Défense prudente ou manœuvre en retraite.

Défense limitée sur plusieurs lignes ou positions successives.

Ici, la surveillance des flancs est particulièrement importante. Voir n° 50.

La répartition habituelle des forces est la suivante :

Sur la 1re ligne ou position : toute l'artillerie et la moitié de l'infanterie environ.

Sur la 2e ligne ou position : le reste de l'infanterie.

Il suffit habituellement d'occuper simultanément deux positions successives. Il peut quelquefois cependant être utile d'aller plus loin et d'amorcer l'occupation d'une 3e position, si les deux premières sont trop rapprochées.

Exemple 73 (D N). Suite de l'exemple 72.

1° *Défense à fond.* (Ligne principale : 342-318.)

On supprimera la réserve générale; on pourra aussi supprimer les avant-lignes, ce qui donnera 4 à 5 bataillons de plus sur la ligne principale.

On aura alors 2 brigades accolées ayant chacune : 1 régiment en 1re ligne et 1 régiment en réserve.

Artillerie, sans changement.

N° 67. — Col. Foch, *Principes*, p. 72. — Gén. Langlois, *Artillerie*, I, p. 485 à 496; II, p. 43. *Enseignements*, p. 123.

2° Défense prudente.

Une brigade avec l'artillerie sur la position 342-318.
Une brigade en 2ᵉ ligne vers le bois de la Warge.

68. Cas d'une position très étendue.

Les raisons données pour l'attaque sont valables ici ; par conséquent :

1° Le terrain sera divisé en secteurs, dont chacun sera organisé conformément aux indications du n° 66 ;

2° Une réserve générale sera conservée à proximité du secteur considéré comme le plus important.

69. Défense d'un point pendant la nuit.

Conditions de la défense. Voir n°ˢ 38 et 61.

1° Sûreté. Postes légers (postes d'écoute ou à la Bugeaud), poussés en avant ;

2° Résistance. Une fraction chargée de la résistance au point à garder, retranchée si possible ;

3° Contre-offensive. La plus grande partie des forces réservée pour la contre-offensive, à proximité de ce point.

Exemple 74 (D N).

Dans le cas de l'exemple 103, un demi-bataillon chargé de la défense du carrefour 294 pourrait avoir :

1° Sûreté : Postes d'écoute, au voisinage de l'ennemi, à proximité des chemins de la papeterie et de Bulainville.

2° Résistance : 1/2 compagnie au carrefour, protégée par un obstacle.

3° Contre-offensive : 1 compagnie 1/2 à 300 mètres au nord-est.

N° 69. — Comm. de Grandmaison, p. 167.

§ 5. La recherche du renseignement.

70. Généralités.

Le renseignement comporte de nombreux degrés. Nous nous arrêterons pour le moment aux trois suivants :

1° Présence ou absence de l'ennemi ;
2° Contour apparent du service de sûreté ;
3° Manifestations de la volonté de combattre.

L'interprétation des renseignements sera étudiée à la 3ᵉ partie.

71. Reconnaître un point.

C'est aller voir si l'ennemi s'y trouve. Il faut être en mesure de refouler les fractions faibles que l'on pourrait rencontrer ; donc :

Aborder par plusieurs côtés à la fois (n° 52).

N. B. — Le problème inverse est : reconnaître si l'ennemi s'approche d'un point. Il suffit de s'y porter et de voir venir.

Exemple 75 (B N).

Partant de Triaucourt, reconnaître la cote 213.
1ʳᵉ patrouille : tout droit.
2ᵉ patrouille : par la cote 201 et le Franc-Bois.

72. Reconnaître une ligne.

Le contact étant pris sur un point :

1° Résumer le front de défense qui passerait par ce point (n° 2) ;

2° Faire reconnaître les points importants (n° 71).

N. B. — Le problème inverse sera : reconnaître si l'ennemi s'approche d'une ligne. Il suffit de placer ou d'envoyer des éléments d'observation aux points importants (dominants) d'une ligne donnée.

Exemple 76 (C N).

Une fraction en reconnaissance se porte de Bulainville sur Evres. En arrivant vers la cote 263, elle s'aperçoit que l'ennemi commence à déboucher d'Evres.

Pour reconnaître le front de marche de cet ennemi, envoyer des éléments d'observation vers le bois de la Héronnière et la croupe à 1.000 mètres à l'ouest du signal de Beauzée.

73. Reconnaître un itinéraire ou une série d'objectifs.

Pour un itinéraire, reconnaître successivement les points importants qui le jalonnent ou se trouvent à proximité, généralement les points à vues étendues d'où on pourra l'observer.

Procéder d'une façon analogue pour une série d'objectifs successifs. Prendre, s'il y a lieu, des objectifs intermédiaires.

N. B. — Si la troupe chargée de cette opération a un certain effectif, la reconnaissance proprement dite est faite par des éléments légers poussés en avant du gros. Pour la marche de ce dernier, voir paragraphe 6.

Exemple 77 (B N, C N).

Une reconnaissance d'officier (1 officier, 6 cavaliers), partant de Beauzée, a reçu comme objectifs successifs : Evres, Triaucourt, Eclaires.

Les points d'observation intéressants sont : 264 (signal de Beauzée), 263, 237 au nord d'Evres, 224, 213, Triaucourt, Senard, 172 à l'ouest de Senard, route du Chemin.

La solution théorique consisterait à reconnaître successivement chacun de ces points; toutefois, l'appréciation de la situation pourra permettre d'en négliger quelques-uns. (Voir n°° 139 et 140.)

74. Reconnaître une zone.

On peut procéder de deux façons :

1° Par lignes successives. — Déterminer les lignes successives qui résument la zone en question, et reconnaître successivement chacune d'elles (n° 72). C'est le procédé habituel de la cavalerie de sûreté ;

2° Par lignes parallèles. — Résumer la zone à reconnaître en un certain nombre d'itinéraires (ou de séries d'objectifs), et faire reconnaître chacun par un élément distinct. C'est le procédé employé habituellement pour fixer la tâche des éléments de découverte dans une première exploration.

Exemple 78 (B C).

On veut, en partant de Sommaisne (C O), faire reconnaître la zone comprise entre l'Aire à l'est, et la ligne : Vaubecourt, bois de la Grande-Brouenne, 217, Franc-Bois, Saint-Maxe à l'ouest.

1° *Lignes successives.*

On fera reconnaître successivement :

a) Croupe au nord de Pretz-en-Argonne, 264;

b) Mamelon à l'ouest de 239, 263;

c) Franc-Bois, 224, 237, mamelon au nord du bois de la Héronnière;

d) Saint-Maxe, Waly, Bois-le-Comte.

2° *Lignes parallèles.*

Trois reconnaissances d'officiers, opérant chacune pour son compte, reconnaîtront :

a) Croupe au nord de Pretz-en-Argonne, mamelon à l'ouest de 239, Franc-Bois, Saint-Maxe;

b) Evres, Foucaucourt, Waly;

c) 264, bois de la Héronnière, Bois-le-Comte.

75. Combat offensif de reconnaissance.

On se propose de refouler les éléments de sûreté de l'adversaire, et de pousser jusqu'à sa ligne de résistance.

La méthode habituelle est la suivante :

1° Déterminer le contour apparent de l'ennemi, c'est-à-dire la ligne occupée par ses éléments de sûreté ;

2° Faire une hypothèse. Du contour apparent, déduire la ligne probable de résistance, la résumer ;

3° Attaquer cette ligne en vue de savoir si on se trouve ou non en face d'une résistance sérieuse.

Choix du point d'attaque, n° 21.

Dispositif d'attaque, n⁰ˢ 54 et 59.

Sûreté des flancs, n° 50.

Pour l'interprétation et la cessation du combat de reconnaissance, voir la IIIᵉ partie (la situation).

Exemple 79 (C N).

Une division est en marche, en colonne de route, de Beauzée par Evres sur Triaucourt. Son premier élément d'infanterie atteint le signal de Beauzée.

La cavalerie divisionnaire a été reçue par des coups de feu sur les points suivants : fontaine de Cousson et petit bois au nord-est, mamelon au sud-est d'Evres, route d'Evres à Pretz-en-Argonne jusqu'à hauteur de la cote 239.

Combat offensif de reconnaissance.

1° Ligne probable de résistance.

Croupe au nord-est d'Evres, Evres et petit bois au sud.

2° Choix du point d'attaque.

Objectif principal : croupe au nord-est d'Evres.

3° Dispositif pour l'attaque.

1ᵉʳ régiment :
1 bataillon. Objectifs : Evres et le bois au sud.

N° 75. — Col. Foch, *Principes*, p. 83. — Gén. Maillard, p. 452. — *Frœschwiller*, p. 256.

2 bataillons. Objectif : croupe au nord-est d'Evres.
1 bataillon. Repli à la crête 263, encadrant l'artillerie.
Artillerie. Vers 262.
Gros de la division. Encore en colonne de route; serrera jusqu'au signal de Beauzée.

76. Combat défensif de reconnaissance.

On se propose d'arrêter les éléments de sûreté de l'adversaire, de façon à l'obliger à une attaque en règle s'il veut continuer à avancer.

Méthode habituelle :

1° Choisir une position (ou plusieurs positions successives) en travers de la direction ou des directions de marche de l'ennemi ;

2° Mode d'action. Généralement, on évite de s'engager à fond et on se ménage la possibilité de battre en retraite ;

3° Dispositif, n°s 62 à 67 ;

4° Sûreté des flancs, n° 50.

Exemple 80 (C N).

Un détachement (2 bataillons, 1 escadron, 1 batterie) poussé dans la région de Pretz-en-Argonne a pour mission de vérifier si une colonne ennemie qui a débouché de Foucaucourt s'avance en forces sur Sommaisne.

1° *Positions successives.*

Crête au nord de la Presle, crête au nord du ruisseau de Pretz-en-Argonne, crêtes au sud.

2° *Mode d'action.*

Combat très prudent; éviter le combat rapproché.

3° *Dispositif.*

1 bataillon et 1 batterie sur la crête au nord de la Presle; 1 bataillon en repli sur la crête au sud.

4° *Sûreté des flancs* (au moment où l'ennemi prend le contact).

1ʳᵉ position. A gauche, mamelon à l'ouest de 239, 1/2 compagnie, 1 peloton de cavalerie; à droite, vers l's de fontaine de Cousson, 3 pelotons de cavalerie.

2ᵉ position. Un poste d'infanterie sur chaque flanc.

77. Synthèse de la reconnaissance à forme offensive.

Chercher à obtenir progressivement les différents degrés de renseignements indiqués au n° 70.

1° *Présence ou absence de l'ennemi.*

Résumer la position ou la région à explorer. Les faire reconnaître par des éléments légers.

2° *Contour apparent de l'ennemi* (ligne tenue par les éléments avancés de son service de sûreté).

Après avoir pris le contact de l'ennemi sur un point, reconnaître la ligne passant par ce point (rôle habituel de la cavalerie de sûreté).

3° *Manifestations de la volonté de combattre.*

Pour savoir si l'ennemi veut résister, engager un combat offensif de reconnaissance (rôle des avant-gardes ou de détachements de toutes armes.

Exemple 81 (B N, D N).

Un détachement (1 brigade d'infanterie, 2 escadrons, 3 batteries) se porte de Souilly sur Triaucourt par Nubécourt.

a) L'ennemi est signalé vers le Chemin.

Pour déterminer la présence ou l'absence de l'ennemi dans la zone intéressante, envoyer deux reconnaissances d'officiers :

Situation tactique.

11

1° Sur Fleury-sur-Aire, Foucaucourt, Brizeaux, Eclaires;

2° Sur Nubécourt, Evres, Triaucourt, Senard.

b) La reconnaissance n° 2 a signalé l'ennemi à Evres.

Le gros de la cavalerie va chercher à déterminer le contour apparent et fera reconnaître simultanément : 1° 237, puis Foucaucourt; 2° 239, puis 217; 3° Evres, puis bois de Soisy.

c) L'ennemi occupe bois de Soisy, bois 217.

Pour savoir s'il veut combattre, engager un combat offensif de reconnaissance. Objectif principal : le bois de Soisy.

78. Synthèse de la reconnaissance à forme défensive.

1° *Présence ou absence de l'ennemi.*

Résumer le terrain. Faire surveiller les itinéraires principaux (reconnaissances d'officiers, découverte).

2° *Contour apparent.*

L'ennemi paraissant sur un point, faire surveiller la ligne passant par ce point (cavalerie de sûreté).

3° *Volonté de combattre.*

Engager un combat défensif de reconnaissance (détachements de toutes armes, avant-gardes).

Exemple 82 (C N, C O).

Un détachement (3 bataillons, 1 escadron, 2 batteries), venant du sud, a été poussé à Sommaisne avec mission d'observer les directions de Foucaucourt et de Fleury-sur-Aire.

a) L'ennemi se trouve dans la direction de Froidos.

Pour vérifier son apparition, reconnaissances (d'officiers ou de sous-officiers) sur Foucaucourt et Fleury-sur-Aire.

b) Une colonne ennemie s'approche de Fleury-sur-Aire.

Le gros de la cavalerie va surveiller la ligne : Evres, cote **263.**

c) La colonne ennemie a continué sa marche sur Beauzée. La cavalerie n'a pu se rendre compte de son effectif.

Combat défensif de reconnaissance entre Beauzée et Sommaisne. 1re position : 269; 2e position : croupe au sud de Sommaisne.

§ 6. Marches.

79. Allures et vitesses de marche.

a) *Infanterie.*

Sur route, 4 kilomètres à 4 kil. 500 à l'heure, halte horaire comprise. On compte habituellement 4 kilomètres à l'heure. (En vue de simplifier le calcul des fractions d'heure, on compte quelquefois le kilomètre en quinze minutes, et on ne se préoccupe pas des haltes horaires.)

La nuit, environ 3 kilomètres à l'heure.

A travers champs, 2 à 3 kilomètres à l'heure.

b) *Cavalerie.*

Allures. En une minute, le cheval fait 100 mètres au pas, 240 mètres au trot, 340 au galop.

Vitesse normale d'une colonne : 8 à 10 kilomètres à l'heure.

Vitesse des estafettes : ordinaire, 10 kilomètres à l'heure; accélérée, 15 kilomètres; rapide, 20 kilomètres.

c) *Artillerie.*

Allures. Par minute : 100 mètres au pas, 200 mètres au trot, 340 mètres au galop.

L'artillerie prend l'allure de la colonne qu'elle accompagne.

80. Longueur de quelques éléments de colonnes.

Infanterie et cavalerie par 4, voitures par 1.

Bataillon d'infanterie (chiffres arrondis)............	500 mètres.
Escadron de cavalerie —	100 —
Groupe de 3 batteries —	1.000 —
Section de munitions —	400 —

N° 79. — Gén. Maillard, p. 10.

81. Emploi de la cavalerie.

La cavalerie est généralement divisée en trois échelons qui ont pour mission :

1° Recherche de l'ennemi dans les directions intéressantes (exploration, découverte) ;

2° Reconnaissance de l'ennemi ; occupation préparatoire des débouchés (n° 32) (sûreté de 1re ligne) ;

3° Sûreté rapprochée (n°s 46 et 51).

Lorsque les ressources en cavalerie sont limitées, on fait porter les économies sur les échelons les plus éloignés.

Dans une armée, l'organisation actuelle affecte à ces différents besoins :

Exploration : la division de cavalerie.
Sûreté de 1re ligne : les brigades de cavalerie des corps d'armée.
Sûreté rapprochée : des escadrons divisionnaires et les éclaireurs montés d'infanterie.

Exemple 83 (C N).

Une division d'infanterie disposant d'un régiment de cavalerie doit se porter de Triaucourt par Bulainville sur Souilly. L'ennemi est dans la direction de l'est.

RÉPARTITION DE LA CAVALERIE.

Exploration. — Réduite à des reconnaissances d'officiers : 1° Fleury-sur-Aire, Ippécourt, Osches, Lemmes; 2° Nubécourt, Saint-André, Souilly, Senoncourt; 3° Beauzée, Heippes, Rambluzin.

Sûreté de 1re ligne. — 3 escadrons. Se dirigeront sur Souilly. Tiendront successivement en avant de l'avant-garde les débouchés d'Evres, Bulainville, Saint-André, Souilly.

Sûreté rapprochée. — 1 escadron. Entoure la division d'un réseau de patrouilles destinées à signaler tout danger imprévu, particulièrement l'approche de fractions de cavalerie ennemie.

N° 81. — Gén. Langlois, *Artillerie*, II, p. 69. — Gén. Maillard, p. 203, 230.

Exemple 84 (C N).

Un détachement (1 régiment d'infanterie, 1 escadron, 2 batteries) se porte de Beauzée sur Ippécourt. L'ennemi est dans la direction de Jubécourt.

RÉPARTITION DE LA CAVALERIE.

Exploration. — Se confond avec la sûreté de 1re ligne.

Sûreté de 1re ligne. — Une reconnaissance d'officier sur : Saint-André, Ippécourt, Julvécourt.

N. B. — Pour ne pas trop affaiblir la valeur de la cavalerie en vue du combat, il convient de chercher à ne pas prélever plus d'un officier par escadron pour les reconnaissances d'officiers.

Sûreté rapprochée. — En avant, trois pelotons de cavalerie qui formeront la pointe d'avant-garde et reconnaîtront successivement les lignes : bois de Renonlieu, crête au nord de Saint-André, crête au nord-ouest d'Ippécourt.
Un peloton à la sûreté rapprochée sur les flancs.

82. Place de l'artillerie dans une colonne.

Dans les grosses colonnes, on rapproche l'artillerie de la tête, afin de hâter son arrivée sur le champ de bataille.

Cette poussée en avant est limitée d'autre part par un certain nombre de considérations. Nous notons les deux suivantes qui intéressent plus particulièrement les petits détachements.

L'artillerie doit se trouver à une distance suffisante en arrière du premier élément d'infanterie pour :

1° Ne pas avoir à craindre la surprise par le feu en colonne de route;

2° Ne pas être obligée de faire demi-tour pour gagner un emplacement de batterie convenable.

Ces deux desiderata sont généralement satisfaits lors-

N° 82. — Gén. Maillard, p. 68. — Gén. Langlois, *Artillerie*, I, p. 421 à 429. — Gén. de Lacroix, p. 31, 56.

que la tête de l'artillerie se trouve à une distance de 3.500 mètres à 4.000 mètres en arrière du premier élément d'infanterie.

Pour les exemples, voir n° 86.

83. Constitution de l'avant-garde.

1° *But.*

L'avant-garde répond à trois nécessités :

Couvrir le gros ;

Reconnaître l'ennemi en poussant jusqu'à sa ligne de résistance (n° 75) ;

Préparer l'action du gros : occupation définitive des débouchés ; « prise de possession des points dont l'occupation est jugée nécessaire pour le développement ultérieur du combat ».

2° *Force.*

Quand elle doit satisfaire aux trois nécessités indiquées ci-dessus, l'avant-garde comprend le tiers ou le quart de la colonne à couvrir.

Force variable dans les autres cas (ennemi sur le flanc ou en arrière).

3° *Composition.*

L'avant-garde comprend : la majeure partie de la cavalerie de sûreté rapprochée, et quelquefois la cavalerie

---

N° 83. — La constitution et l'emploi de l'avant-garde sont un des points les plus importants de notre doctrine militaire. Voir en particulier : Col. Foch, *Principes*, p. 131, 142, 145. — Gén. Maillard, p. 243, 252, 255, 399. — Gén. Bonnal : *L'esprit de la guerre moderne.*

En contradiction avec la thèse classique. Voir : Gén. Kessler, *Tactique des trois armes.*

de sûreté de 1re ligne ; de l'infanterie ; du génie ; de l'artillerie lorsque l'avant-garde comprend au moins un régiment d'infanterie (n° 82).

4° *Fractionnement et distances.*

L'avant-garde comprend habituellement trois échelons :

a) Pointe, formée de la cavalerie, qui marche par bonds successifs, de crête en crête, en avant de la colonne (n° 89).;

b) Tête, généralement le quart de l'infanterie de l'avant-garde ;

c) Gros. Le reste de l'infanterie, génie, artillerie.

Les distances sont calculées de façon à couvrir la tête du gros à 2.000 mètres si on n'a pas d'artillerie ; à 4.000 mètres dans le cas contraire.

Exemple 85. Suite des exemples 83 et 84.

a) Composition de l'avant-garde de la division (ex. 83) :

Pointe : l'escadron de sûreté rapprochée, moins les patrouilles de flanqueurs.
Tête : 1 bataillon d'infanterie.
Gros : 3 bataillons d'infanterie; 3 batteries qui marcheront entre les deux dernières compagnies du régiment d'infanterie, la compagnie du génie (un détachement d'ambulance).

b) Composition de l'avant-garde du détachement (exemple 84) :

Pointe : 3 pelotons de cavalerie.
Tête : 1 compagnie d'infanterie.
Gros : 3 compagnies.

84. Constitution des flancs-gardes.

1° *But.*

Couvrir la troupe sur son flanc.

N° 84. — Col. Foch, *Principes*, p. 104. — Gén. Maillard, p. 310, 339.

2° *Force et composition.*

On peut distinguer trois cas :

A. On ne craint que des surprises de faibles fractions de cavalerie. Il suffit d'être prévenu. On se contentera des patrouilles fournies par la cavalerie de sûreté rapprochée.

B. On veut se garantir contre les incursions possibles de partis assez forts de cavalerie ennemie ou de petits détachements d'infanterie. — Constituer aux points dangereux de petites flancs-gardes, généralement petits détachements d'infanterie avec un peu de cavalerie.

C. On craint une intervention de l'ennemi en forces. — Constituer de grosses flanc-gardes dont la force et la composition peuvent atteindre celle indiquée pour une avant-garde.

3° *Fixité ou mobilité.*

On emploie des flancs-gardes fixes quand la zone dangereuse est facile à résumer.

Dans le cas contraire, on est généralement obligé d'employer des flancs-gardes mobiles.

N. B. — On reproche quelquefois aux flancs-gardes mobiles de ne couvrir que le point de la colonne à hauteur duquel elles se trouvent. En réalité, il faut tenir compte :

De l'échelonnement de marche de la flanc-garde (avant-garde, gros, arrière-garde);

De la portée des armes qui prolonge en avant et en arrière l'action de la flanc-garde.

Ainsi le rayon d'action sera :

Unités.	Échelonnement.	Double portée des armes.	Total.
1 bataillon............	2.000ᵐ	2.000ᵐ (fusil)	4 kil.
1 régᵗ avec de l'artⁱᵉ..	4.000ᵐ	6.000ᵐ (canon)	10 kil.

Exemple 86 (D N, D M).

Une brigade d'infanterie est en marche de Neuville-en-Verdunois sur Lemmes. Une masse de cavalerie importante est signalée dans la région Julvécourt-Ippécourt.

Flancs-gardes.

Couvrir le flanc gauche par de petites flancs-gardes fixes (1 compagnie, 4 cavaliers) qui iront barrer les différents défilés : 1) Rignaucourt; 2) entre le bois Blandin et le bois d'Ahaye; 3) entre le bois d'Ahaye et le bois Chardin; 4) entre le bois de Grosse-Haut et le bois d'Osches.

Exemple 87 (C M, C N).

Un régiment d'infanterie se porte d'Ippécourt à Ville-sur-Cousances. Une importante fraction de cavalerie ennemie est signalée vers Rarécourt.

Flanc-garde.

Couvrir le flanc gauche par une flanc-garde mobile (2 à 4 compagnies), marchant parallèlement à la colonne et suivant le chemin à un trait qui longe la crête à 600/800 mètres à l'ouest de la vallée.

Exemple 88 (B C).

Une division est en marche de Beauzée sur Froidos. Un fort parti ennemi de toutes armes est signalé dans la région : Brizeaux, Triaucourt, Eclaires.

Flanc-garde.

La couverture du flanc gauche sera assurée par un fort détachement : 1 régiment d'infanterie, 2 batteries, gros de l'escadron divisionnaire.

Ce détachement ira prendre successivement position :

1° Entre Pretz-en-Argonne et Evres;
2° Entre Evres et Foucaucourt;
3° Vers Waly.

Exemple 89.

Un corps d'armée se porte de la région Neuville-en-Verdunois, Courcelles-sur-Aire et localités au sud sur Vadelaincourt et Lemmes...
L'ennemi, signalé à Rampont et Julvécourt, s'avance en deux colonnes qui se dirigent l'une sur Lemmes, l'autre sur Ippécourt.

Couverture du flanc gauche.

Une forte flanc-garde (1 régiment d'infanterie, 1 ou 2 escadrons, 3 batteries) suivra l'itinéraire : Deuxnouds, Saint-André, Ippécourt, pour livrer combat à la colonne ennemie de Jubécourt et arrêter sa marche.

85. Constitution de l'arrière-garde.

But : couvrir la troupe en arrière.

On peut distinguer :

1° *Grosses arrière-gardes*, dans la marche en retraite, ou lorsqu'on craint l'intervention de l'ennemi sur les derrières.

Force, composition, distance. — Mêmes règles que pour l'avant-garde. Toutefois, l'arrière-garde reçoit habituellement une plus forte proportion d'artillerie.

2° *Faibles arrière-gardes*, dans la marche ordinaire. Simples détachements de sécurité, habituellement une compagnie pour une brigade.

Exemple 90.

Pour une division en retraite, l'arrière-garde sera de 1 régiment d'infanterie, 3 ou 6 batteries et la cavalerie disponible.

Pour un régiment d'infanterie avec de l'artillerie, marchant en retraite, l'arrière-garde serait d'un bataillon. Il paraît imprudent de lui donner de l'artillerie; mais l'artillerie peut effectuer un jeu de marche discontinue (n° 89) avec l'arrière-garde.

La flanc-garde indiquée à l'exemple 87 aura une arrière-garde égale à son avant-garde, puisque le danger est le même en queue qu'en tête.

86. Exemples de colonnes de route.

Heures de passage.	Distance à la tête de colonne.	*a*) 1 bataillon d'infanterie, 1 peloton de cavalerie.
h. m.	k. m.	Peloton de cavalerie. — *Pointe d'avant-garde.*
0 00	0 000	1 section d'infanterie (30 mètres). — *Tête d'avant-garde.*
»	»	Distance : 400 mètres.

N° 85. — Gén. Maillard, p. 321.

Heures de passage.	Distance à la tête de colonne.	
h. m.	k. m.	
0 6	0 430	3 sections (90 mètres). — *Gros de l'avant-garde.*
»	»	Distance : 600 mètres.
0 14	1 120	3 compagnies (360 mètres). — *Gros de la colonne.*
0 18	1 500	Queue de la colonne. Train de combat, etc.
»	»	1 section. — *Arrière-garde.*

b) **1 régiment d'infanterie (3 bataillons);
3 batteries, 1 peloton de cavalerie.**

		Peloton de cavalerie. — *Pointe d'avant-garde.*
0 00	0 000	1 compagnie (120 mètres). — *Tête d'avant-garde.*
»	»	Distance : 500 mètres.
0 8	0 620	3 compagnies (360 mètres). — *Gros de l'avant-garde.*
0 12	1 000	Distance : 1.000 mètres.
0 24	2 000	2 bataillons (1.000 mètres). — Moins une compagnie en arrière de l'artillerie, et l'arrière-garde.
0 36	3 000	3 batteries (1.000 mètres).
0 50=1	4 000	Train de combat.
»	»	1/2 compagnie. — *Arrière-garde.*

c) **1 brigade d'infanterie (6 bataillons);
6 batteries, 1 escadron.**

»	»	Escadron. — *Pointe d'avant-garde.*
0 00	0 000	2 compagnies (250 mètres). — *Tête d'avant-garde.*
»	»	Distance : 500 mètres.
0 9	0 740	6 compagnies (750 mètres). — *Gros de l'avant-garde.*
»	»	Distance : 1.500 mètres.
0 36	3 000	1 bataillon (500 mètres).
0 42	3 500	6 batteries (2.000 mètres).
1 18	5 500	3 bataillons (1.500 mètres). — Moins l'arrière-garde.
1 36	7 000	Train de combat.
»	»	1 compagnie. — *Arrière-garde.*

87. Mise en marche d'une colonne.

Pour mettre une colonne en marche sur un itinéraire donné :
1° Choisir le point initial où la colonne devra se constituer;

N° 87. — Gén. Maillard, p. 99.

2° Déterminer, s'il y a lieu, des points initiaux secondaires. Calculer leur distance en temps au P. I. principal;

3° Déterminer l'heure de passage au P. I. des principaux éléments de la colonne. En déduire l'heure de passage aux P. I. secondaires et l'heure de départ du cantonnement.

Exemple 91 (B N).

Une brigade mixte est cantonnée comme il suit :

1 escadron, 1ᵉʳ régiment : Brizeaux.
2ᵉ régiment : Eclaires, Grigny, Gumont, le Chemin.
Artillerie (6 batteries) : le Chemin.

La brigade doit se mettre en marche le lendemain sur Foucaucourt et Beauzée. Calcul de la mise en marche.

P. I. principal : carrefour à 300 mètres est de Brizeaux.
P. I. secondaires : Grigny (à une heure du P. I. principal).

Unités.	P. I. principal.	P. I. secondaires.
Gros de l'avant-garde...............	6 h. 9	»
3' bataillon du 1ᵉʳ régiment.........	6 h. 36	»
6 batteries......................	6 h. 42	Grigny, 5 h. 42
2ᵉ régiment.....................	7 h. 18	Grigny, 6 h. 18

88. Marche continue sur un front étroit.

La troupe forme une colonne principale suivant un itinéraire déterminé. Les points à considérer en vue de l'établissement du dispositif sont :

1° *Constitution du service de sûreté* : cavalerie, avant-garde, flanc-garde, arrière-garde (nᵒˢ 81, 83 à 85) ;

2° *Ordre de marche.* Place de l'artillerie (nᵒ 82) ;

3° *Mise en marche* (nᵒ 87).

Exemple 92 (N).

Un détachement (3 bataillons, 2 escadrons, 1 batterie) doit se porter de Souilly sur Waly. L'ennemi est signalé vers Eclaires et le Chemin. Le détachement est isolé.

Nᵒ 88. — Gén. Maillard, p. 341.

1° *Service de sûreté.*

Cavalerie :

a) Reconnaissances d'officiers sur : 1° Fleury-sur-Aire, Waly, Brizeaux; 2° Nubécourt, Evres, Triaucourt.

b) Gros de la cavalerie : 1 escadron 1/2. Débouchés successifs de Ippécourt, Fleury-sur-Aire, Bois-le-Comte, Waly.

c) Sûreté rapprochée : 2 pelotons (1 peloton à la pointe d'avant-garde, 1 peloton en flancs-gardes).

Avant-garde : 1 peloton de cavalerie, 1 bataillon d'infanterie.

Flancs-gardes : 1/2 peloton de cavalerie sur chaque flanc.

Arrière-garde : 1/2 compagnie d'infanterie.

2° *Ordre de marche.*

Artillerie derrière la 1ʳᵉ compagnie du gros.

3° *Mise en marche.*

P. I. Carrefour de la station de Souilly.

89. Marche en plusieurs colonnes.

1° Nombre des colonnes. — La limite maxima résulte du nombre des itinéraires dont on dispose ;

2° Force et composition des colonnes au point de vue du combat. — Variables suivant l'idée de manœuvre et le terrain à traverser : constituer plus fortement les colonnes dont on attend le plus grand effet ; ne pas doter d'artillerie les colonnes qui ne pourraient pas s'en servir.

Exemple 95 (B N).

Une brigade mixte (2 escadrons, 6 bataillons, 3 batteries) doit marcher en deux colonnes de Pretz-en-Argonne sur Triaucourt.

Répartition des forces.

Colonne de gauche (à travers bois) : 1 peloton de cavalerie, 2 ou 3 bataillons.

Colonne de droite (par Evres) : 1 escadron 3/4, 4 ou 3 bataillons, 3 batteries.

N° 89. — Col. Foch, *Principes*, p. 155. — Gén. de Lacroix, p. 191.

Exemple 96 (B N, D N).

Une division (4 régiments d'infanterie, 12 batteries), stationnée à Waly - Foucaucourt - Evres - Brizeaux, doit se porter sur Heippes et Souilly en trois colonnes.

Répartition des forces.

1° Evres, Bulainville, Saint-André, Heippes : 1 régiment, 3 batteries;

2° Waly, Fleury-sur-Aire, arbre d'Ippécourt, Souilly : 1 régiment, 3 batteries;

3° Waly, Autrécourt, Ippécourt, Osches : 1 brigade, 6 batteries.

90. Marche discontinue (bonds successifs).

Dans la marche discontinue, on se porte de position en position, et le gros ne se déplace que lorsque les points dangereux sont tenus par des éléments fixes.

Soit à porter une troupe du point A au point B.

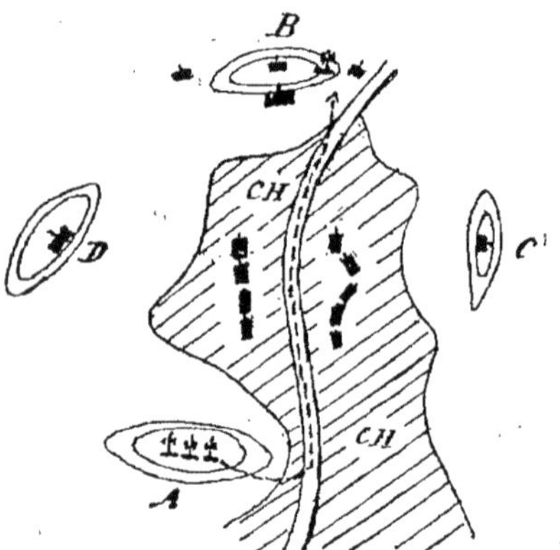

L'étude du terrain a révélé : un cheminement (ou un défilé) ;

N° 90. — Gén. Langlois, *Artillerie*, II. — Gén. de Lacroix, p. 191.

Les points B, C, D qui le couvrent (ou le débouché).

Le procédé comprendra les opérations suivantes :

1° Faire occuper par des détachements (en principe l'avant-garde) les points B, C, D ;

2° Tenir le gros, principalement l'artillerie, prêt à appuyer le mouvement des fractions lancées en avant ;

3° Lorsque ces éléments sont en place, porter le gros en avant.

N. B. — 1) Quand le système a une certaine envergure, le gros prend aussi, s'il y a lieu, des dispositions de sûreté rapprochées (n° 51).

2) En comparant avec le n° 75, on voit que le dispositif permet, si l'on rencontre l'ennemi, d'engager immédiatement un combat de reconnaissance.

3) Même procédé pour une marche en retraite; mais le mouvement de l'artillerie précède celui de l'arrière-garde.

Exemple 93 (C N, E M).

Une colonne se porte de Lempire sur Fleury-sur-Aire. Marche de la fraction de cavalerie formant la pointe d'avant-garde.

Situation simultanée des premiers éléments.

TÊTE D'INFANTERIE.	POINTE DE CAVALERIE.	ÉCLAIREURS DE CAVALERIE.
1. Lempire.	1. Lisière ouest du bois Queue-de-Mata.	1. Croupe au nord-est de Vadelaincourt.
2. Lisière ouest du bois Queue-de-Mata.	2. Croupe au nord-est de Vadelaincourt.	2. Lisière est du bois de la Côte.
3. Croupe au nord-est de Vadelaincourt.	3. Lisière est du bois de la Côte.	3. Lisière ouest du bois de la Côte.

Exemple 94 (C N).

Un détachement (3 bataillons d'infanterie, 1 batterie) veut se porter par bonds successifs de Pretz-en-Argonne sur Foucaucourt.

Mécanisme du mouvement.

1. L'avant-garde est sur la crête au nord de Pretz-en-Argonne.
2. L'artillerie vient la rejoindre.

3. Le gros vient.

4. L'avant-garde, couverte par des pointes et de petites flancs-gardes, se porte sur la hauteur à 800 mètres au sud-est d'Evres. L'artillerie est prête à la soutenir.

5. L'artillerie vient la rejoindre.

6. Le gros vient, etc.

91. Marche d'approche en formation massée.

Dans le passage d'un dispositif de marche sur route à un dispositif de combat, les troupes sont appelées à se déplacer à travers champs en formations massées.

L'attention se portera en général sur les points suivants :

1° Recherche d'itinéraires, défilés s'il y a lieu des points tenus par l'infanterie ou l'artillerie ennemie, et permettant de conserver la formation adoptée pour la marche ;

2° Mesures de sûreté : procéder comme dans la marche par bonds successifs (voir n° 90) ;

3° Amélioration de certains passages difficiles qu'on ne peut éviter : affecter des travailleurs (génie, sapeurs, etc.), aux têtes de colonnes ;

4° Articulation du dispositif : échelonner les différentes unités de façon à pouvoir passer, sans perte de temps, à la formation de stationnement ou de combat qui devra terminer la marche d'approche.

5° Formation de marche : il n'existe pas de règle précise ; mais si l'on veut conserver le bénéfice de la formation massée, il sera nécessaire que la profondeur de la formation de marche soit voisine de la profondeur qu'on adopterait pour un dispositif de combat. Ceci exigera en général des formations permettant de faire marcher simultanément l'équivalent de 4 à 16 colonnes par 4. La première de ces formations donnera par bataillon une profondeur d'environ 150 mètres, la dernière une profondeur de 50 mètres.

Il y a avantage à accoler les unités, lorsque les différentes colonnes doivent jouir d'une certaine liberté dans le tracé de leur itinéraire.

L'artillerie, qu'elle procède ou non par bonds successifs, devra être encadrée par l'infanterie ou recevoir un soutien spécial.

Exemple 97 (D O).

Une brigade d'infanterie (6 bataillons) est en réserve générale à 1.500 mètres au sud de Neuville. Elle reçoit l'ordre de venir entre le bois Landlut et le Chanet. Les troupes amies occupent le Chanet, Bois Landlut, et la crête à l'est du cimetière de Flélieu.
Le ruisseau de Rampon ne peut être franchi que sur les ponts.

1° *Itinéraire*. — On pourra passer au quatre au pont de la Fontaine, par huit au pont de Rampon, et par quatre au pont au nord de Neuville. Total : 16 hommes de front.

2° *Formation*. — La répartition proportionnelle entre les points de passage obligerait à couper en deux certains bataillons. En conséquence, on fera passer :
1er régiment : 2 bataillons au pont de la Fontaine (profondeur, 800 mètres), 1 bataillon au pont de Rampon (300 mètres).
2e régiment : 2 bataillons au pont de Rampon (600 mètres), 1 bataillon au pont de Neuville (450 mètres).

La formation de marche de la brigade aura, par conséquent, une profondeur de 900 mètres. Afin d'éviter une perte de temps au passage du ruisseau, on marchera à travers champs sur un nombre de colonnes par quatre double de celui que permet le passage, savoir :
Colonne du centre : bataillons successifs en colonne de bataillon (les compagnies en ligne de sections par quatre).
Colonnes d'aile : colonnes de bataillon, les compagnies en ligne de pelotons par quatre.

Exemple 98 (C M, C N).

Un corps d'armée (parti sud) se porte à l'attaque de l'ennemi qui occupe le front Julvécourt, Bois de la Côte, Vadelaincourt. Une colonne ennemie venant du nord est signalée en marche vers Jubécourt.

Situation tactique.   12

Une brigade mixte (6 bataillons, 6 batteries) réunie à 1.500 mètres au sud d'Ippécourt, reçoit l'ordre de se porter au-devant de cette colonne ennemie par les hauteurs à l'ouest de la Cousances.

1° *Itinéraire, articulation, couverture.*

Ici, pas d'obstacle à prévoir pour la marche. On marchera à l'ouest de la grande crête, afin de ne pas être vu des hauteurs à l'est de Julvécourt. Une avant-garde et une flanc-garde (à gauche) sont nécessaires.

Le gros devra pouvoir se déployer rapidement.

L'artillerie marchera d'abord avec le gros; puis elle procédera par bonds successifs dès qu'une rencontre sera possible.

2° *Formation de marche.*

Un bataillon à l'avant-garde. Une compagnie en pointe suivant la crête; deux compagnies en deuxième ligne séparées par un intervalle de 300 mètres; une compagnie en troisième ligne.

Un bataillon en flanc-garde, les compagnies disposées en losange, la compagnie de pointe à hauteur du gros de l'avant-garde.

Quatre bataillons successifs en colonne double, les compagnies à distances et intervalles de 100 mètres.

92. Choix du dispositif de marche.

Les différents systèmes que nous venons d'étudier présentent des propriétés différentes :

1° Au point de vue de la rapidité de la marche ou de l'engagement, ils se classent dans l'ordre suivant : marche en plusieurs colonnes, marche continue en une seule colonne, marche discontinue ;

2° Au point de vue de la sécurité du mouvement et de la souplesse d'orientation, ils se classent dans l'ordre inverse.

Il faut en outre remarquer qu'il existe toute une série de dispositifs intermédiaires. Dans la marche discontinue, on peut, suivant ce qu'on veut risquer, mettre le gros en mouvement plus ou moins de temps avant le moment où les détachements de couverture seront installés. Dans la marche en plusieurs colonnes, les colonnes latérales peuvent se réduire à de simples flancs-gardes.

Ceci posé, le choix sera dicté par la mission et la situation. Si l'offensive doit être prudente, on se rapprochera du type : marche discontinue ; si l'offensive doit être vigoureuse, on se rapprochera au contraire du type : marche en plusieurs colonnes.

93. Colonnes de cavalerie.

En raison de la longueur relativement faible des colonnes, de la rapidité de leur marche, des difficultés moins grandes de la prise de contact avec la cavalerie ennemie, le dispositif de marche d'une colonne de cavalerie présente certaines particularités.

1° *Sûreté éloignée.*

La sûreté est surtout demandée au renseignement, par conséquent à des éléments légers de découverte poussés à distance convenable (n° 46).

2° *Avant-garde.*

Mission beaucoup moins longue et moins complexe que dans une colonne de toutes armes. Sa force habituelle est réduite en conséquence : 2 à 4 escadrons pour une division de cavalerie; une simple pointe pour un escadron.

Fractionnement : trois échelons lorsque l'avant-garde est égale ou supérieure à un escadron.

Pointe : une patrouille (minimum : 6 cavaliers).

Tête : le reste du peloton qui a fourni la pointe.

Gros : le reste de l'avant-garde.

Distance : calculée de façon à couvrir le gros à 3 kilomètres.

Fonctionnement : marche par bonds successifs.

3° *Flanqueurs.*

La sûreté sur les flancs est assurée par de simples patrouilles (flanqueurs) poussées fortement en avant (n° 49).

4° *Arrière-garde.*

Une patrouille pour les petites colonnes; un peloton pour les grosses.

N° 93. — Gén. de Lacroix, p. 33, 35.

5° *Marche du gros.*

Loin de l'ennemi, marche en colonne de route (8 à 9 kilomètres à l'heure).

A proximité de l'ennemi, marche en colonne de manœuvre, par bonds successifs, en arrière de l'avant-garde (n° 89).

Exemple 99 (N).

Un régiment de cavalerie doit se porter de Triaucourt sur Heippes. L'ennemi est à une dizaine de kilomètres à l'est de Récourt-le-Creux.

Choix de l'itinéraire. — Pour éviter le défilé de Saint-André, le colonel décide de passer par Beauzée et Mondrecourt. Colonne de route jusqu'à l'Aire; marche par bonds successifs après le passage de cette rivière.

1° *Service de découverte.*

Trois reconnaissances d'officiers :

a) Foucaucourt, Bulainville, Saint-André, Osches-Souilly, Senoncourt;

b) Evres, Beauzée, Heippes, Récourt-le-Creux;

c) Pretz-en-Argonne, Courcelles-sur-Aire, Courouvre.

2° *Avant-garde.*

Un peloton, marchant par bonds successifs (voir exemple 93) et précédé par une pointe marchant dans les mêmes conditions.

3° *Flanqueurs.*

Sur chaque flanc, une patrouille suivant l'horizon dangereux et marchant à hauteur de la pointe d'avant-garde.

4° *Arrière-garde.*

Une patrouille.

5° *Gros.*

En colonne de route jusqu'à Beauzée, puis deux bonds : 1) vers le signal d'Issoncourt; 2) vers la cote 318.

N. B. — Pour une brigade de cavalerie, la solution pourrait être la même, sauf :

Avant-garde. — Pointe : une patrouille; tête : le reste du peloton; gros : 3 pelotons.

Flanqueurs. — Deux patrouilles sur chaque flanc : une à hauteur de la pointe d'avant-garde, l'autre à hauteur du gros.

Arrière-garde. — 1 peloton.

94. Marches pendant la nuit.

Il y a lieu de considérer : 1° le dispositif de marche pendant la nuit ; 2° le passage au dispositif de jour.

1° Dispositif pendant la nuit.

Infanterie. — On peut resserrer les distances entre les éléments de l'avant-garde et entre l'avant-garde et le gros. Sinon, il conviendra d'organiser soigneusement les liaisons.

Cavalerie. — Ne doit pas être mise en avant de l'infanterie, à l'exception de quelques éclaireurs et des reconnaissances d'officiers.

On pourra la placer :

En queue (départ après la colonne) ;
Sur un itinéraire spécial ;
Derrière l'avant-garde, si les deux solutions précédentes ne peuvent être admises.

Artillerie. — N'est d'aucune utilité pendant la nuit ; mais on ne peut généralement pas l'abandonner, et on est obligé de l'emmener. Lui donner, si possible, un peu de large.

2° Passage au dispositif de jour.

Reprendre des distances normales, s'il y a lieu.
Rappeler la cavalerie en tête.

Exemple 100 (D N).

Un détachement (1 régiment à 4 bataillons, 2 batteries, 2 escadrons) stationné à Heippes doit marcher sur Vaubecourt. Il se porte

N° 94. — Gén. Maillard, p. 155. — Gén. de Lacroix, p. 108 à 125.

sur Beauzée par une marche de nuit, de façon à atteindre l'Aire au point du jour (6 heures du matin).

1) *Dispositif pour la marche de nuit.*

Deux reconnaissances d'officiers : *a*) sur Beauzée, Evres; *b*) sur Courcelles-sur-Aire, Sommaisne, Vaubecourt.

Un peloton de cavalerie à l'**avant-garde** (1/3 en pointe; 2/3 entre la tête et le gros); 1 bataillon **avant-garde**; artillerie entre l'avant-garde et le gros.

Heure de départ : 3 heures du matin (9 kilomètres).

Itinéraire : Mondrecourt - Amblaincourt.

2) *Passage au dispositif de jour.*

Replacer l'artillerie en queue de colonne.

La cavalerie devra se trouver à Amblaincourt à 6 heures du matin. Itinéraire spécial : Mondrecourt - Deuxnouds. Départ d'Heippes à 4 h. 03 du matin.

§ 7. Stationnement.

95. Généralités.

Le stationnement peut être dû à deux nécessités différentes :

Tantôt la troupe veut attendre l'attaque de l'ennemi (stationnement défensif) ;

Tantôt la troupe s'arrête simplement pour se reposer, avec l'intention de reprendre le mouvement en avant (stationnement momentané).

Les méthodes à suivre dans les deux cas sont sensiblement les mêmes. Nous étudierons d'abord le stationnement défensif ; puis nous indiquerons quelques règles spéciales au stationnement momentané.

Enfin, au préalable, la question du cantonnement et celle des avant-postes méritent une attention particulière.

A. Cantonnement.

96. Quelques règles relatives au cantonnement.

Ne pas scinder les unités constituées, si possible (bataillon, escadron, groupe)..

Ne pas donner la même rue à deux unités différentes. Répartir le cantonnement par îlots.

Rechercher la proximité de l'eau pour la cavalerie et l'artillerie.

Ne pas laisser l'artillerie seule dans un cantonnement.

97. Capacité d'un cantonnement.

Cantonnement ordinaire (occupation de tous les locaux). Compter 10 hommes par habitant dans les localités agricoles, 5 hommes dans les villes. — On compte aussi 2 mètres carrés par homme et 3 mètres carrés par cheval.

Cantonnement-bivouac. — 40 à 50 hommes par habitant.

Cantonnement d'alerte (occupation limitée aux rez-de-chaussée). — Il semble qu'on ne puisse guère compter plus de la moitié d'un cantonnement ordinaire.

Pour permettre au lecteur de s'exercer à évaluer à vue, d'après la carte au 1/80.000°, la capacité d'un cantonnement, nous donnons ci-après la population des communes portées sur la carte au 1/80.000° annexée au présent ouvrage (d'après le *Dictionnaire des communes*) :

Amblaincourt.	55	Clermont-en-Argonne.	1.252
Autrécourt.	306	Courcelles-sur-Aire.	150
Auzéville.	526	Courouvre.	162
Beaulieu.	263	Deuxnouds.	166
Beauzée.	581	Eclaires.	273
Belval.	215	Evres.	280
Brizeaux.	321	Fleury-sur-Aire.	247
Bulainville.	204	Foucaucourt.	505
Charmontois-l'Abbé.	209	Froidos.	317
Charmontois-le-Roi.	211	Futeau (et écarts).	933
Chaumont-sur-Aire.	343	Heippes.	245
Le Chemin.	200	Ippécourt.	305

N° 96. — Gén. Maillard, p. 158. — Gén. Langlois, *Artillerie*, I, p. 413.

N° 97. — *Frœschwiller*, p. 14, 16.

Issoncourt.	126	Récourt-le-Creux.	271
Jubécourt.	159	Rignaucourt.	63
Julvécourt.	226	Saint-André.	169
Lavoye.	340	Senard.	210
Lemmes.	213	Senoncourt.	307
Lempiré.	89	Seraucourt.	85
Mondrecourt.	85	Sommaisne.	69
Neuville-en-Verdunois.	261	Les Souhesmes.	272
Nubécourt.	257	Souilly.	630
Osches.	138	Triaucourt.	860
Passavant.	800	Vadelaincourt.	116
Pretz-en-Argonne.	223	Vaubecourt.	802
Rampont.	166	Ville-sur-Cousances.	240
Rambluzin (et écarts).	399	Waly.	317
Rarécourt.	687		

98. Répartition d'une troupe entre plusieurs cantonnements.

Lorsque la marche doit reprendre le lendemain, la profondeur de la zone de cantonnement peut se rapprocher de la profondeur de la colonne en marche.

Exemple 101 (A N, B N).

Une division est en marche vers l'est par Charmontois, Senard, Triaucourt, Evres. Cantonner la division, en supposant que la tête doive s'arrêter à Evres.

La colonne couvrant 12 kilomètres, la répartition pourra être la suivante :

1" régiment, escadron divisionnaire, génie.... Evres.

2° régiment, artillerie divisionnaire............ Triaucourt.

3° régiment.. { 2 bataillons.................... Triaucourt.
{ 2 bataillons.................... Senard.

4° régiment. .... { Charmontois
{ (l'Abbé et le Roi).

N. B. — Les cantonnements d'Evres et de Senard sont un peu serrés; mais il vaut mieux ne pas scinder des unités constituées.

N° 98. — Gén. Maillard, p. 152. — Gén. Bonnal, *passim*.

B. Avant-postes.

99. Eléments essentiels d'un dispositif d'avant-postes.

1° *But.*

Couvrir une troupe arrêtée, au bivouac ou au cantonnement, par conséquent (n° 45) :

Renseigner le commandement sur l'approche de l'ennemi ;

Lui réserver l'espace dont il a besoin ;

Lui procurer le temps nécessaire.

2° *Eléments essentiels.*

1° Une ligne de résistance, jalonnée par des grand'gardes (1/2 à 1 compagnie) chargées de tenir les points dangereux, c'est-à-dire les points d'appui résumant l'horizon dangereux (n° 5) ou le débouché (n° 32). Cette ligne de résistance est la pièce principale du système ;

2° Une ligne de surveillance : sentinelles, fournies par des petits postes, et dont la mission est d'avertir la grand'garde de tout danger immédiat ;

3° Un service d'informations, poussé à une certaine distance en avant : patrouilles de cavalerie ou d'infanterie, reconnaissances ;

4° Une ou plusieurs réserves destinées à prolonger la résistance des grand'gardes, soit en les renforçant, soit en les recueillant (1), soit en manœuvrant pour les dégager.

N°° 99 et **100.** — Col. Foch, *Principes*, p. 57. — Gén. Maillard, p. 345, 354 à 362. — Comm. de Grandmaison, p. 153. — Gén. de Lacroix, p. 163.

(1) En outre des avant-postes proprement dits, la sécurité rapprochée des cantonnements est assurée par des postes aux issues de la localité (n° 51).

Les dispositions d'avant-postes étant très variables, nous indiquons successivement un dispositif moyen et deux variantes.

100. Avant-postes.

Le dispositif habituel a les caractéristiques suivantes :

1° Ligne de résistance continue. Les points importants de la ligne de résistance sont occupés par des grand'gardes suffisamment rapprochées pour obliger l'adversaire à prendre des dispositions d'attaque ;

2° Ligne de surveillance discontinue. Chaque grand'garde se couvre pour son propre compte ;

3° Service d'informations effectué par la cavalerie et poussé au minimum à la crête en avant de la ligne de résistance ;

4° Une réserve dans chaque secteur de deux ou trois grand'gardes.

Exemple 102 (C N).

Un régiment d'infanterie, cantonné à Pretz-en-Argonne et Sommaisne, se couvre par des avant-postes dans la direction de Foucaucourt.

1° Ligne de résistance et ligne de surveillance.

Ligne de résistance : crête au nord de Pretz-en-Argonne.

Grand'garde n° 1. — Une compagnie à la masse d'arbres (saillant nord). Postes : 1 escouade dans chacun des ravins est-ouest aboutissant à l'emplacement de la grand'garde; 1 section à 500 mètres au nord (poste de résistance).

Grand'garde n° 2. — Une compagnie, en arrière de la crête, entre la route Evres - Pretz-en-Argonne et la route Evres - Vaubecourt. Postes : 1/2 section à la crête (patrouilles surveillant le ravin de la Presle); 1/2 section au pont sur la Presle de la route Pretz-en-Argonne, Triaucourt (patrouilles surveillant le bois de la Grande-Brouenne).

Postes spéciaux : 1 section à 260; 1 section à 800 mètres au sud-est de 234.

2° Service d'informations.

Patrouilles de cavalerie sur la crête 239-263.

3° *Réserve d'avant-postes.*

Les avant-postes sont trop rapprochés du cantonnement pour qu'il y ait lieu d'établir une réserve spéciale; mais les deux compagnies disponibles du bataillon qui fournit les avant-postes seront en cantonnement d'alerte dans la partie nord de Pretz-en-Argonne.

Exemple 103 (B N).

Couvrir par des avant-postes, face à l'est, une troupe stationnée à Triaucourt. Effectif disponible : 2 bataillons.

Ligne de résistance.

Cote 213, Franc-Bois, 217, cote 204.

Secteur n° 2 :

Grand'garde n° 4 : 213.

Grand'garde n° 3 : Franc-Bois.

Réserve d'avant-postes : vers le *Ch* de Chapelle de Menoncourt.

Secteur n° 1 :

Grand'garde n° 2 : bois 217.

Grand'garde n° 1 : petit bois sur les pentes nord-est de 204.

Poste spécial à la ferme d'Arcéfays (1 section).

Réserve d'avant-postes : à l'ouest de la crête 204.

Cavalerie.

Patrouilles vers 237, 263, masse d'arbres.

101. Avant-postes. — Variantes.

Deux nécessités antagonistes font varier les dispositifs :

1° Ménager les forces des hommes, ce qui incite à diminuer les effectifs ;

2° Réaliser la sûreté nécessaire, ce qui incite à renforcer les effectifs.

A. *Minimum de sûreté.* — Ligne de résistance et ligne de surveillance discontinues.

On se contente de la sûreté par le renseignement (n° 46) et on place sur les principales avenues (routes, che-

---

N° 101. — Gén. Maillard, p. 377. — Gén. de Lacroix, p. 166.

mins, etc.) des postes qui ont pour mission de donner l'alarme.

B. *Maximum de sûreté*. — Ligne de surveillance et ligne de résistance continues.

Avant-postes réguliers plus ou moins serrés et avant-postes de combat.

Exemple 104 (C N). Suite de l'exemple 102.

A. *Effectif consacré aux avant-postes : 4 sections.*

2 sections : route d'Evres (pont sur la Presle).
1 section : route de Triaucourt (pont sur la Presle).
1 section : chemin de Bulainville (masse d'arbres).

B. *Effectif des avant-postes : 2 bataillons.*

1ᵉʳ bataillon : 1 compagnie au nord de la masse d'arbres; 1 compagnie à l'intersection de la crête et de la route d'Evres à Pretz-en-Argonne (retranchée); 2 compagnies, réserve, au sud de la masse d'arbres.
2ᵉ bataillon : 1 compagnie, intersection de la crête et de la route Evres - Vaubecourt; 1/2 compagnie, pont sur la Presle; 2 compagnie et demie, réserve, carrefour des routes Evres - Vaubecourt et Pretz - Triaucourt.

Exemple 105 (D N). Suite de l'exemple 103.

A. *Effectif des avant-postes : 3 à 4 compagnies.*

1 compagnie : cote 213.
1 compagnie : chapelle de Menoncourt.
1 compagnie : bois du mamelon 204.
1 ou 2 sections : ferme d'Arcéfays.

B. *Effectif des avant-postes : 4 bataillons.*

1ᵉʳ bataillon : 2 compagnies à 213; 1 compagnie, Franc-Bois; 1 compagnie, chapelle de Menoncourt.
2ᵉ bataillon : réserve, vers Ch de Chapelle de Menoncourt.
3ᵉ bataillon : 1 compagnie, 217; 2 compagnies, bois 204; 1 compagnie, fontaine Josselin.
4ᵉ bataillon : 1 compagnie, ferme d'Arcéfays; 3 compagnies, réserve, à l'ouest de 204.

102. Avant-postes pendant la nuit.

Le dispositif de nuit est naturellement très voisin du dispositif de jour, lorsqu'il doit le précéder ou le continuer. Les principales modifications sont les suivantes :

1° On garde solidement les routes et les chemins. On abandonne, au besoin, les points dominants, où les grand'gardes se sont établies pendant le jour, mais qui n'ont plus de valeur pendant la nuit ;

2° Les grand'gardes (ou les bataillons d'avant-postes) prennent un dispositif préparatoire à un combat de nuit (n° 69).

Quand les avant-postes sont pris pendant la nuit, et pour la nuit seulement, on leur donne habituellement un effectif réduit (n° 101). Pour le reste, se conformer aux indications ci-dessus.

Exemple 106.

Dans le cas de l'exemple 102, la grand'garde n° 1 peut rester en place. La grand'garde n° 2 se rapprochera de la route Evres - Pretz-en-Argonne, et poussera un poste d'une section au pont sur la Presle.

Dans le cas de l'exemple 103, la grand'garde n° 4 sera maintenue; la grand'garde n° 3 s'appuiera (n° 64) à la ferme de Longues-Poies; la grand'garde n° 2 occupera la corne sud-est du bois 217; enfin la grand'garde n° 1 sera maintenue sur place.

103. Avant-postes d'une troupe de cavalerie.

La cavalerie ne pouvant pour ainsi dire pas résister en dehors des points d'appui couverts, le temps à gagner est obtenu :

Par la distance à laquelle est poussé le service de sûreté éloignée (information);

Par la résistance organisée dans le cantonnement (1).

N° 102. — Comm. de Grandmaison, p. 164.

(1) En comparant avec l'infanterie, on voit que la ligne de résistance, au lieu de se trouver à l'horizon dangereux pour le cantonnement, est reportée au cantonnement lui-même; et la défense de ce dernier devient partie intégrante du dispositif d'avant-postes, au lieu d'être simplement, comme dans l'infanterie, une mesure supplémentaire.

Le dispositif habituel comprend :

1° Sûreté éloignée. Reconnaissances d'officiers poussées à distance suffisante;

2° Postes rapprochés destinés à donner l'alarme. Maximum habituel : 1/2 peloton. Chaque poste est fourni par l'unité qu'il couvre;

3° Défense des cantonnements par quelques unités pied à terre. Chercher à se protéger par un obstacle passif (cours d'eau, voie ferrée, etc.) de façon à pouvoir se limiter à la défense de quelques points d'accès faciles à barricader.

Lorsqu'on peut choisir le cantonnement, voir nᵒˢ 35 et 96.

N. B. — Les grosses unités de cavalerie peuvent aussi se couvrir par des postes plus forts occupant une ligne de localités en avant de la zone des cantonnements.

Exemple 107 (C N).

Une division de cavalerie venant de l'ouest doit cantonner dans la région Triaucourt, Evres, Foucaucourt. Un fort parti de cavalerie ennemie a été signalé à l'est de la forêt de Souilly.

Cette division se couvre par quatre escadrons portés sur l'Aire et qui ont pour mission de tenir les ponts de Fleury-sur-Aire, Nubécourt et Beauzée. — Les ponts de Lavoye et Autrécourt sont surveillés par d'autres fractions.

DISPOSITIF D'AVANT-POSTES.

1° *Sûreté éloignée.*

Quatre reconnaissances d'officiers : *a)* vers Lempire; *b)* vers Senoncourt; *c)* vers Rambluzin; *d)* vers Courouvre.

2° *Fleury-sur-Aire. — 1 escadron.*

Postes : 1/2 peloton à l'arbre d'Ippécourt.
Défense du cantonnement : 2 pelotons pied à terre au pont au nord-est du village; 1 peloton au pont au sud-est. (Ne se portent à leurs emplacements qu'en cas d'alerte.)

3° *Nubécourt. — 2 escadrons.*

Postes : 1 escouade vers Bois-Bas, 1 escouade vers Bois-Sauny, 1 escouade vers 294.
Défense du cantonnement : 2 pelotons, lisière nord et pont au nord-est du village; 2 pelotons, lisière sud de Nubécourt et pont de Bulainville.

4° *Beauzée. — 1 escadron.*

Postes : 1 escouade vers 294, Deuxnouds; 1 escouade vers Seraucourt, lisière est du Chanet.
Défense du cantonnement : 1 peloton, pont de Beauzée; 1 peloton, lisière sud.

C. — STATIONNEMENT DÉFENSIF.

104. Emploi de la cavalerie dans le stationnement défensif.

1° Mêmes nécessités et même échelonnement que pour la marche :

a) Exploration. Vérifier si l'ennemi s'avance suivant telle ou telle direction.

b) Sûreté de 1ʳᵉ ligne. Reconnaissance de l'ennemi; action retardatrice contre ses colonnes.

c) Sûreté rapprochée. Préservation contre la cavalerie ennemie.

2° Le front à surveiller est parfois considérable. Dans ce cas, il peut être nécessaire de le diviser en secteurs et de fractionner la cavalerie en attribuant une unité à la surveillance de chaque secteur.

Exemple 108 (C N, D N).

Une division d'infanterie, renforcée d'un régiment de cavalerie, a pour mission de défendre, face à l'est, les passages de l'Aire à Fleury-sur-Aire, Nubécourt, Bulainville. L'ennemi occupe Vadelaincourt, Lemmes, Senoncourt.

RÉPARTITION DE LA CAVALERIE.

a) Reconnaissances d'officiers.

N° 1. Surveiller l'itinéraire Ippécourt, Vadelaincourt.
N° 2. Surveiller l'itinéraire Saint-André, Souilly, Senoncourt.

b) Gros de la cavalerie.

Région d'Ippécourt. Se couvre par des pointes en avant (crête au nord d'Osches) et sur les flancs (hauteurs à l'ouest de Julvécourt et au sud de Saint-André).

c) Escadron divisionnaire.

Sûreté rapprochée.

N° 104. — Gén. Langlois, *Artillerie*, II, p. 69.

Exemple 107 (C N).

Une colonne en marche d'Evres sur Souilly a constitué à Ippécourt une flanc-garde fixe comprenant : 4 bataillons d'infanterie,
2 batteries, 2 escadrons, et qui a pour mission de couvrir le flanc
gauche de la colonne entre Nubécourt et Souilly. L'ennemi est en
marche sur Jubécourt et Rampont.

RÉPARTITION DE LA CAVALERIE.

a) Reconnaissances.

N° 1 (officier) : Julvécourt, Jubécourt.
N° 2 (sous-officier) : Lavoye, Rarécourt.
N° 3 (officier) : bois de la Côte, Souhesme, Rampont.

b) Gros de la cavalerie.

1 escadron vers Julvécourt.
1/2 escadron vers la lisière nord du bois de Souhesme.

c) Sûreté rapprochée.

1/2 escadron.

105. Constitution des détachements de sûreté en avant. Avant-gardes.

Le gros peut se trouver, soit à proximité de la position
à défendre, soit en arrière de cette position.

Il en résulte que les avant-gardes peuvent être poussées,
soit en avant de la position à défendre, soit sur cette position.

a) AVANT-GARDES EN AVANT DE LA POSITION A DÉFENDRE.

1° *But.*

a) Couvrir le gros ;
b) Reconnaître l'ennemi (n° 78) ;
c) Retarder l'ennemi pour donner au gros le temps de
prendre ses dispositions.

N° **105.** — Col. Foch, *Principes*, p. 72, 90. — Gén. Langlois,
Artillerie, I, p. 449.

2° *Nombre.*

Dépend de l'étendue du secteur à surveiller et de la facilité plus ou moins grande avec laquelle il peut se résumer.

3° *Mode d'action.*

Résistance limitée ou manœuvre en retraite.

4° *Force.*

Elle paraît limitée par deux considérations. Trop faibles, les avant-gardes ne pourraient retarder l'ennemi sans se compromettre ; trop fortes, elles pourraient céder à la tentation de s'engager.

Par analogie avec ce qui a été dit plus haut (n° 83), on peut admettre que l'effectif global des détachements poussés en avant du front ne doit pas dépasser le tiers ou le quart de la troupe à couvrir.

5° *Composition.*

Les trois armes, autant que possible. L'artillerie devant pouvoir être gardée par son infanterie, il est dangereux d'en donner aux détachements inférieurs à un bataillon.

6° *Distance.*

Maxima : résulte de la force du détachement.
Minima : résulte du temps qu'il doit gagner.
Moyenne : calculée de façon que le détachement ait, soit une position forte, soit deux ou trois positions successives à sa disposition en avant du front.

b) AVANT-GARDES POUSSÉES SUR LA POSITION A DÉFENDRE.

1° *But, nombre et composition.*

Comme ci-dessus.

Situation tactique.   13

2° *Mode d'action.*

Résistance sur place.

3° *Force.*

Leur force globale peut atteindre l'effectif que l'on compte consacrer à la défense directe de la position.

4° *Distance du gros.*

Lorsque l'emplacement de l'avant-garde est imposé, le gros doit en être assez rapproché pour pouvoir la soutenir à temps.

N. B. — Bien que la question de l'avant-garde en station soit la corrélative de la question de l'avant-garde en marche, elle est en réalité beaucoup plus complexe. Elle ne peut être mise au point que par l'étude de la situation.

Exemple 110 (B N).

Un détachement (1 peloton de cavalerie, 1 régiment d'infanterie à 4 bataillons, 2 batteries) a pour mission de tenir le débouché d'Evres, face à l'ouest. L'ennemi est à Brizeaux.
Position à défendre : crête bois de Soisy, la Tuilerie.

CONSTITUTION DES AVANT-GARDES.

Premier cas. — Avant-gardes en avant de la position à défendre.
Directions dangereuses : Franc-Bois et cote 213, Foucaucourt et Brizeaux.
Avant-gardes : 1° 2 compagnies au Franc-Bois; 2° 2 compagnies : cote 224 et mamelon au nord.
Deuxième cas. — Avant-gardes sur la position à défendre : 1° un bataillon : 237 et environs; 2° 2 compagnies : bois de Soisy.

Exemple 111 (D N).

Une division (4 régiments d'infanterie, 2 escadrons, 9 batteries) stationnée dans la région Souilly - Heippes a pour mission de maintenir cette région libre contre un adversaire venant de l'ouest.
Mode d'action de la division : contre-offensive sur l'ennemi au moment où il cherchera à déboucher des défilés.

CONSTITUTION DES AVANT-GARDES.

1° Bois Blandin : 1 bataillon, 1 batterie, 1 peloton de cavalerie (défilé entre le bois Blandin et le bois d'Ahaye; combat en retraite sur Mondrecourt).

2° Région de Saint-André : 2 bataillons, 2 batteries, 1/2 escadron (défilé de Saint-André - Heippes et de Saint-André - Souilly; résistance vigoureuse; retraite sur le défilé que l'ennemi laissera libre).

3° Région d'Osches : 1 bataillon, 1 batterie, 1 peloton de cavalerie (défense du saillant boisé à l'est d'Osches).

106. Constitution de détachements de sûreté sur les flancs de la position à défendre. — Flancs-gardes.

1° *But.*

Empêcher la position d'être tournée, lorsqu'elle n'est pas appuyée à un obstacle infranchissable.

2° *Force et emplacement.*

Voir n° 50.

Exemple 112 (B N).

Un détachement (4 bataillons, 2 batteries, 1 escadron) a pour mission de défendre face à l'ouest la cote 213. Sa retraite ultérieure se fera par Evres.

CONSTITUTION DES FLANCS-GARDES.

1° Flanc droit. Mamelon à 1.800 mètres au nord-nord-ouest de 213 : 1 compagnie que viendra rejoindre le gros de l'escadron.

2° Flanc gauche. Lisières ouest du Franc-Bois : 2 compagnies.

Exemple 113 (D O).

Un détachement doit effectuer une résistance limitée sur le plateau du bois Landlut contre un ennemi venant du nord-est.

1° Flanc droit. On ne peut être canonné. Un poste de cavalerie suffit.

2° Flanc gauche. Même situation. Un poste de cavalerie à la corne sud du bois de Neuville.

N.-B. — Dans les exemples 110 et 111, la sûreté des flancs sera assurée par les échelons de repli des avant-gardes. Il suffira que le gros prenne des mesures de sûreté rapprochée (n° 51).

N° 106. — Gén. Langlois, *Artillerie*, I, p. 458.

107. Stationnement défensif.

Dans le stationnement défensif, le gros peut être réuni en une masse principale couverte par une ou plusieurs avant-gardes ou flancs-gardes,

L'attention se portera sur les points suivants :

1° Service de sûreté (cavalerie, avant-gardes, flancs-gardes).

2° Dispositif du gros :

a) Emplacement ;

b) Couverture rapprochée, s'il y a lieu (n° 51) ;

c) Formation du gros qui peut être, soit réuni en une seule masse, soit *articulé* en plusieurs groupes à portée des points intéressants.

Exemple 114 (B N, C N).

Une colonne en marche de Fleury-sur-Aire sur Osches a constitué au Poirier de Lavoye une flanc-garde comprenant 4 bataillons, 2 escadrons, 2 batteries. L'ennemi est signalé vers le nord.

DISPOSITIF DE CE DÉTACHEMENT.

Position à défendre : crête du Poirier de Lavoye.

1° *Service de sûreté.*

Cavalerie. — Deux reconnaissances : hauteurs à l'est du Cousances, hauteurs à l'ouest. 1 escadron et demi à hauteur de Ville-sur-Cousances. 1 peloton avec l'avant-garde; 1 peloton avec le gros.

Avant-garde. — 1 bataillon (3 compagnies) vers la cote 276. Retraite ultérieure par le bois du Fer.

Flancs-gardes. — A gauche, patrouilles de cavalerie. A droite : 1 compagnie (du bataillon d'avant-garde) entre Gironcélé et 299.

2° *Gros* (3 bataillons, 2 batteries).

Abrité au sud de la crête du Poirier de Lavoye : 2 bataillons à l'ouest de la longue crête orientée nord-sud; 1 bataillon à l'est.

N° **107**. — Gén. Langlois, *Artillerie*, II, p. 451. — *Frœschwiller*, p. 81.

Exemple 115.

Une brigade mixte (6 bataillons, 2 escadrons, 6 batteries) a pour mission de tenir le ruisseau des Avies entre Foucaucourt et Brizeaux, ces deux points inclus. L'ennemi est à 10 kilomètres au sud de Triaucourt.

Position à défendre : Brizeaux, Foucaucourt et zone au nord.

1° *Service de sûreté.*

Cavalerie. — Reconnaissances sur : *a*) Senard, Belval; *b*) Triaucourt, Yvraumont; *c*) Evres, Vaubecourt. 1 escadron et demi vers Triaucourt. 1/2 peloton à chaque avant-garde; 1 peloton à la disposition du général.

Avant-gardes. — 1° 1/2 peloton de cavalerie, 1 bataillon, 1 batterie vers la cote 213 (retraite éventuelle vers Brizeaux); 2° 1/2 peloton de cavalerie et 1 bataillon à Foucaucourt et crête au sud.

Flancs-gardes. — Pas nécessaires pour le moment.

2° *Gros.*

2 bataillons à l'ouest de Waly. 1 bataillon à proximité du mamelon au nord-est de Brizeaux. 1 bataillon au nord de 206.

108. Stationnement Défensif. — Variantes.

En ce qui concerne la répartition du gros proprement dit, on peut concevoir deux variantes :

1° Dispositif en profondeur. Gros échelonné sur plusieurs positions successives. C'est le dispositif préparatoire à la manœuvre en retraite (n° 67) ;

2° Dispositif en largeur (linéaire). Gros réparti en plusieurs groupes accolés dans le sens de la largeur. Dispositif de barrage pur et simple (n° 67).

Exemple 116. Suite de l'exemple 114.

1° *Dispositif en profondeur.*

2 bataillons et artillerie : crête 276-238 (une compagnie flanc-garde au bois de Gironcélé).

2 bataillons : Poirier de Lavoye.

2° *Dispositif linéaire.*

1 bataillon : Lavoye.
2 bataillons et artillerie : Poirier de Lavoye.
1 bataillon : pentes au nord d'Ippécourt.

Exemple 117. Suite de l'exemple 115.

1° *Dispositif en profondeur.*

1 régiment, 6 batteries : 213, 224.
1 bataillon : bois l'Abbé. 1 bataillon : bois de Saint-Maxe. 2 bataillons : à l'ouest de Waly.

2° *Dispositif linéaire* (pour 4 bataillons).

2 bataillons : Brizeaux et abords.
2 compagnies : mamelon à 2.000 mètres à l'est.
1 bataillon et demi : Foucaucourt et abords.

109. Choix du dispositif de stationnement.

Les dispositifs que nous venons d'indiquer ont des propriétés différentes.

Le dispositif en profondeur vise surtout une série de résistances limitées.

Le dispositif indiqué au n° 107 est souple. Il permet de voir venir et de s'engager dans de bonnes conditions. Il se prête à un combat d'intensité ordinaire.

Le dispositif linéaire donne immédiatement toute sa puissance ; mais on ne peut changer son orientation.

Le choix entre ces différents dispositifs est déterminé par l'étude de la mission et de la situation.

D. STATIONNEMENT MOMENTANÉ.

110. Avant-garde dans le stationnement momentané.

La troupe n'est pas encore sur son terrain de combat. Elle doit se mettre en mesure de s'y rendre en sûreté.

N° **110.** — Gén. Maillard, p. 295, 403. — *Frœschwiller*, p. 81.

D'où les règles suivantes :

1° Forte avant-garde tenant les débouchés nécessaires pour permettre la reprise du mouvement, et se couvrant par des avant-postes ;

2° Détachements de couverture sur les flancs, s'il y a lieu.

Exemple 118 (D N).

Une division cantonne à Souilly, Heippes, Rambluzin. Elle doit, le lendemain, se porter sur Bulainville et Fleury-sur-Aire.
L'ennemi occupe Triaucourt.
1° Pousser à Saint-André : 1/2 escadron divisionnaire, 1 régiment, 1 à 3 batteries. Ligne de résistance jalonnée par : le Fréty, Bois-Bas, Bois-Sauny, bois de Renonlieu.
2° Sur les flancs, les avant-postes des cantonnements suffiront.

Exemple 119 (A N).

Une division cantonne à : le Chemin, Eclaires, Grigny, Gumont. Elle doit le lendemain se porter sur Beauzée par Foucaucourt.
L'ennemi est signalé dans la région Heippes, Neuville-en-Verdunois.
1° Pousser à Brizeaux : escadron divisionnaire, 1 régiment, 1 batterie. Ligne de résistance : Saint-Maxe, mamelon à 2.000 mètres à l'est de Brizeaux, Triaucourt.
2° Flanc droit : 1 bataillon à Senard.

111. Emploi de la cavalerie.

Le stationnement momentané a pour but le repos des troupes. On doit ne demander à la cavalerie que l'indispensable et simplifier dans la mesure convenable le service indiqué au n° 104.

1° *Exploration.* (Gros de la cavalerie ou reconnaissances d'officiers.)

Pour mémoire. Se conforme à sa mission.

2° *Sûreté de 1ʳᵉ ligne.*

Si l'effectif est égal ou supérieur à un régiment, la cavalerie peut rester en avant. Elle se couvre pour son compte.
Toutefois, les avant-postes de cavalerie ayant une très faible puissance, il vaut mieux ne pas laisser la cavalerie en avant si elle doit y être exposée à une attaque de l'infanterie ennemie.

Quand l'effectif est moindre, agir comme pour la cavalerie divisionnaire.

3° *Cavalerie divisionnaire* (sûreté rapprochée).

Couvre le déploiement des avant-postes.
Participe au service de jour.
Rentre à l'intérieur des lignes d'infanterie pendant la nuit.

EXERCICES.

48. — A quelle distance doivent aller chercher le renseignement :

1° Une troupe d'infanterie qui a besoin d'une heure. Adversaire : une troupe d'infanterie.

2° Une troupe de cavalerie qui a besoin d'une heure. Adversaire : une troupe de cavalerie.

Cas où le renseignement est apporté par un cavalier, un vélocipédiste, le télégraphe (n° 46).

49 (B N). — Une troupe stationnée à Foucaucourt veut se couvrir dans les directions de l'est et du nord.

Différents procédés qu'elle peut employer (n° 47).

50 (B N). — Un parti Est a accepté le combat face à l'ouest sur la ligne Brizeaux, Aubercy, Triaucourt. Couverture des deux flancs (n° 50).

51 (C O). — Une colonne venant du sud-est en marche par Varifontaine et Sommaisne sur Pretz-en-Argonne.

La cavalerie signale que Sommaisne et la croupe au nord sont occupés. Les points voisins à droite et à gauche sont libres.

Le bataillon de tête reçoit l'ordre de refouler l'ennemi.

Engagement (n° 52).

52 (B N). — Une colonne est en marche de Triaucourt sur Evres. Elle rencontre l'ennemi (1 ou 2 compagnies) à la lisière ouest du bois de Soisy. La fontaine de la Tuilerie, le bois 217 et la croupe à l'est ne sont pas occupés.

Le bataillon de tête reçoit l'ordre de refouler l'ennemi.

Engagement (n°° 52, 6, 49).

53 (B N). — L'ennemi occupe face à l'est le front : bois l'Abbé, bois à l'ouest de la fontaine de Royan, croupe 237, fontaine de la Tuilerie, bois de Soisy.

Attaque de la cote 237 par une troupe venant de l'est (bois de la Héronnière). Les troupes voisines attaquent le bois l'Abbé et le bois de Soisy.

Effectif consacré à l'attaque : 4 bataillons, 3 batteries.

Attaque (n° 53). Variantes (n° 54). Enlèvement (n° 55).

54 (C N). — L'ennemi occupe, face à l'ouest, les hauteurs à l'ouest de l'Aire (274, 263, 264, croupe à l'ouest de Beauzée).

Attaque de la cote 264 par une troupe venant du sud-ouest (Pretz-

en-Argonne). Les troupes voisines ont pour objectifs 263 et Beauzée.

Effectif consacré à l'attaque : 4 bataillons, 3 batteries.

Attaque (n° 53). Variantes (n° 54). Enlèvement (n° 55).

55 (C N). — Même hypothèse que ci-dessus (ex. : 54); mais l'ennemi
a son aile droite à 263.

Attaque de cette aile droite par une troupe partant de 237 (4 bataillons, 3 batteries).

L'aile gauche des troupes amies est vers l's de fontaine de Cousson.

Attaque (n° 53). Enveloppement (n° 56). Enlèvement (n° 55).

56 (C N). — L'ennemi occupe la rive gauche de l'Aire, face à l'est.

Attaque de Fleury-sur-Aire par une troupe venant de l'est (n° 56).

Effectif disponible pour cette attaque : 4 bataillons, 1/2 compagnie
du génie, 2 batteries.

Les troupes voisines attaquent Autrécourt et Nubécourt.

N. B. — L'Aire est bordée d'arbres. On supposera qu'il est possible de construire des passerelles sur place.

57 (B N, C N). — L'ennemi occupe la rive gauche de l'Aire, face
à l'est.

Attaque de Rarécourt par une troupe venant de l'est (Jubécourt,
Ville-sur-Cousance) (n° 56).

Effectif disponible pour cette attaque : 4 bataillons, 3 batteries,
1/2 compagnie du génie.

Les troupes voisines attaquent Froidos et la croupe au sud-ouest
d'Autréville.

L'Aire est franchissable dans les mêmes conditions que ci-dessus
(ex. 56).

58 (D M, E M). — L'ennemi occupe, face au défilé de Senoncourt,
les lisières nord des bois d'Hargueule, de Demangelion, de Favrulle, de Vauzeljotel, des Loges.

Attaque du bois de Favrulle par 2 bataillons venant de Senoncourt et appuyés par 2 batteries (n° 57).

Les troupes voisines attaquent le bois de Demangelion et le bois
des Loges.

59 (D N). — L'ennemi occupe face au sud le front : bois au sud
d'Osches, Souilly, cote 321.

Attaque de Souilly par une brigade d'infanterie (6 bataillons) venant du sud, appuyée par 6 batteries (n°° 58, 59, 56, 51).

60. — Même situation que dans l'exemple 58.

Attaque de la position ennemie par une brigade et 6 batteries débouchant de Senoncourt.

Variantes (n°° 58, 59).

61 (B N). — L'ennemi occupe le front Saint-Maxe, Waly, bois
l'Abbé, Bois-le-Comte.

Attaque de cette position par une division venant du sud (Triaucourt et Evres).

Variantes (n°° 58, 59).

62 (D N). — Défense, face au nord, de la cote 342 par 3 bataillons et 2 batteries.

Points tenus par les troupes voisines : corne est du bois d'Ahaye, cote 318.

Variantes (n°° 62, 63).

63 (E O). — Défense, face au nord-ouest, du signal de la chapelle Sainte-Anne, par 4 bataillons et 3 batteries.

Points tenus par les troupes voisines : mamelon au nord du mot Aire (de Chaumont-sur-Aire); ferme du Haut-Champ.

Variantes (n°° 62, 63).

64 (E N). — Défense de Rambluzin, face à l'ouest, par 2 bataillons et 1 batterie.

Points tenus par les troupes voisines : bois de Claire-Côte, bois de Rambluzin.

Variantes (n°° 64, 65).

65. — Etudier la défense des points indiqués aux exercices n°° 53 à 58.

Prendre pour la défense un effectif égal aux 2/3 ou aux 3/4 de celui indiqué pour l'attaque.

Prendre comme points tenus par les troupes voisines les points assignés comme objectifs aux troupes assaillantes voisines de celle étudiée.

Etudier : 1° résistance (n°° 62, 64).

2° Variantes (n°° 63, 65).

66. — Défense des positions indiquées aux exercices 60 et 61 :

Par un régiment et 3 batteries pour l'exercice 60;

Par une brigade et 6 batteries pour l'exercice 61.

1° Résistance. 2° Variantes (n°° 66, 67).

67 (C N). — Un escadron venant de l'est est en marche d'Ippé-court sur Waly par Feury-sur-Aire.

a) Reconnaissance de Fleury-sur-Aire (n° 71).

b) L'ennemi occupe Fleury-sur-Aire. Reconnaissance de la ligne de l'Aire (n° 72).

68 (N). — Une reconnaissance d'officier (1 officier, 8 cavaliers) part de Brizeaux et a pour objectifs successifs : Fleury-sur-Aire, Osches, Senoncourt.

Conduite de cette reconnaissance (n°° 73, 89, 91).

69 (D E). — Une reconnaissance d'officier (1 officier, 6 cavaliers) est partie de Chaumont-sur-Aire avec mission de surveiller l'itiné-raire : Issoncourt, Heippes, Souilly, Senoncourt.

En arrivant au signal de la Gargasse (2.500 mètres nord-est de Souilly), elle voit la tête d'une colonne ennemie entrer dans Senon-court.

Conduite de cette reconnaissance (n°° 71, 73, 89).

70 (N). — On veut, en partant du chemin, reconnaître jusqu'à l'Aire la trouée comprise entre la forêt d'Argonne et les bois au sud de Triaucourt.

Procédés à employer (n° 74).

71 (B N). — Une colonne venant de Waly se dirige sur Sommaisne. Sa cavalerie n'a pu franchir le ravin de la Marque. Les bords de cette rivière sont occupés par l'ennemi, du bois 217 au bois de la Héronnière.

Combat offensif de reconnaissance, conduit par 3 bataillons d'infanterie appuyés par 3 batteries (n° 75).

72 (C N). — Un détachement (1 escadron, 2 bataillons, 1 batterie) a été poussé dans la région de Beauzée pour observer la direction de Triaucourt.

Il apprend qu'une colonne ennemie, dont la force n'a pu être évaluée, vient d'atteindre Pretz-en-Argonne.

Combat défensif de reconnaissance (n° 76).

73 (D N). — Un détachement (3 bataillons, 2 escadrons, 1 batterie) a pour mission d'aller reconnaître la région Mondrecourt-Amblaincourt-Neuville, où de petits partis ennemis sont signalés.

Le détachement se dirige sur Saint-André.

a) Recherche du contact.

b) Saint-André est occupé. Recherche du contour apparent.

c) L'ennemi occupe bois de Moinville, Saint-André, bois Sauny. Combat offensif de reconnaissance (n° 77).

74 (D N). — Un détachement (2 bataillons, 2 escadrons, 1 batterie) venant de l'est a été poussé à Mondrecourt pour observer la direction de Pretz-en-Argonne et la vallée de l'Aire, dans la direction du sud.

a) Recherche du contact.

b) L'ennemi atteint Chaumont-sur-Aire.

c) L'ennemi poursuit son mouvement sur Issoncourt (n° 78).

75 (A N, B N). — Un détachement (3 bataillons, 1 batterie, 1 escadron) doit se porter de la région Eclaires, le Chemin, sur Waly.

Cantonnements du détachement (n° 97). Mise en marche (n° 88).

Service de sûreté : cavalerie (n° 81), avant-garde (n° 83), flancs-gardes (n° 84), arrière-garde (n° 85).

76 (A N, C N). — Une division d'infanterie, renforcée de 2 escadrons de cavalerie, est cantonnée dans la région : le Chemin, Eclaires, Senard, Charmontois. Elle doit se porter en une seule colonne par Evres sur Bulainville.

L'ennemi occupe la rive droite de l'Aire. De plus, un groupe de partisans, évalué à 2 ou 3 bataillons, a été vu à Futeau (10 kilomètres nord d'Eclaires).

Cantonnements de la division.

Service de sûreté. Mise en marche.

77 (C O). — Une brigade (1 escadron, 6 bataillons, 3 batteries), venant du sud, arrive à Sommaisne, en marche sur Foucaucourt.

On sait : 1° que l'ennemi occupe Waly; 2° qu'un régiment de cavalerie ennemie a été vu au bois de la Héronnière, en marche sur le signal de Beauzée.

Situation des différents éléments de la brigade au moment où la tête du gros de la colonne atteint la cote 285 (2.000 mètres sud de Sommaisne) (n°° 81, 82).

Dispositif à prendre à partir de Sommaisne (n° 84).

78 (E M). — Une division venant de la région à l'est de la forêt de Souilly s'avance en deux colonnes qui marchent : l'une sur Senoncourt et Issoncourt, l'autre sur Souilly et Saint-André.

L'ennemi occupe l'Aire.

Constitution et dispositif des deux colonnes (n° 89).

79 (C N, C O). — Un corps d'armée ouest attaque l'ennemi qui occupe le cours de l'Aire, de la Papeterie (1.200 mètres nord de Beauzée) à Courcelles-sur-Aire. La gauche de ce corps d'armée est vers le signal de Beauzée.

On vient d'être informé qu'une forte colonne ennemie débouche de Saint-André, en marche sur Bulainville.

Une brigade de réserve (6 bataillons, 6 batteries, 1/2 escadron), réunie entre Sommaisne et Pretz-en-Argonne, reçoit l'ordre de se porter vers la cote 263 (ouest de Bulainville) pour rejeter dans l'Aire la colonne ennemie.

Étude du mouvement de cette brigade (n°° 90 et 91). On supposera que l'ennemi commence à franchir l'Aire au moment où la tête de la brigade arrive à hauteur de la masse d'arbres.

80 (O). — Une brigade de cavalerie, accompagnée d'une batterie à cheval, a pour mission de se porter de Courouvre sur Triaucourt.

De la cavalerie ennemie a été signalée la veille à 25 kilomètres à l'ouest de Triaucourt.

Marche de cette brigade (n° 93).

81 (B N). — Un détachement (4 bataillons, 2 escadrons, 2 batteries) se porte de Passavant sur Beauzée.

L'ennemi est signalé à Saint-André, Deuxnouds, Amblaincourt.

Le détachement doit arriver à Evres à la pointe du jour.

Organisation de la marche de nuit (n° 94).

82 (D N). — Une brigade d'infanterie, disposant de 1 escadron et 3 batteries, cantonne à Souilly et Heippes. L'ennemi est dans la direction du nord.

Avant-postes (n°° 99 et 100). Variantes (n° 101). Dispositif de nuit (n° 102).

83 (B N). — Un régiment de cavalerie venant de l'ouest doit passer la nuit dans la région Senard, Brizeaux, Triaucourt.

L'ennemi est dans la direction de Souilly.

Choix du cantonnement (n° 35).

Avant-postes (n° 103).

84 (C D). — Une division de cavalerie cantonnée dans la région Souhesmes, Osches, Senoncourt, se couvre par un demi-régiment qui a pour mission de s'établir en avant-postes sur le ravin de la Cousances, de Julvécourt à Saint-André. Des mesures complémentaires sont prises sur les flancs.

L'ennemi se trouve dans les directions de Triaucourt et de Clermont-en-Argonne.

1° Service de sûreté éloigné (commandé par le général de division).

2° Dispositif du demi-régiment (n° 103).

85 (D N). — Une division d'infanterie, renforcée d'un régiment de cavalerie, venant de l'est, se trouve dans la région Heippes-Issoncourt.

L'ennemi est vers le Chemin.

La division veut se réserver la possibilité de déboucher, soit vers Nubécourt, soit vers Beauzée.

Stationnement de la division :

Cavalerie (n° 104); avant-gardes (n° 105); flancs-gardes (n° 106). Répartition du gros (n° 107).

86 (C N). — Une brigade mixte de l'ouest (1 régiment de cavalerie, 6 bataillons, 6 batteries) a pour mission de s'opposer au débouché de troupes de l'est, signalées sur la Meuse et qui pourraient s'avancer soit par le défilé de Senoncourt, soit par le défilé de Rambluzin.

Stationnement de cette brigade (n° 107).

Stationnement de ses avant-gardes (n° 108).

87 (B N). — Un bataillon d'infanterie est en soutien d'une brigade de cavalerie qui a débouché de Vaubecourt sur Triaucourt et région au sud-est.

Le bataillon a reçu l'ordre d'occuper le défilé d'Arcéfays pour recueillir la cavalerie en cas d'insuccès.

Stationnement de ce bataillon (n° 108).

88 (D N, C N). — Une division est en marche par Souilly et Saint-André sur Bulainville. Elle doit franchir l'Aire le lendemain et se porter sur Triaucourt.

L'ennemi est arrivé dans la soirée à Passavant, Grigny, Senard.

Stationnement de la division (supposée encadrée) (n° 110).

89 (A M). — Un détachement (1 escadron, 3 bataillons, 1 batterie) venant du nord est arrivé à Futeau après une marche de 25 kilomètres. Il doit, le lendemain, se porter sur Vaubecourt.

En arrivant à Futeau, on apprend qu'un détachement ennemi a atteint Evres dans la journée.

Stationnement de ce détachement (n° 110; voir aussi n° 89, B 4°).

III

LA SITUATION

112. — Jusqu'ici, nous nous sommes contentés de décrire et de classer les différents dispositifs que peut prendre une troupe.

Il s'agit de faire un choix dans chaque cas particulier.

Nous nous proposons maintenant de rechercher quelle influence la situation exerce sur ce choix, en supposant que la mission spécifie nettement l'attitude (offensive ou défensive) et l'intensité d'action (prudente, vigoureuse, à fond, ou bien laissée à l'initiative du chef).

Nous rappelons qu'un dispositif est déterminé lorsqu'on a décidé :

1° La constitution et l'orientation des éléments d'information ;

2° La constitution et l'orientation des éléments de sûreté ;

3° La répartition du gros.

113. Définition de la situation.

Nous appelons « situation » l'ensemble des rapports qui existent entre l'ennemi et nous :

Rapports de distance ;

Rapports de force (totale ou effective) ;

Rapports d'attitude (offensive ou défensive) ;

Rapports de nature (armes semblables ou différentes).

Nous étudierons successivement :

1° Conclusions rationnelles que l'on peut tirer des rapports déjà connus (§ 1, Hypothèses).

2° Relations entre la situation et le dispositif ;

3° Changements dans la situation ;

4° Analyse d'une situation.

§ 1. Les hypothèses.

114. — Il est indispensable de tirer, des renseignements reçus, le plus grand nombre possible de conclusions rationnelles.

Ces conclusions sont de deux ordres très différents :

1° Des possibilités (n°s 115 à 120). *Déductions* montrant ce que l'ennemi peut faire ;

2° Des probabilités (n°s 121 et 122). *Inductions* ou hypothèses proprement dites sur la conduite probable de l'ennemi.

Quelques officiers se refusent complètement à faire des hypothèses sur l'ennemi. Ils craignent de tomber dans l'idée préconçue. Nous avons discuté la question dans la première partie de cet ouvrage et conclu à la nécessité de ces hypothèses. Ajoutons que, si l'ennemi est libre en théorie de prendre n'importe quel parti, il serait en fait très dangereux pour lui d'adopter une solution *défectueuse*, dans le seul but de dérouter notre perspicacité.

L'écueil consiste à prendre l'hypothèse pour une certitude. Il est réel et dangereux; il n'y a pas d'illusion à se faire à ce sujet. Aussi faut-il toujours, lorsqu'on fait une hypothèse, déterminer en même temps les moyens pratiques qui permettront de la vérifier.

N° **114.** — Col. Foch, *Principes*, p. 222, 228. — Gén. Maillard, p. 265. — *Frœschwiller*, p. 173.

A. Possibilités.

115. Calculer le temps nécessaire à un mouvement.

Additionner :

1° Le temps nécessaire au parcours ;

2° La durée d'écoulement de l'unité ;

3° Une majoration suffisante, s'il y a lieu, pour l'imprévu, les reconnaissances, etc.

Exemple 120 (C N).

Un bataillon, partant d'Evres, reçoit l'ordre de s'établir aux avant-postes, face à l'est, sur le front : bois de la Héronnière, cote 263. Dans combien de temps sera-t-il placé?

1) Distance : 4 kilomètres environ.................... 50 minutes.
2) Reconnaissance et installation sommaire.......... 30 —
3) Ecoulement en formation de marche.............. 20 —

Les opérations 2) et 3) ayant lieu simultanément, il suffit de prendre le chiffre le plus fort. Le total donne : 80 minutes, soit de 1 h. 15 à 1 h. 30.

116. Calculer le temps nécessaire à une attaque.

Il est naturellement impossible de l'évaluer exactement. Aussi se contente-t-on habituellement de calculer un minimum. Pour cela, évaluer :

1° Le temps nécessaire au déploiement, en supposant que l'attaque devra mettre en ligne deux fois plus de forces que la défense ;

2° Le temps nécessaire pour parcourir la zone battue.

Exemple 121 (D N).

Une division débouche d'Issoncourt, en marche sur Souilly.

Un détachement ennemi (4 bataillons, 2 batteries) occupe la cote 324 au nord de Heippes et le mamelon à l'est de 324.

Dans combien de temps la division peut-elle être maîtresse de la cote 324?

N° 116. — Col. Foch, *Principes*, p. 114.

On peut compter qu'elle devra engager une brigade :
Trajet d'Issoncourt à la cote 342......................... 0 h. 45
Durée d'écoulement de la 1ʳᵉ brigade (y compris les dis-
tances d'avant-garde et la longueur de l'artillerie) (voir
n° 88). . . . . 1 h. 40
Reconnaissances (pour mémoire).
Temps nécessaire pour l'attaque (2 kilomètres)............ 1 h. 00
    Total : 3 h. 30 environ.

117. Calculer la durée de résistance d'un détachement qui ne peut être tourné.

Ce problème n'est qu'une variante du problème précédent. Déterminer successivement :

1° Limite de la résistance (n° 17) ;

2° Effectif que l'ennemi devra mettre en ligne ;

3° Temps nécessaire à l'attaque (n° 116).

Exemple 122 (B N).

Un bataillon établi au sud de Triaucourt occupe, face au sud-est,
les mamelons 191 et 187. Combien de temps pourra-t-il tenir à partir du moment où l'ennemi commencera à déboucher de la ferme
d'Arcéfays ?

A. *Résistance limitée* (n° 63).

1° Résister jusqu'à ce que l'ennemi arrive à 500 mètres. Champ
de tir : 1.500 mètres. L'ennemi aura 1.000 mètres à parcourir sous
le feu.

2° Effectif à mettre en ligne par l'attaque : 2 bataillons.

3° Temps nécessaire :

Mouvement à l'abri : 1.000 mètres.................... 15 minutes.
Déploiement (2 bataillons et distance d'avant-garde :
    2.000 mètres). . . . .,......... 30   —
1.000 mètres sous le feu............................. 30   —

    Le bataillon peut résister 1 h. 15 environ.

B. *Résistance à fond.*

500 mètres sous le feu : 15 à 30 minutes en plus.

Exemple 123.

Dans le cas de l'exemple 121, le détachement établi au nord
d'Heippes pourra, si l'ennemi se présente en une seule colonne,
tenir :

    Deux heures, sans être obligé de s'engager à fond;
    Trois heures, à la condition de s'engager à fond.

Si l'ennemi se présentait en deux colonnes — ou marchait sur huit rangs — sa vitesse de déploiement serait doublée, et les chiffres ci-dessus deviendraient respectivement : une heure et deux heures.

118. Cas où le détachement peut être tourné.

Il est normal de supposer que la fraction de tête ennemie sera opposée au détachement, et que l'enveloppement sera fait par le 2º élément de la colonne.

Exemple 124 (B N).

Un bataillon occupe la cote 213, face à l'ouest, en vue de retarder une colonne ennemie débouchant d'Aubercy.

Supposons que ce bataillon puisse être tourné par le sud. Le 1ᵉʳ bataillon ennemi attaquera directement 213; le 2ᵉ bataillon cherchera à se porter sur le Franc-Bois. Il deviendra dangereux en arrivant à hauteur de la cote 201. La durée de résistance serait alors la suivante :

Distance entre la pointe d'avant-garde et la tête du
   2ᵉ bataillon : 1.500 mètres............................ 22 minutes.
Temps nécessaire au mouvement (4 kilomètres par la
   route). Si on passe à travers champs, au nord de
   Triaucourt, la difficulté de parcours compensera la
   réduction d'itinéraire. . . . . 1 heure.
Total de la durée de résistance : 1 h. 15 environ.
(Comparer avec l'exemple 120.)

119. Calculer l'effectif à donner à un détachement pour arrêter l'ennemi pendant un temps donné.

C'est l'inverse du problème précédent.

Ainsi, dans le cas de l'exemple 122, si on veut faire perdre une heure à une troupe ennemie s'avançant de Vaubecourt en *une seule colonne*, il suffira de lui opposer un bataillon au sud de Triaucourt. Solution analogue dans le cas de l'exemple 124.

120. Force effective de l'ennemi.

Nous appelons force *effective* de l'ennemi — par oppo-

N° 120. — Col. Foch, *Principes*, p. 144.

sition à sa force totale — la force qu'il peut réellement faire agir, au moment et dans l'espace considérés.

Il est quelquefois possible de déterminer, sinon la force effective exacte, du moins un maximum très vraisemblable. Il y a, en effet, deux limites maxima :

1° *Limite de temps.* Si l'ennemi a pu être repéré en colonne de route, sa force effective maxima sera celle qu'il a eu le temps de déployer.

2° *Limite d'espace.* On sait que, sur une ligne déterminée, on ne peut guère faire agir utilement plus de :

1 fusil et demi par mètre courant ;
3 batteries par 200 mètres.

Exemple 125 (C N).

Une colonne franchit le pont de Beauzée à 5 h. 45 du matin et se déploie sur la croupe à l'est. Nous la supposons dans une des formations indiquées au n° 86.

Faisons trois hypothèses sur sa force totale et voyons comment croîtra sa force effective (1).

HEURES.	1ᵉʳ CAS. 1 RÉGIMENT, 3 batteries.	2ᵉ CAS. 1 BRIGADE, 6 batteries.	3ᵉ CAS. 1 DIVISION, 12 batteries.
6 h.	1 comp.	2 comp.	Tête de colonne.
6 h. 15	1 bat.	6 comp.	1 bat.
6 h. 30	3 bat., 3 batt.	2 bat.	3 bat., 3 batt.
6 h. 45	3 bat., 3 batt.	3 bat., 6 batt.	3 bat., 3 batt.
7 h.	....	3 bat., 6 batt.	3 bat., 6 batt.
7 h. 30	....	5 bat., 6 batt.	4 bat., 12 batt.
8 h.	....	6 bat., 6 batt.	4 bat., 12 batt.
8 h. 30	....	....	8 bat., 12 batt.
9 h.	....	....	12 bat., 12 batt.

---

(1) Tous ces calculs sont évidemment très faciles; si nous y insistons, c'est qu'*on ne pense pas* toujours à les faire. Or, l'expérience a montré bien des fois que des décisions tardives auraient pu être prises *à temps*, si ces calculs avaient été faits. (Voir n° 125.)

On voit :

1° Qu'au bout de trois quarts d'heure l'effectif d'infanterie mis en ligne ne dépasse pas un régiment;

2° Qu'il y a corrélation entre le nombre des bataillons et celui des batteries mises en ligne, la poussée en avant de l'artillerie retardant naturellement l'arrivée de l'infanterie.

Exemple 126 (B N).

Une troupe occupe la cote 213, face à l'ouest, perpendiculairement au chemin d'Aubercy. Sa droite s'appuie à la corne nord-ouest du bois 213, sa gauche à la route.

Front occupé : 600 mètres.

Effectif maximum : 1.000 fusils.

B. Probabilités.

121. Hypothèse sur la direction et l'intensité d'une attaque. Vérification.

1° *Direction de l'attaque.*

L'ennemi étant en mesure d'attaquer sur un front donné, il faut se demander quel sera l'objectif probable de son attaque :

1° Se mettre à sa place et étudier le terrain (n° 21) ;

2° En déduire les manifestations probables de l'ennemi et les dispositions à prendre pour les vérifier.

N° 121. — Col. Foch, *Principes*, p. 114. — Gén. Langlois, *Artillerie*, I, p. 504. — Voir aussi, ci-dessus, le paragraphe 3 de la 3ᵉ partie (Combat offensif). — Comparer de Brack, *Avant-postes de cavalerie légère*, p. 101, 106 (Des indices), p. 32 (Du chef), p. 212 (Des commandements à la guerre) : « Qu'est-ce qui donne l'instinct d'à-propos ?... L'habitude d'observation de tous les moments, qui nous met au courant de l'ennemi comme si nous étions dans son camp, dans ses rangs, dans l'âme de ses chefs et de ses soldats; qui, sur un seul mouvement de cet ennemi, nous fait la confidence de tous ceux qui vont suivre. »

2° *Intensité de l'attaque.*

On cherchera à réduire le problème au dilemme suivant : Aurons-nous affaire à une attaque limitée ou à une attaque à fond ?

On devra alors examiner les caractéristiques de ces deux attaques, et noter les plus faciles à saisir. La vérification aura pour but de les forcer à s'affirmer.

Exemple 127 (C N).

Une arrière-garde d'un parti ouest, en retraite vers Triaucourt, a pour mission de défendre les passages de l'Aire à Fleury-sur-Aire, Nubécourt, Bulainville. L'ennemi a atteint Osches, Souilly et Heippes.

HYPOTHÈSES SUR LA DIRECTION ET L'INTENSITÉ DE L'ATTAQUE.

1° *Direction de l'attaque.*

L'objectif probable de l'attaque paraît devoir être Fleury-sur-Aire (n° 21).

Indices. — Si l'ennemi prend cette décision, il devra occuper fortement la croupe au nord de Fleury-sur-Aire. Il déploiera son artillerie au nord et à l'est de ce point.

Vérification. — Par un poste d'observation à l'ouest d'Autrécourt, ou, si l'effectif le permet, par un détachement sur la croupe à l'ouest d'Autrécourt.

2° *Intensité de l'attaque.*

Cette attaque sera-t-elle un simple combat de reconnaissance ou une attaque à fond ?

Indices d'une attaque à fond. — L'ennemi cherchera à tout prix à maintenir son artillerie au nord de Fleury-sur-Aire, afin d'appuyer le débouché de son infanterie et d'enfiler le ravin nord-sud à l'ouest de Fleury-sur-Aire (abri pour une contre-offensive).

Vérification. — Constituer très fortement le point d'appui de Fleury-sur-Aire. Chercher à gêner l'établissement de l'artillerie ennemie sur la croupe au nord du village. Si l'assaillant y « met le prix », on sera en face d'une attaque sérieuse.

N. B. — Noter toutefois que la réciproque n'est pas vraie; l'ennemi peut attaquer à fond avec d'autres dispositions.

Exemple 128 (D N).

Une brigade d'infanterie, renforcée d'artillerie, a reçu mission de défendre la ligne cote 342, Heippes, station de Heippes, cote 318, face au nord.

L'ennemi est dans la région Lemmes - Senoncourt.

HYPOTHÈSES SUR L'OBJECTIF DE L'ATTAQUE PRINCIPALE.

Objectif probable : 342. Mais l'ennemi peut aussi choisir 318. Il faut donc vérifier ce dernier cas.

a) Symptômes d'une attaque principale sur 318 et secondaire sur 342. — L'ennemi enlèvera à tout prix le mamelon au nord de Claire-Côte; il fera appuyer l'attaque en plaçant son artillerie au sud du bois de Rambluzin; il cherchera à masquer le flanc est du village d'Heippes. — Vérification : organiser solidement le mamelon de Claire-Côte.

b) Symptômes d'une attaque principale sur 342 et secondaire sur 318. — Les progrès seront moins rapides dans le secteur est que dans le secteur ouest : il suffit, en effet, dans le cas actuel, d'occuper à peu près en même temps le mamelon à l'ouest de Claire-Côte et la cote 342 (n°° 23 et 58). La majeure partie de l'artillerie sera au sud du bois de la Warge. Des fractions d'infanterie sérieuses chercheront à prendre pied dans le bois d'Ahaye.

Exemple 129 (D M, D N).

Une division a été poussée à Souilly avec mission de couvrir la région Heippes - Rambluzin contre un ennemi signalé vers Jubécourt. Cette division est couverte par des avant-gardes vers Saint-André et vers Osches.

HYPOTHÈSES SUR LA DIRECTION DE L'ATTAQUE PRINCIPALE.

1° *Question à résoudre.*

L'ennemi se portera en avant, soit par les hauteurs à l'est de la Cousance (bois de Souhesmes, Osches), soit par les hauteurs à l'ouest (arbre d'Ippécourt, Saint-André). Il n'y aura de difficultés pour nous que s'il se présente des deux côtés à la fois, c'est-à-dire avec une flanc-garde et une masse principale.

2° *Direction d'Osches.*

Une flanc-garde partant de Ville-sur-Cousance ou de Julvécourt hésitera à faire passer son gros à l'est du bois de Souhesme (trop grande distance). Elle cherchera à masquer Osches; mais elle est obligée d'occuper le bois de Fer, le bois de Batinvaux et la croupe au sud-ouest d'Osches.

Une colonne principale cherchera à s'asseoir plus solidement sur le terrain. Elle se couvrira par une fraction importante qui longera la lisière est des bois de Souhesme. Elle cherchera à enlever Osches et s'établira sur la croupe au nord du village.

3° *Direction de Saint-André.*

Une flanc-garde est tenue d'enlever la cote 287, d'où on pourrait prendre d'enfilade les troupes attaquant Osches par le sud; mais elle n'est pas obligée d'attaquer immédiatement le bois Bas.

Une colonne principale, au contraire, attaquera immédiatement le bois Bas. Mais on voit que, de ce côté, on ne sera fixé que très tard, puisque c'est seulement à partir de 287 que pourra s'affirmer la différence d'altitude. Ce sont les renseignements positifs ou négatifs obtenus du côté d'Osches qui éclairciront la situation.

4° *Conclusion.*

Vérifier si la colonne dirigée sur Osches l'aborde par le nord ou cherche à le masquer par l'ouest. Pour cela, donner l'ordre à l'avant-garde d'Osches de tenir fortement la croupe au nord d'Osches. Enfin, pour parer à une surprise possible du côté de Saint-André, articuler le gros de la division dans cette direction.

122. Hypothèse sur la situation de la défense et l'intensité de la résistance. — Vérification.

Nous avons vu (n° 75) comment procéder pour exécuter un combat offensif de reconnaissance. La mise au point va porter :

1° Sur le choix du point d'attaque ;

2° Sur la nature des renseignements à demander au combat de reconnaissance, lequel sera terminé, *en tant que reconnaissance*, lorsque ces renseignements seront obtenus.

Ici encore nous ramenons le problème à un dilemme et nous nous demandons : Sommes-nous en présence

---

N° 122. — Gén. Langlois, *Artillerie*, I, p. 504. — Voir aussi ci-dessus le paragraphe 4 de la 3° partie. — Comparer de Brack (n° 121 ci-dessus). — Comm. de Grandmaison, p. 140.

d'une résistance limitée ou d'une résistance à fond ? d'une avant-ligne ou d'une véritable ligne de défense ?

L'attention se portera successivement sur les points suivants :

1° *Cas où l'ennemi n'occupe qu'un point isolé.*

Dans ce cas, l'ennemi ne peut être très fort, et l'on n'a généralement affaire qu'à un poste avancé.

Pour la vérification, voir n° 77, 2°.

2° *Continuité de la ligne ennemie.*

Si l'ennemi n'a occupé que les points importants du terrain et a complètement négligé les intervalles, il est plus probable qu'on se trouve en face d'une ligne d'avant-postes.

3° *Présence ou absence de l'artillerie ennemie.*

Si l'ennemi ne montre pas d'artillerie après que la nôtre est entrée en action, on n'a affaire qu'à de simples avant-postes.

S'il montre de l'artillerie, il y a incertitude ; on peut être en face d'une avant-ligne renforcée d'artillerie.

4° *Propriétés de la ligne de résistance choisie par l'ennemi.*

Suivant la situation de la ligne de résistance choisie (n° 24) et les facilités de retraite qu'elle offre, on peut induire que l'ennemi a ou n'a pas l'intention de résister à fond. La vérification se fera en attaquant un point que l'ennemi est obligé de garder dans le premier cas, qu'il peut abandonner dans le second.

5° *Conduite de l'artillerie ennemie.*

Dans la résistance limitée : tir aux très grandes distances, positions masquées ou à retraite facile, engagement presque immédiat de toute l'artillerie.

Dans la résistance à fond : engagement progressif de l'artillerie, quelques positions à retraite difficile (n° 63).

Exemple 130 (D O).

Une colonne est en marche par Heippes et Issoncourt sur Neuville-en-Verdunois. Sa cavalerie rencontre l'ennemi en position sur la crête Neuville-en-Verdunois, chapelle Sainte-Anne, et est rejetée. Le commandant de la colonne décide d'engager un combat de reconnaissance.

a) Les premiers éléments d'infanterie sont reçus à coups de canon au moment où ils débouchent de la crête au sud d'Issoncourt.

On peut se trouver, soit en face d'une avant-ligne, soit en face d'une position fortement défendue. Si l'ennemi n'a pas d'infanterie en avant de la crête, les probabilités seront pour une avant-ligne.

b) Les éclaireurs de combat ont pu arriver jusqu'au fond du ravin. Il y a de l'infanterie ennemie à Neuville, chapelle Sainte-Anne et crête à l'ouest de la fontaine du Haut-Champ.

Il devient probable que l'ennemi ne résistera pas à fond. On sera fixé en faisant attaquer (n° 21) la croupe à l'ouest de la fontaine du Haut-Champ.

Si l'ennemi ne veut pas tenir, il y a des chances pour qu'il évacue sa position quand l'attaque sera devenue menaçante (parvenue à la lisière sud du bois de Neuville). Dans le cas contraire, on se dira qu'il se comporte comme s'il voulait résister à fond et l'on agira en conséquence.

Exemple 131 (D N).

Une colonne s'avance par Amblaincourt sur Saint-André et Ippécourt. Sa cavalerie se heurte à de l'infanterie ennemie en position sur la crête du bois Sauny (entre ce bois et le bois d'Ahaye). Le commandant de la colonne engage un combat de reconnaissance.

a) L'ennemi ne montre pas d'artillerie, et notre infanterie arrive à 700/800 mètres de l'adversaire. On n'a affaire qu'à des avant-postes.

b) Notre infanterie, au moment où elle couronne la crête, est accueillie par des coups de canon partant de la crête au nord de Saint-André, et par des coups de fusil partant du bois Bas, de Saint-André et du bois Moinville.

Toutes les apparences sont pour une résistance à fond. Si, cependant, on voulait vérifier qu'on n'est pas en présence d'une avant-ligne, quel point choisir comme objectif principal?

Saint-André étant très difficile à aborder (n° 20), le choix se restreint au bois Bas et au bois Moinville. Or, toutes choses égales d'ailleurs, il y a lieu de remarquer que les défenseurs de Saint-André ne peuvent guère se retirer que sur le bois Moinville. Le bois Moinville sera donc énergiquement défendu dans tous les cas.

Si l'on attaque le bois Bas, et que l'ennemi ne veuille pas résister à fond, il évacuera probablement Saint-André dès qu'il verra que le bois Bas est sur le point de tomber. S'il ne le fait pas, il se sera mis en situation désavantageuse (n° 114).

§ 2. Relations entre la situation et le dispositif.

123. La distance.

1° *Ennemi éloigné.*

L'ennemi est éloigné quand son intervention est impossible dans le laps de temps qui est nécessaire à l'accomplissement de la mission — ou de la partie de cette mission pour laquelle le dispositif est établi (1).

Conclusions au point de vûe du dispositif :

Renseignements. — Demandés exclusivement à la cavalerie : exploration, reconnaissances d'officiers.

Sûreté. — Sûreté par le renseignement. Avant-postes discontinus.

Répartition du gros. — Marche continue sur les routes. Stationnement large, cantonnement.

2° *Ennemi rapproché.*

L'ennemi est rapproché quand son intervention est possible, mais plus ou moins imminente, et qu'en tous cas elle pourra être vérifiée (voir n° 139).

---

(1) Nous croyons devoir généraliser, pour la définition de la distance, la forme *relative* adoptée pour les marches par le décret sur le service en campagne (art. 45). Ailleurs, il est vrai, le règlement donne des précisions (art. 21-10); mais il envisage exclusivement le cas des très grosses unités.

Conclusions en ce qui concerne le dispositif :

Renseignements. — Demandés à des détachements : cavalerie de sûreté de 1re ligne, avant-gardes.

Sûreté. — Par des détachements employant simultanément le renseignement et la résistance.

Gros. — Dispositifs de marche et de stationnement bien couverts et rapidement transformables en dispositifs de combat : marche par bonds successifs, stationnement articulé.

3° *Ennemi au contact.*

C'est le cas où une intervention de l'ennemi est possible et *invérifiable*, c'est-à-dire ne pourra être vérifiée assez tôt pour qu'on ait le temps de prendre un dispositif convenable (voir n° 140).

Renseignements. — Obtenus par le combat.

Sûreté. — Par des détachements ou par des échelons.

Gros. — Dispositifs de combat.

Exemple 132 (D).

Une troupe part de la crête au sud de Neuville-en-Verdunois et se dirige sur Souilly. Durée du mouvement : trois heures.

Premier cas : L'ennemi (troupes de toutes armes) est à 30 kilomètres au nord de Souilly.

Deuxième cas : *a)* L'ennemi est à Vadelaincourt; *b)* L'ennemi est à Heippes.

Troisième cas : L'ennemi est au signal d'Issoncourt.

Premier cas. — Intervention impossible.

Renseignements : vérifier que le chemin est libre.

Sûreté. En avant : une avant-garde n'est peut-être pas nécessaire, mais sa présence n'offre aucun inconvénient. Sûreté sur les flancs : par le renseignement.

Gros : marche continue, sur la route.

Deuxième cas. — *a)* L'intervention de la cavalerie ennemie est possible pendant la deuxième heure de marche.

Renseignements : vérifier la situation de l'ennemi.

Sûreté. En avant : une avant-garde peut devenir nécessaire; la détacher immédiatement. Sûreté sur les flancs : par le renseignement si l'ennemi reste immobile, et, en tout cas, jusqu'à Issoncourt.

Gros : marche continue jusqu'à Heippes. Puis, on verra.

b) L'intervention de l'ennemi est possible à Issoncourt.

Renseignements : vérifier le plus tôt possible la situation de l'ennemi. Rôle de la cavalerie appuyée par l'avant-garde.

Sûreté : par des détachements.

Gros : marche discontinue (bonds successifs).

Troisième cas. — Engager un combat de reconnaissance (n° 75).

Exemple 133 (B N).

Une troupe stationne à Triaucourt où elle est arrivée à 5 heures du soir.

Premier cas : L'ennemi est arrivé le même jour à 30 kilomètres à l'est.

Deuxième cas : L'ennemi est à Saint-André.

Troisième cas : L'ennemi est à Evres.

Premier cas. — L'intervention de l'infanterie ennemie est impossible. L'intervention de sa cavalerie est improbable jusqu'au lendemain matin.

Renseignements : reconnaissances de cavalerie sur l'Aire.

Sûreté : avant-postes discontinus.

Gros : cantonnement ordinaire.

Deuxième cas. — L'intervention de l'infanterie ennemie, et surtout de la cavalerie, est possible le lendemain matin.

Renseignements : reconnaissances de cavalerie au contact.

Sûreté : avant-postes à ligne de résistance continue.

Gros : cantonnement ordinaire. Une partie en cantonnement d'alerte s'il n'y a pas de réserve d'avant-postes.

Troisième cas. — L'intervention de l'ennemi est possible pendant la nuit, et invérifiable.

Renseignements : reconnaissances d'infanterie et de cavalerie; postes d'écoute.

Sûreté : avant-postes renforcés.

Gros : cantonnement d'alerte.

124. Force et intensité d'action.

Pour l'appréciation de la force de l'ennemi et de son intensité d'action, voir les n°ˢ 120 et 121.

N° **124.** — Gén. Langlois, *Enseignements*, p. 100. — Col. Foch, *Principes*, p. 136.

En ce qui concerne les conclusions à tirer au point de vue du dispositif, deux cas sont à considérer :

1° Le chef est complètement libre de sa décision (attitude et intensité d'action). La règle à suivre paraît être la suivante : agir vigoureusement en face d'un ennemi plus faible ; prudemment, au moins au début, en face d'un ennemi égal ou plus fort. Se régler, bien entendu, sur la force effective (n° 120) (1) ;

2° Le chef est limité dans sa décision par une mission à remplir. La question est du ressort de l'étude de la mission (IV° partie). Mais, *dans la mesure où la décision est laissée libre*, on pourra se conformer à la règle ci-dessus.

Dans les exemples qui suivent, nous n'envisageons que le premier cas.

Exemple 134 (B N).

Un détachement (1 escadron, 3 bataillons, 2 batteries) est en marche par Triaucourt sur Foucaucourt où il doit se rendre. En approchant de Triaucourt, son chef apprend que l'ennemi occupe la cote 213.

Premier cas. — L'ennemi n'occupe qu'un point, la cote 213. Il ne peut être très fort. Attaquer à fond.

Deuxième cas. — L'ennemi occupe la crête : bois à l'est d'Aubercy, cote 213. Il a accepté le combat avec l'avant-garde, mais n'a pas montré d'artillerie, malgré l'entrée en action de la nôtre (à l'ouest de Triaucourt). Attaqué vigoureuse : on est à peu près sûr d'enlever 213.

Troisième cas. — L'ennemi occupe la crête au nord de Triaucourt, comme ci-dessus. Au cours du combat de reconnaissance, il démasque trois batteries. Attaque prudente.

Exemple 135 (B N, C N).

Un détachement (1 escadron, 3 bataillons, 2 batteries) s'est établi à Evres et sur les hauteurs au nord-ouest dans le but d'arrêter une colonne ennemie en marche de Sommaisne sur Foucaucourt.

Premier cas. — La colonne ennemie a été évaluée à un bataillon

---

(1) En outre, à la guerre, les facteurs moraux doivent être mis en balance.

d'infanterie et un peloton de cavalerie. Résister sur place, ou offensive brusquée.

Deuxième cas. — L'ennemi, de force inconnue, attaque Evres en s'appuyant sur le petit bois au sud et sur la croupe à l'est de ce village. Il n'a pas montré d'artillerie trois quarts d'heure après l'apparition de ses premiers éléments d'infanterie. Résister sans s'engager à fond.

Troisième cas. — L'ennemi, appuyé par trois ou quatre batteries, attaque simultanément Evres, bois de Soisy et croupe au nord. Combat en retraite (combat défensif de reconnaissance).

125. L'attitude.

Nous faisons d'abord la même réserve que ci-dessus (n° 124), et nous supposons que le chef est libre de sa décision.

On peut noter quatre cas.

1° *Offensive contre défensive.*

L'assaillant a toute liberté pour s'approcher de l'adversaire et peut attendre, pour se déployer, le premier contact de l'avant-garde. — Il peut économiser sur les mesures de sûreté puisque l'ennemi est immobile. — D'autre part, il attaque un adversaire qui a tous ses moyens réunis. Il doit donc opérer avec une prudence relative.

2° *Offensive contre offensive.*

Il est nécessaire de commencer le déploiement *avant* le premier contact des avant-gardes ; autrement, on serait à la merci d'une attaque brusquée. — Les mesures de sûreté doivent être relativement importantes. — En revanche; les premières attaques peuvent être audacieuses, puisque l'ennemi n'a pas eu le temps de réunir tous ses moyens.

N° **125.** — Gén. Langlois, *Enseignements*, p. 236; *Artillerie*, I, p. 467, 469. — Comm. de Grandmaison, p. 144.

3° Défensive contre un assaillant qui passe sans interruption de la marche au combat offensif.

Comme dans le cas n° 2 ci-dessus, l'assaillant n'a pas réuni tous ses moyens. Les premiers actes de la défense (résistance et contre-offensive) pourront être très vigoureux.

4° Défensive contre un ennemi qui s'est déployé et arrêté avant de passer à l'attaque.

Les premiers actes de la défense devront être plus prudents que dans le cas ci-dessus (3°).

Exemple 136 (B N).

Un détachement (4 bataillons, 1 escadron, 2 batteries) est en marche de Pretz-en-Argonne par Evres et Foucaucourt sur Waly, où l'ennemi est signalé.

Premier cas : L'ennemi est sur la défensive à hauteur de Waly.

Deuxième cas : Le premier élément d'infanterie du détachement atteint Evres à 7 heures du matin. A ce moment, son chef est informé qu'une colonne ennemie de toutes armes a quitté Waly à 6 h. 30 du matin, en marche vers le sud.

Premier cas. — Le détachement pourra ne commencer son déploiement qu'en vue de la croupe de Waly. Ses éléments avancés franchiront le ruisseau de Foucaucourt et s'installeront sur les pentes des cotes 206 et 221. Les replis à laisser au sud du ruisseau de Foucaucourt pourront être prélevés sur d'autres troupes que l'avant-garde. On ne passera à l'attaque de Bel-Air qu'avec des moyens suffisants (le plateau a 500 mètres de large et peut être occupé par 400/800 fusils).

Deuxième cas. — L'ennemi arrivera en même temps que nous à hauteur de la fontaine de la Tuilerie. Il peut nous précéder à 224 et 237. Il pourrait atteindre le bois de Soisy entre 7 h. 30 et 7 h. 45.

Si l'on suppose que le détachement ait l'échelonnement indiqué au n° 86, on voit que les dispositions à prendre seraient les suivantes :

Occupation provisoire du débouché d'Evres : bois de Soisy, 1 compagnie; croupe au nord-est d'Evres, 1 à 2 sections.

Attaque de la crête fontaine de la Tuilerie : le reste du bataillon d'avant-garde. Artillerie au sud d'Evres.

Gros : à partir de 7 h. 30 devra être défilé de 237, où peut arriver l'artillerie ennemie.

Exemple 137 (B N, C N).

Une brigade mixte a l'intention de défendre le passage de la Marque à Evres contre un ennemi venant de la direction de Sommaisne.

Cette brigade a pris le dispositif préparatoire suivant :

Avant-garde : 1 bataillon tenant la crête 239; 1 bataillon disponible au sud d'Evres.

Garnisons de la ligne de résistance : 2 bataillons (bois de Soisy, Evres et croupe au nord).

Disponibles : 2 bataillons au nord d'Evres.

Artillerie : prête à occuper les crêtes au nord et à l'ouest d'Evres.

On sait que l'ennemi a débouché à 6 heures de Pretz-en-Argonne.

Premier cas. — L'ennemi attaque immédiatement.

Il ne peut amener (n° 120) sur la crête 239 que 1 à 2 bataillons entre 7 heures et 7 h. 30. On peut donc laisser venir la première attaque et la refouler par un retour offensif du bataillon disponible au sud d'Evres.

Deuxième cas. — L'ennemi s'installe sur les hauteurs au nord de Pretz-en-Argonne, et attend pour prononcer son attaque. Il pourra, dans ces conditions, disposer d'un effectif sérieux; il est dangereux d'accepter un combat à fond sur la croupe 239 avec deux bataillons seulement.

N. B. — C'est en se basant sur les heures que l'on pourra savoir si l'ennemi attaque immédiatement ou prend au contraire des dispositions préalables. Dans le premier cas, il atteindra la croupe 239 entre 7 heures et 7 h. 15; dans le deuxième cas, il ne l'atteindra qu'entre 7 h. 45 et 8 heures.

126. Armes différentes.

La question se pose seulement pour la cavalerie et pour l'infanterie. L'artillerie n'est en effet qu'un surcroît de forces pour l'arme qu'elle accompagne.

Il faut se guider sur les propriétés des armes (n° 44), et particulièrement :

Infanterie. — Grande puissance d'offensive ou de résistance. Lenteur des mouvements (déploiements et déplacements).

Cavalerie. — Rapidité des mouvements. Faible puissance d'attaque ou de résistance.

N° **126.** — Gén. Langlois, *Artillerie*, I, p. 445.

Il en résulte :

Infanterie. — Multiplier les colonnes, ce qui permettra de s'engager rapidement partout, évitera la répercussion sur le gros des arrêts infligés aux têtes de colonne, obligera la cavalerie à de très longs détours si elle veut gagner un flanc.

Cavalerie. — Choisir les terrains se prêtant mal aux déploiements de l'infanterie ennemie. Aiguiller cette dernière sur des directions qu'elle devra abandonner.

Exemple 138 (D N).

Un combat est engagé sur l'Aire, entre Fleury-sur-Aire et Beauzée.

Une brigade de cavalerie du parti Ouest, avec une batterie à cheval, reçoit l'ordre de se porter au-devant d'une colonne ennemie qui a débouché de Récourt-le-Creux, et de retarder sa marche si elle se dirige vers Rignaucourt.

Conditions de son action :

Essayer d'arrêter la tête de colonne ennemie (artillerie, combat à pied).

Points favorables : 318, 342, bois Blandin, crête du bois Landlut.

On cherchera à occuper successivement ces points pour obliger chaque fois à un déploiement l'avant-garde ennemie.

Exemple 139 (D N).

Même situation que dans l'exemple précédent.

Une brigade d'infanterie du parti Est débouche de Récourt-le-Creux. Elle doit se porter sur Amblaincourt. Elle est prévenue qu'une troupe importante de cavalerie ennemie se trouve dans la région d'Issoncourt.

L'itinéraire normal est : Heippes-Mondrecourt; c'est celui que suivra le gros. Mais il faut élargir le front de marche.

Un bataillon, détaché de l'avant-garde, suivra l'itinéraire : Rambluzin, crête à l'ouest des bois de Meuse, signal d'Issoncourt et bois Landlut.

Le 2ᵉ bataillon de l'avant-garde, s'il doit attaquer 342, suivra l'itinéraire : sortie ouest d'Heippes, crête au nord de Mondrecourt, bois Blandin.

Un troisième bataillon, nouvelle avant-garde, se dirigera alors par 318, Mondrecourt et Rignaucourt.

N. B. — Cette solution suppose évidemment que l'on sait n'avoir affaire qu'à de la cavalerie ennemie.

Situation tactique.   15

§ 3. Changements dans la situation.

127. — Nous avons, dans le paragraphe précédent, étudié la correspondance entre les dispositifs et les différents éléments de la situation.

Mais il est évident que la situation n'est pas fixe ; elle évolue constamment. Il faut en noter les variations, afin de pouvoir modifier le dispositif dans le sens convenable. Ce travail ne saurait être fait avec trop de soin. Bien suivre une situation est peut-être, au cours d'une opération, l'acte le plus important du commandement.

Le dispositif pris en fonction d'une situation ne peut avoir qu'une faculté d'adaptation assez restreinte ; il ne conviendra plus lorsque la situation aura évolué ; il faudra à ce moment un ordre nouveau créant un dispositif nouveau ; et enfin il faudra que cet ordre nouveau soit donné à temps.

On doit donc surveiller attentivement la situation, c'est-à-dire :

1° Prévoir le changement de situation qui nécessitera un remaniement du dispositif ;

2° Le vérifier.

Il ne restera plus alors qu'à prendre le dispositif convenant à la nouvelle situation.

128. Variations de la distance.

La distance qui nous sépare de l'ennemi peut diminuer, ou se maintenir, ou augmenter.

1° Noter les conséquences qui pourront en résulter pour le dispositif ;

N° **127.** — Col. Foch, *Principes*, p. 147.

2° En déduire la nature et l'heure du premier renseignement à demander ;

3° Si on est dans l'inconnu, se régler sur les possibilités jusqu'à nouvel ordre.

Exemple 140 (D).

Un petit détachement de toutes armes a stationné à Neuville-en-Verdunois, avec avant-postes à la crête d'Issoncourt. Il doit se porter sur Souilly où l'ennemi est signalé.

1° *Différentes hypothèses possibles.*

a) L'ennemi s'est porté en avant. Il faut le savoir avant de déboucher de la crête d'Issoncourt; et il faudra prendre un dispositif de combat, soit vers Issoncourt, soit en face d'Heippes.

b) L'ennemi est resté à Souilly. Combat possible au défilé de la Warge. Il faut être renseigné à Mondrecourt.

c) L'ennemi s'est retiré vers le nord. Pas de combat. Il faut le savoir à Mondrecourt.

2° *Renseignements à demander.*

Premier renseignement : L'ennemi est-il venu à Heippes ? 9 kilomètres aller et retour, une heure pour une reconnaissance de cavalerie.

Deuxième renseignement : L'ennemi est-il toujours à Souilly ou l'a-t-il évacué ? 4 kilomètres de Heippes à Souilly; 6 kilomètres de Souilly à Mondrecourt; une heure au minimum.

La même reconnaissance peut rapporter les deux renseignements; mais il est prudent de se donner une majoration pour le second, et de la faire partir une heure trente avant la colonne.

3° Si on ne reçoit aucun renseignement en arrivant à Issoncourt, et que l'on soit obligé à la prudence, il faudra tabler sur l'hypothèse la plus défavorable (1° *a*). Donc, marche discontinue.

129. Changements d'attitude.

Il y a changement d'attitude lorsque l'ennemi passe de l'offensive à la défensive ou inversement.

Lorsque l'ennemi est éloigné, le changement d'attitude aura pour conséquence une variation nouvelle dans la distance (128).

Lorsque l'on est au contact ou au combat, les conséquences seront celles indiquées au n° 125.

La manifestation du changement d'attitude est immédiatement visible ; mais il est souvent malaisé de savoir si on est en présence d'un changement provisoire ou définitif.

Le changement sera considéré comme *probablement* définitif :

1° Lorsque l'assaillant s'arrête plus de temps qu'il ne lui en faudrait normalement pour réunir les moyens nécessaires à une attaque ;

2° Lorsque la contre-offensive du défenseur vise plus que la reprise du terrain qu'il vient de perdre.

Exemple 141 (B N).

Cas de l'exemple 136.

Un détachement est en marche de Sommaisne sur Waly. De son côté, l'ennemi est en marche de Froidos sur Foucaucourt et atteint Waly au moment où nous débouchons de Pretz-en-Argonne.

Si l'ennemi change d'attitude, le terrain de combat se déplacera et le dispositif de marche sera conservé plus longtemps. Il faut donc en être informé (n° 128).

Exemple 142 (B N, C N).

Un détachement stationné à Evres a porté une première ligne de résistance (2 bataillons) face au sud-est, sur les hauteurs qui dominent le ravin de la Presle. Il ne fera pas de résistance en avant de la crête.

L'ennemi venant par Sommaisne garnit la crête au nord de Pretz-en-Argonne et ne la dépasse que par des patrouilles. Au bout d'une heure, il n'a encore prononcé aucun mouvement offensif.

Jusqu'à ce moment, on pouvait supposer que l'ennemi réunissait des moyens pour nous attaquer; mais, après une heure, le changement d'attitude est évident.

Exemple 143 (D N).

L'ennemi (parti Nord) a accepté le combat sur le front 342, station d'Heippes, 318, face au sud.

L'assaillant (parti Sud) a attaqué sur tout le front et vient d'enlever 318. Il cherche à consolider sa situation (n° 55).

L'ennemi exécute un retour offensif sur la cote 318 et la réoccupe.

Le changement d'attitude sera tenu pour définitif si l'ennemi, dépassant la cote 318, cherche à atteindre la crête de Flétieu.

130. Variations dans la force de l'ennemi.

Les variations (accroissement ou diminution) se manifestent, suivant le cas, de façon très différente.

1° Parfois, ce sont des signes très visibles : apparition de nouvelles colonnes ou de nouvelles batteries, redoublement du feu, extension du front, etc. — La manifestation est immédiate ; le contrôle est facile.

2° Parfois, c'est un changement dans l'intensité d'action (offensive ou résistance devenant plus vigoureuse et *vice versa*), ou dans l'attitude (n° 129). — Ces variations sont quelquefois difficiles à saisir à leurs débuts ; il faut surveiller attentivement la situation (n°s 121 et 122) si l'on veut les percevoir assez tôt pour pouvoir y parer.

3° Enfin, certaines variations passent complètement inaperçues : déplacements des réserves, usure par le feu, etc. — Ici, il est nécessaire de vérifier de temps en temps si la situation antérieurement reconnue s'est maintenue telle quelle (c'est une des missions qui incombent aux troupes chargées du combat de préparation).

Exemple 144 (C N).

Un détachement a pour mission d'arrêter le plus longtemps possible à Ippécourt, sans se compromettre, une colonne ennemie en marche par Lemmes et Osches. Il s'est installé sur la crête 287, mais a occupé Ippécourt, la colonne ennemie étant de force égale à la sienne.

On lui signale qu'une deuxième colonne s'avance de Vadelaincourt sur le bois de la Côte.

L'ennemi devient supérieur et le combat en retraite va s'imposer. Il faut abandonner Ippécourt.

Exemple 145 (D N).

Une division a accepté le combat sur la ligne : bois Bas, bois Sauny, bois de Renonlieu, face à l'ouest. L'ennemi investit de près cette ligne et on voudrait savoir sur quel point il va porter son effort décisif.

Les cheminements les plus dangereux sont ceux du bois Chanet
et de Saint-André.

Un retour offensif est possible sur le bois Chanet. Si ce retour
réussit, c'est que l'ennemi n'est pas en forces de ce côté. S'il ne
réussit pas, il faut s'attendre à une grosse attaque sur le bois Sauny.

Exemple 146 (C N).

Un parti Est a accepté le combat sur la ligne : 264, crête à l'ouest
de Beauzée. Un détachement de ce parti, flanc-garde, occupe la
cote 263, face à l'ouest; il a pour mission d'immobiliser une colonne
ennemie en marche par Triaucourt et Evres sur Beauzée.

L'ennemi débouche d'Evres, s'installe en face de la cote 263 et
ne bouge plus. Il a montré un bataillon environ sur la crête *s* de
Cousson.

Il devient nécessaire de vérifier si l'ennemi a encore là tout son
monde, ou s'il l'emploie au nord ou au sud.

Au nord, il y aura extension du front : surveiller la crête à l'ouest
du bois de la Héronnière.

Au sud, on n'en saura rien : le seul moyen est d'attaquer le rideau
à l'ouest de 263.

131. Changements dans la nature des armes.

Les deux cas intéressants sont :

1° Apparition de l'infanterie là où il n'y avait que de
la cavalerie ;

2° Apparition d'une masse importante de cavalerie là
où il y avait seulement de l'infanterie.

Dans le cas où il y a substitution d'armes, se conformer
aux indications du n° 126.

Dans le cas où il y a addition, le dispositif doit naturellement devenir plus prudent.

Exemple 147. Suite de l'exemple 137

En débouchant de Mondrecourt, l'avant-garde est accueillie par
des coups de feu partant du bois Blandin (infanterie).

Il faut reconnaître (n° 77) et par conséquent arrêter le mouvement
continu. En particulier le bataillon d'Issoncourt, devenu flanc-garde,
ne devra pas se compromettre et s'engager sans précautions dans
le bois Landlut.

§ 4. Analyse d'une situation.

132. Etude des besoins du gros.

Tous les actes que peut faire l'ennemi ne sont pas également intéressants pour nous. Nous n'avons à nous préoccuper que de ceux qui peuvent contrecarrer notre action.

1°. Nous avons une mission à remplir, un but à atteindre. Pour cela, nous avons pris un certain dispositif, en vue d'une action déterminée. Il faut noter les conditions au prix desquelles ce dispositif pourra fonctionner librement dans le sens voulu ;

2° D'autre part, le dispositif dans lequel nous nous trouvons est appelé à se modifier, dans un délai plus ou moins rapproché, sous l'influence d'un changement de situation qui provoquera une nouvelle décision.

Cette décision ultérieure n'est pas absolument indéterminée. Souvent, elle peut se ramener à un dilemme ; parfois même, elle peut être prévue. Il importe de déterminer avec soin les renseignements qui la feront naître et les mesures préparatoires qu'elle peut comporter.

Par conséquent, l'étude des besoins du gros va comprendre :

1° Mission à remplir. But à atteindre. Décision. Préparation de l'action. Protection du dispositif ;

2° Prévisions pour la décision ultérieure. Renseignements à demander. Mesures préparatoires.

N. B. — Cette étude va faire ressortir les mesures à prendre pour réaliser la liberté d'action, non pas une liberté d'action illimitée, qui n'est généralement ni réalisable, ni nécessaire; mais, si l'on peut s'exprimer ainsi, la quantité de liberté d'action dont on a réellement besoin.

Exemple 148 (C N).

A. Un détachement a pour mission de se porter de Triaucourt sur Bulainville, qu'il doit occuper.

B. En cours de route, la cavalerie signale l'ennemi en position à 263.

C. L'ennemi tient à 263. Le détachement l'attaque.

Étude des besoins du gros.

A. — 1° Le détachement se met en marche en colonne de route. Il a besoin d'être protégé en avant et sur ses flancs.

2° La décision ultérieure sera un engagement, si on rencontre l'ennemi. Pour être en mesure de la prendre dans de bonnes conditions, il faut être renseigné à temps, c'est-à-dire savoir si l'ennemi occupe 263, avant de déboucher du bois de Soisy; s'il occupe la crête de Saint-André, avant de déboucher de Bulainville.

B. — 1° Le détachement va engager un combat de reconnaissance afin de déterminer si l'ennemi veut tenir et quelle sera sa ligne de résistance (n° 75). Les flancs devront être couverts (masse d'arbres à droite; croupe au nord-est d'Evres à gauche).

2° La décision ultérieure sera la reprise du mouvement en avant si l'ennemi ne tient pas, ou une attaque si l'ennemi tient. La première hypothèse ne présente aucune difficulté. Considérons la seconde.

Si l'ennemi tient à 263, le détachement effectuera son attaque par le nord (n° 58). Le combat de reconnaissance doit être orienté de façon à préparer cette attaque par le nord. Le gros commencera sa réunion au nord d'Evres; les besoins en sûreté du côté sud se trouveront de ce fait sensiblement réduits; les besoins en sûreté du côté nord se trouveront augmentés.

C. — 1° Le détachement a occupé le bois de la Héronnière et la croupe à 1.000 mètres à l'ouest de 263. Son artillerie est au nord d'Evres. Il va attaquer la cote 263 (n° 43). La sûreté est réalisée.

2° Décision ultérieure : si l'attaque réussit, on devra occuper la position (n° 55). Prévoir l'appel d'une fraction de l'artillerie.

Si l'attaque échoue, il faudra la recueillir et la renouveler. Replis et réserve.

Exemple 149 (E M).

Un détachement, venant de l'est, a été poussé vers Senoncourt dans le but de savoir si l'ennemi venant de l'ouest se porte en forces sur ce point. Ce détachement doit chercher à retarder l'adversaire, en évitant de se compromettre.

A. L'ennemi est signalé vers Autrecourt.

B. L'ennemi a atteint Osches.

Etude des besoins du gros.

A. — 1° Le gros est réuni près de Senoncourt. Le commandant du détachement est décidé à livrer combat à l'entrée du défilé. Il faut couvrir le gros et tenir le terrain sur lequel il devra combattre.

2° La décision ultérieure sera un déploiement. L'opération demande de trente à quarante minutes. Il faut donc aller chercher le renseignement (n° 46) à 6/8 kilomètres au delà de la ligne sur laquelle on veut commencer à arrêter l'ennemi, c'est-à-dire vers le Muniel, Ippécourt et Saint-André.

B. — 1° Le détachement se déploie et prend un dispositif préparatoire de combat. Couvrir les flancs.

2° Décision ultérieure : retraite (voir n° 78). Deviendra nécessaire lorsque l'ennemi atteindra le bois des Chevaux (flanc droit) ou le Coroy (flanc gauche), si en même temps le front est vigoureusement attaqué. On fera donc tenir ces deux points; le premier plus fortement que le second, car l'attaque est plus probable de ce côté.

133. Analyse d'une situation. — Résumé.

I. *Etude de la situation.*

Examiner parallèlement :

BESOINS DU GROS.	SITUATION DE L'ENNEMI.
1° Mission. Décision actuelle. Sûreté. Mesure de préparation.	Distance, force, attitude, nature (§§ 2 et 3).
2° Décision ultérieure. Renseignements, préparation.	Possibilités et probabilités intéressantes pour nous (§ 1).

II. *Dispositif à adopter.*

1° Eléments d'information ;
2° Eléments de sûreté ;
3° Répartition du gros.

N° 133. — Col. Foch, *Principes*, p. 239.

N.-B. — Ceci est un memento général. Pour une situation déterminée, ne porter l'attention que sur les points intéressants.

On résume assez souvent la méthode d'analyse d'une situation dans les trois formules suivantes, que nous n'avons d'ailleurs fait que développer.

1° Qu'est-ce que je veux faire? (Mission, besoins du gros.)

2° Qu'est-ce que l'ennemi peut faire pour m'en empêcher? (Situation, possibilités et probabilités.)

Qu'est-ce que je dois faire pour arriver à mon but malgré l'ennemi? (Dispositif.)

Exemple 150 (B).

Un détachement de toutes armes, partant de Froidos, reçoit l'ordre d'aller disperser un parti ennemi venant du sud-ouest, qui s'est avancé sur Charmontois.

A. Mise en route du détachement (4 bataillons, 2 escadrons, 2 batteries). Départ à 5 h. 30.

B. L'ennemi a débouché de Charmontois à 6 heures du matin, en marche vers Triaucourt.

C. A 8 heures, l'ennemi occupe Aubercy et Triaucourt.

D. A 10 heures, une colonne ennemie de toutes armes, venant de l'ouest, atteint le Chemin.

ANALYSE DE CES DIFFÉRENTES SITUATIONS.

A. — I. Étude de la situation.

1° Le gros va se rapprocher de Charmontois. Deux itinéraires : par Brizeaux ou par Foucaucourt. On choisira le second (n° 34). Sûreté : tenir le débouché de Waly.

2° Il faut prendre le contact de l'ennemi pour pouvoir aller le combattre. On va explorer la région (n° 103) où il est signalé. Un premier renseignement est nécessaire à Waly (n° 128).

II. Dispositif.

Information. — Reconnaissances : *a)* d'officier sur Brizeaux, Eclaires, Charmontois; *b)* de sous-officier sur Evres et Pretz-en-Argonne; *c)* d'officier sur Foucaucourt, Triaucourt, Belval. — Départ de ces reconnaissances à 4 heures du matin.

Sûreté. — 1 escadron et demi, sûreté de 1ʳᵉ ligne; se portera successivement à Waly et 213. Un demi-escadron à la sûreté rapprochée. Avant-garde normale. Comme flancs-gardes, des patrouilles de cavalerie suffisent.

Gros. — Marche continue (n° 88) par Foucaucourt.

B. — I. Etude de la situation.

1° Rien à changer au dispositif pour le moment. Le système de couverture est suffisant.

2° Si l'ennemi continue son mouvement en avant (n° 125), il y aura rencontre à 213. On aura intérêt à s'engager vigoureusement (n° 120). Il faut vérifier si 213 est occupé, avertir l'avant-garde d'attaquer vivement, se ménager l'appui de l'artillerie.

II. *Dispositif.*

Information. — Au moment où l'avant-garde atteint Waly, le gros de la cavalerie (1 escadron 1/2) doit arriver à 213. On sera donc renseigné.

Gros. — L'artillerie doit se tenir prête à entrer en action vers 206, si l'on apprend que l'ennemi a atteint 213. Sinon, continuation de la marche dans le dispositif actuel.

C. — I. Etude de la situation.

1° L'ennemi a changé d'attitude. On va l'attaquer. Aubercy (n° 21) paraît l'objectif le plus favorable.

Sûreté des flancs : Gumont et 213.

2° Décision ultérieure : continuation de l'attaque ou retraite. Surveiller Triaucourt et le Chemin.

II. *Dispositif.*

Gros de la cavalerie : Eclaires, 1 peloton observe Triaucourt.

1 compagnie à 213; 1 compagnie à 181 et Gumont.

1 bataillon (avant-garde) attaque Aubercy. Objectif principal : le saillant nord.

1 bataillon se prépare à déborder par l'ouest.

1 bataillon et demi disponible, prêt à appuyer le précédent.

Artillerie : au nord-ouest d'Aubercy, prête à appuyer le mouvement débordant (par la neutralisation de la crête Senard - Triaucourt, n° 48).

D. — I. Etude de la situation.

1° L'ennemi qui vient d'être signalé ne pourra faire sentir son action avant 11 heures ou 11 h. 30.

L'enveloppement d'Aubercy par l'ouest vient de commencer. Il faut couvrir le dispositif contre l'ennemi qui vient d'être signalé.

2° L'ennemi devenant probablement supérieur, la décision ultérieure sera un combat défensif sur le front Aubercy - Brizeaux, pentes au sud de 213.

Il faut retarder suffisamment le nouvel ennemi signalé et reconnaître sa force (n° 70).

II. *Dispositif.*

Continuer l'attaque.

Donner à la flanc-garde de Gumont l'ordre de retarder l'ennemi. Articuler (n° 107) la fraction disponible en vue d'un renforcement éventuel de la flanc-garde. Se tenir prêt à déployer dans cette direction une partie de l'artillerie.

EXERCICES.

90 (D N). — Une brigade d'infanterie, avec trois batteries, venant du sud, est en marche par Issoncourt, Heippes, Souilly, Senoncourt.

L'avant-garde se heurte à deux bataillons et une batterie qui occupent la crête de la Gargasse et les bois avoisinants.

Le premier élément d'infanterie de la brigade débouche du bois de la Warge à 8 heures du matin. A quelle heure la brigade peut-elle espérer être maîtresse de la Gargasse? (n° 116).

91 (E N). — Un parti Est, en retraite, veut constituer au défilé de Rambluzin, face à l'ouest, une arrière-garde capable de faire perdre deux heures à une colonne ennemie en marche de Saint-André sur Heippes. Quelle force donner à cette arrière-garde? (n°° 119, 120).

92 (A N). — Une brigade mixte est en marche par Belval, Charmontois, Senard, Triaucourt sur Evres.

A 7 heures du matin, le gros de l'avant-garde débouche de Charmontois. On sait qu'à la même heure une colonne ennemie de toutes armes est à 2 kilomètres à l'ouest du Chemin.

Quel effectif donner à la flanc-garde qui va être envoyée à la cote 172 pour couvrir le mouvement? (n°° 86, 115, 119, 120)..

93. — Reprendre les exercices et les exemples de la 3° partie (les dispositifs élémentaires). Rechercher, pour chaque dispositif et ses variantes, quelles sont les *caractéristiques* qui pourront être perçues par l'ennemi (n°° 121 et 122).

94 (C N). — Une division a reçu pour mission de défendre, face à l'est, les passages de l'Aire, du pont de Beauzée inclus au pont des Anglecourt inclus.

Hypothèses sur la direction et l'intensité de l'attaque dans le secteur dévolu à cette division (n° 121).

95 (B N). — Une brigade mixte de l'ouest (2 régiments, 2 escadrons, 3 batteries), stationnée dans la région Brizeaux - Triaucourt, a pour mission de s'opposer à la marche vers l'ouest des troupes ennemies signalées dans la région Sommaisne, Beauzée, Courcelles-sur-Aire.

Hypothèses sur la direction et l'intensité de l'attaque (n° 121).

96 (C N). — Une colonne de toutes armes est en marche de Saint-André sur Evres par Bulainville.

Premier cas : *a)* L'ennemi occupe le bois Sauny.

b) Bulainville et Nubécourt sont occupés. De l'artillerie se démasque en arrière de la crête 274-263.

Deuxième cas : Les ponts de l'Aire à Bulainville et Nubécourt sont barricadés et gardés. Bulainville n'est pas occupé. L'ennemi a de l'artillerie sur la crête 274-263.

Hypothèses sur la défense (n° 122).

97 (D N). — Une colonne de toutes armes est en marche par Récourt-le-Creux et Rambluzin sur Beauzée et Courcelles-sur-Aire.

La cavalerie s'est heurtée à de l'infanterie ennemie en position à la lisière est des bois Blandin et Landlut. Rignaucourt est également occupé.

Hypothèses sur la défense (n° 122).

98 (C N, D N). — Une troupe de toutes armes part de Souilly et se dirige sur Evres.

Premier cas : L'ennemi est à 30 kilomètres à l'ouest de Triaucourt.

Deuxième cas : L'ennemi est à Triaucourt.

Troisième cas : L'ennemi est à Nubécourt.

Quatrième cas : L'ennemi est à Saint-André.

Conclusions au point de vue du dispositif (n° 123).

99 (D N). — Une troupe de toutes armes est stationnée à Souilly, où elle attend l'ennemi.

Mêmes hypothèses que ci-dessus (exercice 98).

Conclusions au point de vue du dispositif (n° 123).

100 (D N). — Une colonne (1 régiment d'infanterie à 4 bataillons, 1 escadron et 2 batteries) est en marche de Courcelles-sur-Aire sur Saint-André. En cas de rencontre avec l'ennemi, elle doit chercher à s'ouvrir le passage.

Premier cas : L'ennemi occupe le bois de Renonlieu.

Deuxième cas : L'ennemi occupe le front : bois Chanet, bois de Renonlieu, Remiat.

Conclusions (n° 124). Attaque de la position ennemie (n° 75). On supposera qu'au cours du combat, l'artillerie ennemie (une batterie) se révèle sur la crête à l'ouest du bois Sauny.

101 (B N). — Un régiment d'infanterie à 4 bataillons, un escadron et deux batteries ont été portés à Waly pour arrêter si possible et, en tout cas, retarder la marche sur Froldus de troupes ennemies signalées à Charmontois et Senard.

En supposant que l'attaque vienne par Foucaucourt, quelles sont les manifestations de l'ennemi qui détermineront le chef du détachement à opter, soit pour une résistance moyenne, soit pour un combat en retraite ? (n°° 124, 125, 121).

102 (C N, D M). — Une colonne de l'Est est en marche par Lempire, Vadelaincourt, Ippécourt.

Premier cas : L'ennemi occupe Ippécourt.

Deuxième cas : L'ennemi débouche d'Ippécourt.
Conclusions au point de vue du dispositif (n° 125).

103 (B N). — Une brigade d'infanterie est en marche par Passavant, Brizeaux et Foucaucourt sur Evres. En arrivant à 2 kilomètres de Brizeaux, son chef apprend qu'un régiment de cavalerie est signalé aux environs de 213.

Dispositions que peut prendre ce régiment de cavalerie pour entraver la marche de la brigade d'infanterie.

Contre-dispositions à prendre par cette brigade (n° 126).

104 (N). — Une troupe doit se porter de Récourt-le-Creux sur Beauzée, où l'ennemi est signalé.

Variations possibles de la distance. Conclusions au point de vue du dispositif (n° 128).

105 (B M, C N). — Un détachement se porte de Brizeaux sur Julvécourt. Il quitte Brizeaux à 6 heures du matin et apprend successivement en route :

1° Qu'une colonne ennemie de toutes armes a quitté Rampont à 4 heures du matin, en marche sur Ville-sur-Cousances;

2° Que Lavoye et Ippécourt étaient inoccupés à 7 heures du matin, mais qu'on a reçu des coups de feu à la cote 276 (ouest de Julvécourt);

3° Enfin, vers 8 heures, au moment où le détachement va déboucher de Lavoye, que de petites colonnes ennemies s'avancent par les chemins : Poirier de Lavoye - Autrécourt, Julvécourt - Lavoye, et par la crête Arnancourt - Froidos.

Discussion de la situation (n°° 129 et 120).

106 (B N). — Un détachement (2 bataillons, 1 escadron, 1 batterie) a été porté à Evres pour surveiller les directions de Triaucourt et de Brizeaux. Il doit arrêter l'ennemi, si possible, et tout au moins retarder sa marche.

A. Dispositions prises par le détachement.

B. A midi, 5 à 6 escadrons ennemis débouchent de Grigny et gagnent la cote 213.

A 1 heure, une colonne ennemie de toutes armes atteint Triaucourt.

Un peu plus tard, elle attaque les postes avancés du détachement, appuyée successivement par une, puis deux batteries. Pendant ce temps, la cavalerie ennemie s'est rapprochée de Foucaucourt.

Discussion de la situation (n°° 130 et 131).

107 (C N). — Un parti Est a accepté le combat sur l'Aire entre Courcelles-sur-Aire et Nubécourt. Le flanc droit est couvert par une brigade mixte (8 bataillons, 3 batteries, 4 escadrons), établie en arrière de l'aile droite, dans la région d'Ippécourt (n° 47. 3°, 4°).

A. Dispositif adopté par ce détachement.

B. L'ennemi en forces passe l'Aire entre Lavoye et Fleury-sur-Aire, refoulant les postes avancés du détachement. Il occupe le poirier de Lavoye, l'arbre d'Autrécourt et le carrefour à 1.800 mètres à l'est de Fleury-sur-Aire.

Discussion de la situation (n° 130).

108 (D N). — Un détachement de l'Ouest (4 bataillons, 2 escadrons, 2 batteries), constitué à Pretz-en-Argonne et Sommaisne, reçoit l'ordre d'aller disperser un groupe de partisans qui a été signalé à Heippes.

A. Le détachement quitte Evres à 3 heures du matin. (Lever du soleil à 4 heures.)

B. Il apprend que, vers 4 h. 15 du matin, une colonne ennemie a été aperçue débouchant de 318 (sud-est d'Heippes), en marche vers le sud-est.

C. A 5 heures du matin, la colonne ennemie ci-dessus, évaluée à 1 bataillon, a disparu dans le bois de Meuse. Des postes ennemis occupent 342 et 324 (sud-ouest et nord-ouest d'Heippes).

Analyse de ces situations successives.

Dispositifs (n° 133).

IV

LA MISSION

———

134. La situation n'influe guère que sur la mise au point du dispositif. Les deux principales caractéristiques de la décision, l'attitude et l'intensité d'action, sont fonction de la mission.

Nous considérons la mission comme simple lorsqu'elle fixe directement ces deux caractéristiques.

Lorsqu'il n'en est pas ainsi, il faut analyser la mission, afin de la réduire à une mission simple.

Dans cet ordre d'idées, nous étudierons successivement :

§ 1. *Missions simples ;*

§ 2. *Missions longues ;*

§ 3. *Missions complexes ;*

§ 4. *Missions indéterminées.*

N. B. — Une étude approfondie de ces différentes questions dépasserait les limites de notre cadre. C'est, en effet, la connaissance de l'idée de manœuvre qui constitue la donnée la plus précise pour l'interprétation des missions difficiles.

§ 1. Missions simples.

135. Lorsque l'ordre reçu fixe nettement l'attitude et l'intensité d'action, il suffit de choisir la solution convenable dans la série des « Dispositifs élémentaires » que nous avons étudiés plus haut. On se rapprochera d'autant plus des solutions extrêmes que la mission imposera plus de prudence, ou, inversement, exigera plus impérieusement le sacrifice de toute préoccupation en cas de non-réussite.

136. En dehors du cas qui vient d'être considéré, il existe certaines situations où nos règlements indiquent d'une façon plus ou moins explicite l'attitude et l'intensité d'action à observer.

Les formes prudentes de l'offensive ou de la défensive sont recommandées dans les débuts du combat, surtout pour les petites unités, et dans la conduite des petits détachements de toutes armes ayant une mission de reconnaissance.

A l'extrême opposé, l'engagement à fond est de règle pour les troupes étroitement encadrées, chargées de l'*exécution* d'une attaque et pour celles qui doivent maintenir à tout prix la conservation d'une position.

Les formes intermédiaires seront employées par les troupes engagées dans le combat de préparation, et par les unités isolées ou assez largement encadrées pour jouir d'une certaine indépendance de manœuvre. Elles correspondent par suite aux situations qui se présenteront le plus fréquemment à la guerre. -

137. Influence de la situation.

Divers cas peuvent se présenter :

1° Le chef a l'ordre d'agir avec une intensité donnée, quelle que soit la situation. Il n'y a qu'à s'y conformer ;

2° Le chef est complètement libre de sa décision et doit agir d'après la situation. Se reporter à la III° partie ;

3° Le chef jouit d'une initiative limitée ; il a une mission ferme, mais on l'invite à agir au mieux en cas d'événements imprévus. Il serait difficile de formuler ici des règles un peu précises. On s'inspirera de ce qui est dit aux §§ 3 et 4 ci-après.

N° **137.** -- Col. Foch, *Principes*, p. 194.
Situation tactique.   16

§ 2. Missions longues.

138. Une mission est longue lorsque des changements de situation importants sont possibles au cours de l'exécution (1).

Il convient alors de sérier les questions et d'aborder successivement les difficultés. Cette opération est un acte de prudence ; elle en présente donc les avantages et les inconvénients : augmentation de la sûreté, diminution de la rapidité ou de l'intensité d'action. Elle doit par suite être faite à bon escient.

Nous distinguerons deux cas, suivant que la situation a pu ou non être éclaircie.

139. Premier cas. — Les changements de situation possibles peuvent être prévus et vérifiés à temps.

Le dispositif sera pris pour la période pendant laquelle la situation va rester relativement stable.

Exemple 151 (A N).

Une colonne de l'Ouest, en marche sur Heippes, où l'ennemi est signalé, débouche du Chemin à 6 heures du matin. Son chef reçoit à ce moment un télégramme lui disant qu'à 5 h. 30 l'ennemi n'avait pas encore paru à Bulainville.

Aucune rencontre n'est possible avant Foucaucourt. Foucaucourt peut être pris comme premier objectif intermédiaire.

Exemple 152 (D N).

Dans l'hypothèse inverse de celle indiquée à l'exemple précédent, si on attend au Chemin un ennemi signalé à Bulainville, il n'y aura rien à changer au dispositif avant deux heures si on a affaire à de la cavalerie, avant quatre heures si on a affaire à de l'infanterie.

N°° **138, 139, 140.** — Col. Foch, *Principes*, p. 190. — Gén. Maíl-liard, p. 188. — *Frœschwiller*, p. 379.

(1) Voir la note de la page 218.

140. Deuxième cas. — Les changements possibles de situation ne peuvent être prévus, ou ne peuvent être vérifiés à temps.

Ce cas se présente toutes les fois que l'unité considérée ne possède pas des moyens d'information suffisants pour lui permettre de résoudre complètement la situation.

On peut adopter la méthode suivante :

1° Se fixer une série d'objectifs intermédiaires, en rapport avec les moyens d'information ou d'action dont on dispose :

Offensive : s'avancer de point en point, ou de position en position, ou de zone en zone, suivant le cas.

Défensive : prendre des dispositions correspondantes, c'est-à-dire valables jusqu'au moment où l'ennemi atteindra tel point, telle ligne, telle zone, etc ;

2° Prendre ses dispositions en vue du premier objectif intermédiaire ;

3° Prévoir les mesures à prendre pour préparer la nouvelle décision lorsque le premier objectif sera atteint.

Exemple 153 (D).

Un régiment de cavalerie, réuni à Chaumont-sur-Aire, reçoit l'ordre de se porter immédiatement sur Lemmes. Il a pour mission de reconnaître le couloir Issoncourt-Lemmes.

On sait que l'ennemi (troupes de toutes armes) a atteint, la veille, la région Lemmes-Senoncourt.

DISCUSSION

La présence de l'ennemi est possible partout; d'autre part, le mouvement doit commencer le plus tôt possible. On va donc se trouver en plein inconnu.

1° Les objectifs à atteindre successivement sont : signal d'Issoncourt, signal d'Heippes, bois la Warge, bois la Gargousse, au nord de Souilly.

2° Un demi-escadron, avant-garde, va reconnaître la croupe du bois Landlut et préparer le débouché du régiment. Départ immédiat.

Le départ du gros qui, pour le moment, a intérêt à se rapprocher de Neuville, n'aura lieu que quand la crête d'Issoncourt aura été explorée (n°° 49, 89).

3° En prévision de la continuation du mouvement, détacher un ou deux éléments de découverte (reconnaissances d'officiers) sur Heippes, Souilly, Lemmes (n° 81). Les renseignements à leur demander auront pour but de préciser l'amplitude à donner au deuxième bond du régiment (n° 140).

Exemple 154 (C N).

Une colonne (1 brigade d'infanterie, 3 batteries, 2 escadrons de cavalerie) débouche d'Evres, en marche sur Souilly.

On sait que l'ennemi a atteint depuis trois heures la région de Souilly.

La cavalerie n'a qu'une demi-heure d'avance sur l'infanterie. 263 est libre et on n'a rien vu de ce point.

DISCUSSION

La brigade a deux défilés importants à franchir : 1° défilé de l'Aire à Bulainville; 2° défilé Saint-André-Souilly.

Le débouché du premier défilé est à bois Sauny et bois de Renonlieu, que la brigade atteindra dans une heure et demie et où elle ne pourra être en forces avant deux heures. L'intervention de l'ennemi est possible pendant le passage et ne pourra être contrôlée à temps, car on n'a pas le temps d'aller jusqu'au point de renseignement (n° 47).

1° Premier objectif : le débouché de Bulainville (crête du bois Sauny, bois de Renonlieu).

2° Le gros de la cavalerie se portera sur ce premier objectif et cherchera à tenir le débouché.

L'artillerie viendra en surveillance à la cote 263 (n° 89).

L'avant-garde (2 bataillons) se dirige sur le bois Sauny et envoie une flanc-garde sur le bois de Renonlieu.

3° L'avant-garde atteindra ou n'atteindra pas son objectif; mais, dans les deux cas, on la fera soutenir. D'autre part, la tête d'avant-garde sera au bois Sauny lorsque le gros de la colonne atteindra la crête 263. Il n'y a donc pas lieu de prévoir, en ce moment, une décision en ce qui concerne le gros.

Exemple 155 (B N).

Un détachement (2 escadrons, 4 bataillons, 1 batterie) stationné dans la région de Triaucourt, a pour mission de surveiller les directions de Fleury-sur-Aire, Nubécourt et Beauzée. Il a l'intention d'arrêter l'ennemi sur une portion de la ligne : 213, Franc-Bois, 204.

L'ennemi est encore à l'est de l'Aire.

Phases successives de l'opération.

La cavalerie ne peut guère pousser au delà de l'Aire; elle est faible et pourrait être dispersée par une cavalerie ennemie plus forte.

L'opération pourra se diviser en trois périodes :

A. Une période d'attente proprement dite.

Couvrir le rassemblement par des postes destinés à arrêter la cavalerie ennemie, le cas échéant : 1 compagnie à 213, 1 à 2 compagnies au Franc-Bois; 1 compagnie à 204; 1/2 escadron à la sûreté rapprochée.

Service d'information sur l'Aire : éléments de découverte à Fleury-sur-Aire, Nubécourt, Beauzée.

Sûreté de 1ʳᵉ ligne : 1 escadron vers 237, 1/2 escadron vers la masse d'arbres (n° 104 2ᵉ).

Renseignements négatifs envoyés d'heure en heure par le gros de la cavalerie.

B. Lorsqu'une colonne ennemie sera signalée sur un point, constituer une avant-garde dans cette direction.

Le gros de la cavalerie surveillera les deux autres directions. Renseignements négatifs de demi-heure en demi-heure.

C. La colonne ennemie arrive au contact de notre avant-garde; sur tout le reste du front, les renseignements sont négatifs. Tout le gros peut se porter au secours de l'avant-garde.

Si une deuxième colonne ennemie est signalée, constituer une avant-garde ou une flanc-garde dans sa direction; porter le gros au secours de la première avant-garde.

§ 3. Missions complexes.

141. Généralités.

Nous appelons mission complexe toute mission qui fixe simplement un but général à atteindre, en laissant à l'exécutant, dans une mesure plus ou moins large, le choix de ses objectifs ou de ses positions.

Ce genre de mission présente plus ou moins les caractères ci-après :

Longueur de la mission ;

Multiplicité des besoins à satisfaire ;

Variation constante de l'importance relative de ces divers besoins.

Les opérations à faire sont les suivantes :

A. *Analyse.*

1° Traduire en termes *concrets* les exigences de la mission, en vue des différents besoins à satisfaire dans la situation considérée (n°ˢ 132 et 133) ;

2° Classer ces besoins suivant leur ordre d'importance ;

3° Sérier les questions, s'il y a lieu.

B. *Conclusions.*

1° Attitude et intensité d'action ;

2° Répartition des forces : éléments d'information, éléments de sûreté, gros.

N.-B. — Cette méthode générale est à suivre dans tous les problèmes du § 3. Nous ne la reproduirons pas.

Nous nous contenterons de préciser les opérations relatives au premier acte de l'analyse (étude des besoins du gros).

142. Conduite d'une flanc-garde.

Etude des exigences de la mission :

a) Préciser la situation du gros de la troupe à couvrir aux différents moments de son action ;

b) En déduire les points dangereux et le temps pendant lequel il faut les garder ;

c) Etudier la situation (n° 133).

Exemple 156 (D).

Un corps d'armée Sud, stationné au sud de la ligne Amblaincourt - Issoncourt, doit se porter sur Vadelaincourt et Lemmes. La tête du gros de l'avant-garde (1 brigade et 6 batteries) débouchera d'Issoncourt à 6 heures du matin.

L'ennemi est signalé à Rarécourt, Jubécourt, Rampont.

Un détachement (4 bataillons, 3 batteries, 2 escadrons) a pour mission de couvrir le flanc gauche du corps d'armée pendant sa marche. Il part de Deuxnouds à 6 heures du matin.

N° **142.** — Col. Foch, *Principes*, p. 104, 111, 121.

I. Dispositions à prendre par la flanc-garde.

II. Vers 7 heures, son chef reçoit les renseignements suivants :
rien à Froidos (6 heures), ni à Julvécourt (6 h. 30), ni à Autrécourt
(6 h. 30).

DISCUSSION

I. a) *Tableau du mouvement du corps d'armée.*

POINTS MARQUANTS	DISTANCES	GROS DE L'AVANT-GARDE	GROS DE LA COLONNE	QUEUE DE LA COLONNE
Issoncourt........	»	6 h.	7 h. 45	11 h. 45
Heippes..........	1 h.	7 h.	8 h. 45	12 h. 45
Souilly	1 h.	8 h.	9 h. 45	1 h. 45
Lemmes..........	1 h. 30	9 h. 30	11 h. 15	3 h. 15

b) *Points dangereux.*

1.
   - Deuxnouds, à 1 heure d'Issoncourt - Heippes, dangereux de. . . . . 5 h. à 11 h. 45.
   - Saint-André, à 1 heure de Heippes - Souilly, dangereux de. . . . . 6 h. à 12 h. 45.
   - Ippécourt, à 1 heure de Souilly - Lemmes, dangereux de. . . . . 7 h. à 2 h. 15.

2.
   - Fleury-sur-Aire, à 2 heures de Deuxnouds, dangereux de. . . . . 3 h. à 9 h. 45.
   - Fleury-sur-Aire, à 1 heure de Saint-André, dangereux de. . . . . 5 h. à 11 h. 45.
   - Lavoye, à 3 heures de Deuxnouds, dangereux de. . . . . 2 h. à 8 h. 45.
   - Lavoye, à 3 heures de Saint-André, dangereux de. . . . . 3 h. à 9 h. 45.

c) Le détachement va chercher à couvrir successivement les défilés de Deuxnouds, de Saint-André, d'Osches, etc.

Pour le moment, sa force lui permet de couvrir à la fois Saint-
André et Deuxnouds.

Se mettre en marche sur Saint-André. Porter le gros de la cavalerie vers l'arbre d'Ippécourt. Des reconnaissances ont été lancées
le plus tôt possible pour vérifier la distance et l'attitude de l'ennemi.

II. a) *Situation à 7 heures.*

Le gros de l'avant-garde est à 500 mètres au sud de Saint-
André.

Froidos (à quarante-cinq minutes de Lavoye) est dangereux pour

Deuxnouds jusqu'à 8 heures. Mais si le détachement peut atteindre la crête Fleury-sur-Aire - Ippécourt, il barrera la route de l'Aisne. Que l'ennemi, venant de Froidos, cherche à forcer le passage vers le sud, ou tourne par Waly, il perdra toujours de une heure et demi à deux heures.

A la vérité, on n'aura pas le temps, peut-être, de réunir le détachement sur la crête Fleury-sur-Aire - Ippécourt, opération qui demande une heure. Si donc l'ennemi débouche de Froidos avant 7 heures, les derniers bataillons devront être maintenus au sud du Flaburieux.

En résumé, il faut de suite mettre la main sur la crête Fleury-sur-Aire - Ippécourt, et s'y installer de façon à interdire à l'ennemi le couloir de l'Aire (1 bataillon) et le couloir de la Cousances (1 bataillon), 2 bataillons et l'artillerie resteront disponibles.

b) Le tableau montre, d'autre part, que le détachement devra tenir sur cette crête jusqu'à midi.

Mais, à partir de 9 h. 45, la direction Fleury - Deuxnouds cesse de devenir dangereuse. La flanc-garde se ramassera vers l'est (elle aurait comme lignes successives de résistance : arbre d'Ippécourt, bois Bas, bois de Moinville).

En même temps (9 h. 45) on poussera une avant-garde sur Julvécourt.

Enfin, toujours à 9 h. 45, Lavoye cessera d'être dangereux pour Saint-André. Si on a un renseignement négatif de ce côté, le détachement pourra se contenter de couvrir le défilé d'Osches.

Exemple 157 (B N).

Un parti Est a engagé le combat à l'est de Triaucourt. Il occupe le front : Foucaucourt, partie est du Franc-Bois, bois 217, bois de la cote 204, face à l'ouest.

Un détachement (1 escadron, 2 bataillons d'infanterie, 1 batterie) a été poussé dans la région de Waly pour couvrir le flanc de la ligne de combat.

DISCUSSION

1. *Besoins du gros.*

a) Dans la situation actuelle, il faut tenir Waly et le plateau au sud (résistance à fond).

b) Si le gros se porte en avant, il faudra venir occuper la crête marquée par le W de Waly (offensive).

c) Si le gros se replie, il faudra défendre successivement Waly, la crête 201, le Bois-le-Comte (combat en retraite).

II. *Dispositif en vue de remplir la mission actuelle et de se préparer à remplir les missions futures.*

1 bataillon : Waly (2 compagnies), Tuilerie (1 compagnie), Bel-Air (1 compagnie).

Artillerie disponible au sud de Waly.

1 bataillon disponible au sud de Waly, prêt à agir par contre-offensive (cas *a*), ou à se porter à la crête du W de Waly (cas *b*), ou à se retirer à 221 (cas *c*).

Escadron : gros à la crête W; pointes sur la route de Brizeaux et vers le carrefour du Grand-Georgeon; 1 peloton à Beaulieu.

143. Arrière-garde d'une troupe en retraite.

L'arrière-garde doit :

1° Arrêter l'ennemi le temps nécessaire ;

2° Se dégager et se replier, autant que possible par ses propres moyens.

La méthode générale à suivre est la même que ci-dessus.

Exemple 158 (C N).

Une division en retraite de Foucaucourt sur Souilly laisse sur la hauteur 263 (1.200 mètres ouest de Bulainville) une arrière-garde comprenant : 3 pelotons de cavalerie, 1 régiment d'infanterie à 3 bataillons et 3 batteries. Ce détachement est en position à midi.

Deux régiments de la division se réunissent à Nubécourt. Ils doivent commencer leur passage à midi 30, sur un seul pont.

I. *Besoins de la division.*

La cote 263 est dangereuse jusqu'à ce que la queue du dernier régiment ait atteint le bois Sauny (distance 3 kilomètres, plus la longueur des deux régiments, 4 kilomètres), c'est-à-dire jusqu'à 2 h. 15.

Il faut empêcher l'ennemi d'occuper 263 avant ce moment.

II. *Couverture de la retraite de la division.*

Deux procédés :

a) Résister à fond à 263. On ne tire pas tout le parti possible de l'artillerie, à cause des angles morts.

b) Pousser une première ligne à 1.000 mètres environ à l'ouest (crête ss de fontaine de Cousson). Cette première ligne se condensera sur les ailes : 1 bataillon à la lisière sud-ouest des bois de la Héronnière (retraite par le bois); 1 bataillon à cheval sur la route Evres-Beauzée (pentes au nord et au sud du ravin de la Presle).

N° 143. — Voir n° 85, ci-dessus.

III. *Retraite de l'arrière-garde.*

Vers 1 h. 15, il n'y a plus qu'une heure à gagner. On pourra faire replier la première ligne.

Si l'ennemi est pressant, les troupes qui l'occupaient viendront en réserve derrière la ligne principale, et on demandera au gros de prendre des dispositions de recueil.

Sinon, 1 bataillon, et plus tard (1 h. 45) l'artillerie, iront s'installer vers le bois Chanel et le régiment se repliera par ses seuls moyens.

144. Avant-garde d'une troupe stationnée.

L'avant-garde a une triple mission résultant du but dans lequel elle a été constituée (n° 105) : reconnaissance, protection, préparation.

D'autre part, les besoins du gros se rapportent habituellement à l'un des trois cas suivants :

1° Le gros veut déboucher dans la région tenue par son avant-garde. La mission de préparation (tenir le débouché) prédomine alors, et toutes les autres lui sont subordonnées (n°ˢ 32 et 100) ;

2° Le gros veut simplement, soit venir renforcer le barrage formé par son avant-garde, soit déboucher à l'extérieur. C'est la mission de protection qui prédomine ;

3° L'avant-garde doit se replier sur le gros. Elle a surtout une mission de reconnaissance, et éventuellement une mission de protection et de préparation (retarder l'adversaire, dans le cas où le gros ne serait pas complètement en mesure de combattre).

Exemple 159 (D N).

Une division cantonne à Souilly, Heippes, Rambluzin. Elle doit, le lendemain, se porter sur Bulainville et commencera à déboucher de Heippes à 6 heures du matin.

L'ennemi est sur l'Aire.

N° 144. — Col. Foch, *Principes*, p. 72, 257. — *Froeschwiller*, p. 68.

Une avant-garde (1 escadron, 1 régiment à 4 bataillons, 3 batteries) a été poussée à Saint-André où elle a passé la nuit.

1) Rôle de cette avant-garde.

2) A 6 h. 15, une colonne ennemie débouche de Bulainville et se porte sur le bois Sauny. Rien n'est signalé du côté de Fleury-sur-Aire (6 heures).

3) A 7 heures, l'ennemi a occupé le bois Chanet et il attaque le bois Sauny. Rien de nouveau du côté de Fleury-sur-Aire (6 h. 30).

4) Variantes de la mission dans les deux cas suivants : *a*) la division doit déboucher par Osches; *b*) la division veut atteindre l'ennemi à Heippes.

DISCUSSION

I. *Rôle de l'avant-garde.*

a) Tenir le débouché, lequel est jalonné par les bois Bas, Sauny et de Renonlieu.

Le régiment ne peut faire plus. Il lui sera même difficile de se maintenir sur un front aussi vaste. Quel point pourrait-il sacrifier, le cas échéant ? Le bois de Renonlieu ne commande pas directement le débouché. C'est de ce côté qu'on pourra économiser (n° 141, A, 2°).

Le dispositif d'infanterie (n° 100, 107) sera le suivant :

1 bataillon au bois Bas;

1 bataillon au bois Sauny, détachant 1 compagnie au bois de Renonlieu;

2 bataillons disponibles.

b) Le gros de la division ne commencera pas à arriver avant 7 h. 30, et c'est seulement vers 8 h. 30 que la division pourra présenter un régiment sur un des points du front tenu par son avant-garde. Le débouché minimum doit être tenu jusqu'à ce moment.

Les points dangereux sont, par suite :

Fleury-sur-Aire jusqu'à 7 h. 30;

Bulainville jusqu'à 8 heures.

II. Il faut faire perdre près de deux heures à la colonne ennemie signalée.

L'artillerie va se placer de façon à battre le terrain au nord et au sud du bois Sauny; la réserve se tenir prête à intervenir.

III. En admettant que l'ennemi débouche aussi de Fleury-sur-Aire, la résistance du bataillon placé au bois Bas donnera le temps de voir venir. Toute la réserve va donc pouvoir s'employer à maintenir l'ennemi de Bulainville.

Mais on a encore une heure et demie à tenir. Il y faut une certaine prudence : laisser venir l'attaque, puis retour offensif.

IV. *Variantes de la mission.*

a) Si la division avait dû déboucher par Osches, le régiment se serait contenté d'un simple barrage :

1" ligne : bois Bas et bois Sauny. Résistance vigoureuse.
2° ligne : bois de Moinville, Saint-André et crête au sud, bois d'Ahaye. Résistance à fond.

b) Si la division avait voulu attendre l'ennemi à Heippes, le régiment aurait fait un combat en retraite (n°° 67 et 108);

1" ligne : bois Bas et bois Sauny. Un détachement de sûreté au bois de Renonlieu.
2° ligne : lisière ouest des bois d'Ahaye et de Moinville.

145. Avant-garde d'une troupe en marche.

Ici, les besoins du gros et leur importance relative varient non pas d'un cas à l'autre, mais bien d'un instant à l'autre, pour la même avant-garde.

Nous savons qu'on peut les grouper sous trois rubriques :

1° *Reconnaissance.*

Il faut savoir, au minimum, si on est en face d'un ennemi plus fort que l'avant-garde, nécessitant, par conséquent, l'intervention du gros.

2° *Protection.*

Déblayer la route. Tenir le terrain pendant le temps nécessaire à la réunion du gros. Encadrer l'artillerie.

3° *Préparation.*

Commencer l'immobilisation de l'adversaire. Agir en coordination avec la manœuvre éventuelle du gros. — Pour que cette mission puisse être remplie complètement, il faut que le commandant du gros fasse connaître à l'avant-garde ce qu'il compte faire dans le cas où il devra s'engager.

N° **145.** — Col. Foch, *Principes*, p. 112, 125, 142, 295. — Gén. Maillard, p. 295, 304. — *Frœschwiller*, p. 81. — Comm. de Grandmaison, p. 141.

Exemple 160 (D).

Une division (à 16 bataillons) est en marche de Souilly par Issoncourt sur Chaumont-sur-Aire.

Conduite de son avant-garde dans les éventualités suivantes (considérées comme distinctes) :

1) L'ennemi occupe Heippes par 2 ou 3 escadrons pied à terre. 342 et 318 sont libres.

2) L'ennemi est en position au signal d'Issoncourt, sur la crête à l'est et dans le bois Landlut à l'ouest. D'après les renseignements de la cavalerie, on peut évaluer à une brigade environ l'effectif des troupes qui sont venues s'installer sur cette crête.

3) L'ennemi occupe le même front que ci-dessus (2); mais on n'a aucun renseignement sur sa force.

4) En arrivant à Heippes, on apprend que l'ennemi débouche d'Issoncourt, en marche sur Heippes.

5) Au moment où le bataillon tête d'avant-garde arrive à Heippes, on apprend que des forces ennemies importantes s'avancent en plusieurs colonnes dont la tête est en ce moment à hauteur de Mondrecourt.

DISCUSSION.

I. Reconnaissance : faite.

Protection : déblayer la route.

Faire attaquer Heippes par le bataillon de tête qui débordera à droite et à gauche. Accentuer le mouvement sur l'aile gauche par un 2ᵉ bataillon, si c'est nécessaire.

II. Reconnaissance : faite.

Protection : mettre la main sur bois Blandin, Issoncourt et croupe à l'est d'Issoncourt.

Préparation : objectif probable, le signal d'Issoncourt (n° 21). S'en approcher; chercher à l'investir par les feux pour encadrer le cheminement que suivra la troupe d'attaque.

Dispositif : 1 bataillon, bois Blandin et Rignaucourt; 1 bataillon : Issoncourt (1 compagnie), crête à l'est (2 compagnies), saillant ouest du bois de Meuse (1 compagnie). 2 bataillons s'avançant à l'attaque du signal, un à l'est, l'autre à l'ouest d'Issoncourt. Artillerie à hauteur de Mondrecourt.

III. Reconnaissance : engager un combat offensif de reconnaissance.

Protection et préparation : comme ci-dessus.

Dispositif (comparer avec le n° 75) :

1 bataillon : 2 compagnies au bois Blandin et Rignaucourt; 2 compagnies à l'ouest de Mondrecourt.

1 bataillon : Issoncourt, crête à l'est, saillant ouest du bois de Meuse.

2 bataillons : attaquent le signal; 4 compagnies en 1ʳᵉ ligne, 4 compagnies en renforts (n° 54).

Artillerie : à hauteur de Mondrecourt.

IV. Reconnaissance : se fera par le combat; mais il est nécessaire de se déployer de suite (n° 147).

Protection : occuper 342 et 318.

Préparation : c'est par 318 que le gros manœuvrera le cas échéant (n°° 21 et 58); par conséquent, mettre plus de monde de ce côté.

Dispositif (combat défensif; comparer n° 76) :

1 bataillon : 342, petit bois à l'ouest, station.
2 bataillons : 318.
1 bataillon, disponible, à l'est d'Heippes.
Artillerie : 1™ position (pendant que l'avant-garde se déploie), hauteurs au nord d'Heippes..

Si l'ennemi continue à avancer sans précautions, offensive brusquée (n° 125) sur la tête de colonne; appel de l'artillerie à 318.

Si, au contraire, l'ennemi s'installe sur la ligne : croupe du bois Blandin, Mondrecourt, mamelon de Flélieu, engager un combat offensif de reconnaissance. Objectif principal : le mamelon de Flélieu.

V. On n'aura pas le temps d'occuper en forces la ligne 342-318 (n° 115). Il faut s'installer en arrière.

Reconnaissance : par un combat défensif (n° 76).
Protection : la tête du gros arrive à Souilly. Tenir le défilé.
Préparation : si le gros veut se porter en avant, tenir le débouché (n° 144).
Dispositif : 1 bataillon, Heippes et croupe au nord; 1 bataillon, 324 et bois Chardin; 1 bataillon, mamelon au sud-est du bois de la Warge; 1 bataillon, disponible, bois de la Warge; artillerie, au sud du bois de la Warge (1).

Exemple 161 (B N, B O).

Un détachement (1/2 escadron, 3 bataillons, 1 batterie) est en marche de Vaubecourt sur Triaucourt.

Conduite du bataillon d'avant-garde dans les éventualités suivantes, considérées comme distinctes les unes des autres :

1) L'ennemi occupe le mamelon d'Arcéfays (point isolé);
2) L'ennemi occupe le mamelon au sud de 194;
3) L'ennemi est en position sur les crêtes 194 et 197.

---

(1) On voit que la conduite d'une avant-garde comporte des solutions extrêmement variées et exige par suite la connaissance de toutes les ressources que peut donner la gamme des dispositifs et l'analyse de la situation. C'est le motif pour lequel nous avons été obligé, dans un livre d'*exercices progressifs*, de rejeter à la fin le problème de l'avant-garde, bien que ce problème soit un des premiers que l'on ait à résoudre, *dans l'ordre chronologique*.

DISCUSSION.

I. Reconnaissance : le faible front de l'ennemi indique un effectif faible.

Protection : tenir la lisière nord du bois.

Préparation : enlever le mamelon, qui commande le débouché.

Décision : offensive vigoureuse.

1/2 compagnie : lisière du bois.

3 compagnies et demie : attaque du mamelon d'Arcéfays. Déborder par la droite, en raison du point d'appui formé par la ferme (n° 52).

II. Reconnaissance : l'ennemi n'occupe qu'un point, mais le front est assez étendu. L'avant-garde peut tenter de s'en emparer.

Protection : occuper le mamelon de la ferme d'Arcéfays.

Préparation : le mamelon occupé par l'ennemi commande le débouché.

Dispositif : 1 compagnie et batterie, mamelon d'Arcéfays. 3 compagnies, attaque du mamelon au sud de 194.

III. Reconnaissance. L'étendue du front indique un adversaire probablement plus fort que l'avant-garde. A vérifier par un combat de reconnaissance.

Protection : occuper le mamelon au nord de 194 et la croupe au sud du mot : Brouenne.

Préparation : si l'ennemi tient, le premier objectif de l'attaque sera 194. C'est donc sur ce point que va porter la reconnaissance.

Dispositif : 1 compagnie, mamelon au sud de 194; 1/2 à 1 compagnie, pentes au sud de Brouenne; artillerie, mamelon au sud de 194; 2 compagnies, attaque de 194.

146. Escorte d'un convoi.

A. *Convoi.*

Considérer le convoi comme un gros, mais un gros qui ne peut combattre.

1° Choisir son itinéraire, s'il y a lieu, en prenant celui qui paraît le plus facile à garder (n° 34) ;

2° Lui donner une fraction pour sa sûreté rapprochée (n° 51), si le gros de l'escorte doit s'éloigner.

B. *Escorte.*

L'escorte, suivant la situation, se place en avant, pour

ouvrir la route (avant-garde), — ou sur un flanc (flanc-garde), — ou en arrière, pour arrêter l'ennemi (arrière-garde).

Exemple 162 (C N).

La 1ʳᵉ section des trains régimentaires d'un corps d'armée, en marche vers le nord-est, vient de se ravitailler à la station de Cour-celles-sur-Aire. Elle doit se porter sur Osches, où cantonnera la queue du corps d'armée.

Pendant le ravitaillement, on a appris qu'un fort parti de cava-lerie ennemie (6 à 8 escadrons) avait été vu à Courouvre, se diri-geant sur Issoncourt.

Un bataillon d'infanterie et un peloton de cavalerie ont été laissés à Beauzée pour assurer l'escorte du convoi.

Choix de l'itinéraire. Rôle de l'escorte.

A) *Choix de l'itinéraire.*

Trois itinéraires sont possibles :

1° Beauzée, Fleury-sur-Aire, Ippécourt. — Horizon dangereux très éloigné, sur lequel l'escorte sera obligée de se disperser si elle ne veut pas laisser des trous par où pourrait passer la cavalerie en-nemie. De plus, la vitesse de marche relativement considérable du convoi ne permettra guère de rallier les fractions de l'escorte lais-sées en arrière; elles n'en auront pas le temps.

2° Beauzée, Bulainville, Saint-André. — Présente également un horizon dangereux considérable et difficile à résumer.

3° Beauzée, Saint-André, Ippécourt. — Horizon dangereux mini-mum. Il est vrai qu'entre 294 et Saint-André, l'escorte est obligée de se diviser, mais la cavalerie ne peut se présenter que par des défilés faciles à masquer. C'est cet itinéraire qu'adoptera le convoi.

B) *Rôle de l'escorte.*

1° De la station jusqu'à hauteur de la cote 294. Rôle d'avant-garde et de flanc-garde. 1 compagnie au convoi. 1 compagnie au nord d'Amblaincourt, moins une section laissée au pont des Anglecourt. 2 compagnies vers 294 surveillant la route de Saint-André et le défilé de Deuxnouds. Gros du peloton de cavalerie : au nord du bois de Renonlieu.

2° De 294 à Saint-André. Rôle d'avant-garde, de flanc-garde et d'arrière-garde. 2 compagnies à 1.000 mètres en avant (une de ces deux compagnies va barrer le défilé de Heippes). 1 compagnie à 1.000 mètres en arrière. Les flancs seront gardés par la compagnie d'escorte.

3° De Saint-André à Ippécourt. Rôle de flanc-garde et d'arrière-garde. 1 compagnie, défilé de Heippes. 1 compagnie, défilé de Souilly. Puis, la compagnie d'arrière-garde s'arrêtera au nord de Saint-André, face au sud, jusqu'à ce que le convoi ait gagné Ippé-court.

147. Infanterie soutien de la cavalerie.

L'infanterie, en combinaison avec la cavalerie, peut jouer deux rôles principaux :

1) Participation au combat de cavalerie ;
2) Replis en arrière.

Nous n'envisagerons ici que ce dernier cas :

Considérer l'appui que l'on pourrait donner à la cavalerie, dans le cas où celle-ci serait ramenée par une cavalerie supérieure (points d'appui, débouchés, etc.);

Employer un dispositif linéaire (sur chaque position) : on n'a pas le temps de renforcer, les événements se succédant trop rapidement.

Exemple 163.

Une division de cavalerie venue de l'ouest explore la région de Triaucourt. Elle a pour objectifs successifs : Triaucourt, Evres, Saint-André.

Un bataillon de chasseurs (4 compagnies), soutien de cette cavalerie, a reçu l'ordre de se porter : 1° à Triaucourt; 2° à Bulainville.

1° *Dispositions prises à Triaucourt.*

Former tête de pont : 1 compagnie à 187; 2 compagnies à 201; 1 compagnie à 800 mètres au nord de Triaucourt.

2° *A Bulainville.*

Même situation. 1 compagnie à 274; 1 compagnie à hauteur du bois Chanet; 2 compagnies, croupe au nord de Bulainville.

§ 4. Missions indéterminées.

148. Il peut arriver que la mission présente une indétermination soit relative, soit complète, c'est-à-dire que les

---

N° **147.** — P. Nudant, « Infanterie et cyclistes en liaison avec la cavalerie » (*Revue militaire générale*, septembre 1908).
N° **148.** — *Fræschwiller*, p. 309.

ordres reçus ne fournissent pas une orientation suffisante sur le but à atteindre (1).

Ce fait se présente par exemple dans les cas suivants :

1° L'ordre reçu est incomplet. Il fixe un emplacement ou un itinéraire sans indiquer de mission ;

2° La situation s'est notablement modifiée depuis le moment où on a reçu l'ordre initial ;

3° La mission est précise ; mais elle réclame un effectif inférieur ou supérieur à celui dont on dispose ;

4° La mission est terminée ou sans objet.

Chaque cas particulier est un cas d'espèce et doit être résolu au mieux par un acte d'initiative. Nous ne pouvons indiquer ici qu'une méthode générale de réflexion.

1° On considérera la place qu'on occupe dans le dispositif général : avant-garde, flanc-garde, arrière-garde, troupe de préparation, troupe d'attaque, repli, réserve, garnison d'un point d'appui, etc., et l'on en déduira la mission à remplir ;

2° On comparera la situation générale et les besoins du gros au moment où l'ordre a été donné, avec la situation nouvelle et les besoins qui en résultent. On examinera ce qu'on peut faire de plus utile pour ce gros, et, si l'indétermination persiste, on se conformera à son attitude générale.

Exemple 164 (C N).

Un combat est engagé sur le front Fleury-sur-Aire - Beauzée. Un régiment d'infanterie du parti Ouest, arrivant à Brizeaux, a reçu l'ordre de se porter à Waly où de nouveaux ordres lui seront donnés. En cours de route, il est rejoint par une batterie qui vient se mettre à sa disposition. En arrivant à Waly, son chef apprend qu'une forte colonne ennemie passe l'Aire à Lavoye.

---

(1) C'est, bien entendu, le rôle du commandement supérieur de limiter le plus possible les cas d'indétermination. Il s'y emploiera de son mieux; mais il faut compter avec l'imprévu, les lenteurs ou les erreurs de transmission, les accidents, etc.

DISCUSSION.

D'après sa situation dans l'ensemble, le détachement est une flanc-garde. Le mouvement ennemi signalé est dangereux pour le gros. Il faut l'arrêter.

On ne sait pas si l'ennemi cherchera à progresser à l'est ou à l'ouest du Bois-le-Comte. Il faut se mettre en mesure de l'arrêter dans les deux hypothèses et, par conséquent, se porter à la lisière nord du Bois-le-Comte.

Exemple 165 (C N).

Une division, venant de l'est, cherche à forcer le passage de l'Aire. L'avant-garde est engagée en face de Nubécourt et de Bulain-ville.

Ayant appris que le passage de Beauzée était libre, le général de division donne au 1ᵉ régiment du gros l'ordre de se porter sur Beauzée, d'y passer l'Aire, et, suivant les circonstances, de prendre à revers la ligne ennemie ou tout au moins d'assurer à Beauzée le débouché du gros de la division (2ᵉ brigade), qui va se rassembler au nord du bois de Renonlieu.

En arrivant à 294, le colonel commandant le régiment apprend qu'un bataillon d'infanterie ennemie vient d'entrer dans Beauzée. L'avant-garde a reçu des coups de canon partant de la cote 264. Les ponts d'Amblaincourt paraissent faiblement occupés.

DISCUSSION.

Le passage de Beauzée sera fortement défendu. Trois solutions sont possibles :

1° Attaquer Beauzée, coûte que coûte;

2° S'établir sur la défensive et attendre des ordres;

3° Chercher à enlever les ponts d'Amblaincourt.

Dans l'ordre reçu, Beauzée n'est qu'une indication; on croyait ce point libre lorsqu'on l'a assigné comme objectif; le but c'est de franchir l'Aire; doit adopter la solution qui mènera le plus vite à ce résultat. On ira plus rapidement en attaquant les ponts d'Amblaincourt (n° 21) qu'en attaquant Beauzée.

La défensive constituerait un changement d'attitude. Elle ne conduirait pas *vers* le résultat cherché; elle ne se justifierait que si l'ennemi attaquait en forces supérieures.

On préférera la troisième solution.

Exemple 166. Suite de l'exemple 156.

Vers 9 heures, le gros de l'avant-garde du corps d'armée s'est engagé contre l'ennemi en position sur la ligne bois de la Côte, Lemmes, bois de Dugny.

La cavalerie de la flanc-garde a reçu des coups de feu de postes ennemis occupant Gironcélé, le bois du Four et la cote 276. Froidos et Rarécourt sont inoccupés (9 heures du matin).

Pour remplir sa mission, la flanc-garde n'aurait rien à faire d'ici à quelque temps. Elle a donc un excédent de forces (n° 148, 3°). Comment l'utiliser? Le mieux paraît être de prendre à son compte la reconnaissance (n° 77) de la partie du front qui lui est opposée, c'est-à-dire de prolonger le combat de l'avant-garde. L'engagement devra se faire prudemment, car la flanc-garde doit toujours être en mesure de parer à une éventualité sur le flanc gauche du corps d'armée.

EXERCICES.

109 (A O). — Une reconnaissance d'officier, partant de Belval, a pour objectif Waly. Elle sait que de la cavalerie ennemie est arrivée deux heures plus tôt à Clermont-en-Argonne.

Conduite de cette reconnaissance (n° 140).

110 (A O). — Un détachement venu du sud (2 bataillons, 1 escadron, 1 batterie) a été envoyé en reconnaissance sur Brizeaux. L'ennemi a été signalé dans la forêt d'Argonne.

Conduite de ce détachement à partir du moment où il atteint Yvraumont (n° 140).

111 (A N, B N). — Une colonne (6 bataillons, 1 escadron, 3 batteries) est en marche de Vaubecourt sur Passavant et Eclaires, où elle doit stationner.

La cavalerie se heurte à l'ennemi en position sur la ligne : Eclaires, Gumont, Grigny, cote 132.

Prévisions pour la conduite de l'attaque (n° 140).

112 (C D). — Une division venant du sud-est se porte de Beauzée sur Rarécourt, par la vallée de l'Aire.

Afin de se couvrir contre les entreprises possibles de troupes ennemies signalées dans la région Heippes, Rambluzin, Souilly, elle constitue sur son flanc droit une flanc-garde composée de 3 bataillons, 1 escadron, 2 batteries.

Le gros de l'avant-garde de la division commence à déboucher de Beauzée à 6 heures du matin. Le gros de la flanc-garde est à Deuxnouds à 5 h. 30.

A. Dispositions successives à prendre par cette flanc-garde (n° 142).

B. Conduite à tenir dans les éventualités suivantes, considérées comme distinctes l'une de l'autre :

1) A 7 heures du matin, une colonne ennemie débouche de Mondrecourt, en marche sur Deuxnouds;

2) A 7 heures du matin, une colonne ennemie de toutes armes débouche de Souilly en marche sur Saint-André. Mondrecourt et Issoncourt sont libres.

113. — Une division mixte est en marche par Senoncourt, Souilly, Bulainville, sur Evres.

Un fort parti ennemi occupe Clermont-en-Argonne.

Afin de se couvrir contre les entreprises possibles de cet ennemi, la division a constitué une flanc-garde (4 bataillons, 1 batterie, 2 escadrons), qui doit suivre l'itinéraire : Lemmes, Ippécourt, Fleury-sur-Aire, Waly.

Le gros de l'avant-garde de la division part de Senoncourt à 5 heures du matin. Le gros de la flanc-garde quitte Lemmes à la même heure.

A. Conduite de cette flanc-garde (n° 142).

B. A 5 heures du matin, une colonne ennemie a commencé à déboucher d'Auzéville, en marche sur Julvécourt.
Discussion.

114 (C N, C O). — Un parti Nord, en retraite, fait évacuer sur Clermont-en-Argonne, par le chemin de fer à voie étroite, des approvisionnements réunis à Beauzée.

Un détachement (4 bataillons, 4 escadrons, 3 batteries) est chargé de protéger cette opération contre les entreprises possibles de fractions ennemies signalées au sud de Courcelles-sur-Aire.

L'opération doit prendre fin à 3 heures après-midi.

A. Dispositions prises par le détachement (n° 143).

B. Conduite à tenir dans les deux hypothèses suivantes, considérées comme distinctes :

1) A 11 heures du matin, une colonne ennemie, évaluée à trois bataillons d'infanterie et une batterie, atteint Neuville-en-Verdunois. Deux ou trois escadrons ennemis ont été vus à la même heure à la ferme de Vaux-Marie.

2) A midi, une colonne ennemie, évaluée à trois bataillons d'infanterie et une batterie, a atteint la ferme de Vaux-Marie. Quelques escadrons ont été vus à la même heure sur la crête de Neuville.

115 (E N). — Une brigade mixte, dont la tête est cantonnée à Récourt-le-Creux, a poussé à Rambluzin une avant-garde comprenant : 2 bataillons d'infanterie, 1 escadron et 1 batterie.

Conduite de cette avant-garde en supposant :

a) Que la brigade veut déboucher à Rambluzin;

b) Qu'elle veut livrer combat dans la région de Récourt-le-Creux (n° 144).

116 (M). — Une division cantonnée dans la région Souhesmes-Osches - Lemmes a poussé son avant-garde à Ippécourt.

Conduite de cette avant-garde en supposant que le gros doive (éventualités distinctes) :

a) Se porter sur Ippécourt;

b) Se porter sur Julvécourt;

c) Accepter le combat dans la région Osches - Vadelaincourt-Lemmes (n° 144).

117 (N). — Une division est en marche par le Chemin, Senard, Triaucourt, Evres, Beauzée.

Conduite de son avant-garde, dans les éventualités ci-après, considérées comme distinctes (n° 146) :

1) L'ennemi occupe Triaucourt;

2) L'ennemi occupe Triaucourt, le petit bois au nord, et la cote 194 au sud. Il a de l'artillerie à 201;

3) Au moment où l'avant-garde atteint la ferme de Longues-Poies, elle apprend que la tête d'une colonne ennemie, venant de Sommaisne, atteint le ravin de la Presle;

4) Au moment où l'avant-garde atteint le bois de Soisy, on apprend que l'ennemi s'avance vers Evres en deux colonnes qui atteignent : l'une Pretz-en-Argonne; l'autre le signal de Beauzée.

118 (E M). — Une brigade mixte (6 bataillons, 3 batteries, 1 escadron), venant de l'est, a l'ordre de marcher sur Senoncourt et Osches.

Conduite de son avant-garde, appuyée, s'il y a lieu, par tout ou partie de l'artillerie, dans les éventualités ci-après, considérées comme distinctes (n° 145) :

1) Au moment où le premier élément d'infanterie va atteindre le pont de la Morlette, on apprend que de l'infanterie ennemie occupe le défilé entre le Chêne-Gossin et les Cinq-Frères, à hauteur de la ferme de Maujouy;

2) L'ennemi occupe Senoncourt (infanterie), le mamelon au nord. (infanterie et artillerie) et le bois de Coroy.

3) L'ennemi (infanterie et artillerie) occupe la lisière des bois au sud-ouest de Senoncourt, du bois de Harguculle au bois des Portions.

119 (C N). — Une division a l'ordre de se porter de Lemmes par Osches sur Fleury-sur-Aire.

Conduite de son avant-garde dans les éventualités ci-après (n° 145) :

1) En atteignant le bois des Batinvaux, à 8 heures du matin, la tête d'avant-garde est reçue par des coups de canon partant de la crête à l'ouest d'Ippécourt. L'escadron divisionnaire, qui avait atteint cette crête, vient d'en être chassé par deux ou trois escadrons ennemis. D'autre part, on apprend qu'une colonne de toutes armes, venant de l'ouest, atteignait Waly à 6 h. 30 et, qu'à la même heure, une brigade de cavalerie passait l'Aire à Autrecourt;

2) Mêmes manifestations et mêmes renseignements que ci-dessus 1); mais l'avant-garde n'atteint le bois des Batinvaux qu'à 10 heures du matin.

120. — Un bataillon d'infanterie et un demi-escadron de cavalerie partent de Triaucourt pour aller protéger une réquisition à Evres. Les denrées seront transportées sur cinquante voitures prises à Triaucourt et escortées par le détachement. L'ennemi occupe Beauzée.

Conduite de l'opération (n° 146).

121 (N). — Une brigade de cavalerie (sûreté de 1ᵉ ligne) doit se porter de Récourt-le-Creux sur Evres.

Un bataillon de chasseurs à 6 compagnies lui est affecté comme soutien :

1) Rôle de ce bataillon (nᵒˢ 126 et 147);

2) Dispositions qu'il prend.

122. — Dans la situation de l'exercice 115, le commandant de la flanc-garde apprend à 8 heures du matin :

Qu'à 7 heures la colonne ennemie sortie de Clermont et évaluée à 2 bataillons n'a pas dépassé Jubécourt;

Que l'ennemi occupe Nubécourt et Fleury-sur-Aire.

Conduite à tenir par la flanc-garde (nᵒ 148).

123 (C N). — Une division du sud a accepté le combat sur la croupe au nord de Pretz-en-Argonne, des bois de la Grande-Brouenne à l'Aire.

L'ennemi, venant du nord, s'est installé sur la crête en face (239, 263) et reste immobile depuis quelque temps.

Dans le but de vérifier s'il n'a pas affaire à un simple rideau, le général de division donne l'ordre à deux bataillons, réunis vers le signal Beauzée, d'enlever la cote 263 et de se rabattre sur le flanc gauche de l'ennemi.

L'opération s'exécute; mais, un quart d'heure après l'occupation de 263, le commandant des deux bataillons apprend qu'un régiment d'infanterie ennemie, venant de Fleury-sur-Aire, entre dans le bois de la Héronnière.

D'autre part, l'ennemi occupe la crête s de Cousson (orientée nord-sud) et les boqueteaux au nord.

Conduite des deux bataillons (nᵒ 148).

124 (N). — Un parti Ouest, après un combat heureux dans la région de Triaucourt, poursuit en plusieurs colonnes l'ennemi en retraite vers l'est.

La colonne centrale (3 bataillons, 1 escadron, 3 batteries), chargée de la poursuite directe, a pour itinéraire : Evres, Nubécourt, Saint-André, Souilly.

Elle atteint Evres à 9 heures du matin, et apprend successivement que :

a) A 7 heures du matin, une arrière-garde ennemie a évacué Nubécourt;

b) Vers 9 h. 15 du matin, les patrouilles de cavalerie ont reçu des coups de feux partant de la lisière ouest des bois de Moinville et d'Ahaye;

c) Vers 10 heures, l'escadron qui débouchait du bois Sauny a été rejeté sur Bulainville par deux escadrons ennemis;

d) Enfin, vers 10 h. 45, l'avant-garde du détachement trouve fortement occupés le bois Sauny et la croupe à l'ouest de bois Bas. De plus, de l'infanterie ennemie, sortant du bois de Renonlieu, entre dans le bois de Charmilieu.

Conduite du détachement (nᵒ 148).

V

LA RÉDACTION DES ORDRES

---

§ 1. Généralités.

149. Eléments essentiels d'un ordre (partie tactique).

Les ordres comprennent habituellement deux parties : une 1ʳᵉ partie (tactique) s'adressant aux éléments de combat ; une 2ᵉ partie s'adressant aux éléments non combattants. Nous ne nous occuperons que de la première.

La partie tactique comprend essentiellement :

I. *Situation.* — Renseignements sur l'ennemi, sur la situation de la troupe dont on fait partie, sur les troupes voisines, etc.

II. *Mission.* — Mission générale de l'unité. But à atteindre. Intentions particulières du commandement.

III. *Mission particulière de chaque unité immédiatement subordonnée* (cavalerie, infanterie, artillerie).

IV. *Liaisons.* — Points où doivent arriver les renseignements. Relations avec les troupes voisines. Place du commandant de la troupe, etc

---

N° **149.** — Gén. Maillard, p. 94. — *Frœschwiller*, p. 172 (§ 16).

150. Mission particulière de chaque unité immédiatement subordonnée.

Cette mission peut être donnée sous trois formes différentes :

1° Un but général à atteindre : avant-garde, flanc-garde, rechercher l'ennemi, assurer un débouché, couvrir, etc. — Employer cette forme lorsque l'unité visée sera relativement isolée, ou quand la situation est susceptible de se modifier au cours de l'exécution ;

2° Donner un point, une ligne, une position à atteindre ou à garder. C'est la forme habituelle lorsqu'on s'adresse à des unités encadrées ;

3° Indiquer le dispositif que devra adopter cette unité. Forme dangereuse parce qu'elle déplace les responsabilités. On ne doit l'employer qu'exceptionnellement.

151. Groupements momentanés.

Considérer un groupement momentané, une avant-garde par exemple, comme une unité constituée. Ne pas prescrire le détail de son dispositif.

152. Objectifs successifs ou itinéraires.

Préciser l'itinéraire des colonnes dont on se réserve le commandement. Préciser aussi les itinéraires lorsque des croisements ou des chevauchements sont à craindre.

Lorsqu'on veut laisser à une unité une certaine indépendance, lui indiquer plutôt des objectifs successifs qu'un itinéraire.

N° **150.** — Gén. de Lacroix, p. 62, 76.

153. Points à garder ou secteurs.

On a quelquefois de la peine à préciser les premiers ou à délimiter les seconds.

Quand le terrain est facile à résumer, l'ordre sera encore intelligible si on se contente de préciser des points à garder, sans indiquer de secteurs (ex. 169).

Quand, au contraire, le terrain ne peut se résumer, on doit indiquer des secteurs, et on peut se dispenser de préciser les points à garder (ex. 171).

§ 2. Marches.

154. Ordre d'opérations.

I. Situation. (n° 149).

II. Mission (n° 149).

III. Cavalerie. — Fractionnement. Mission des divers éléments. Heures de départ. Points et heures auxquels devront parvenir les premiers renseignements.

IV. Colonne :

1° Itinéraire ;
2° Points initiaux. Heures de départ ;
3° Ordre de marche.

V. Flancs-gardes, s'il y a lieu.

VI. Liaisons avec les troupes voisines, s'il y a lieu.

VII. Place du commandant de la colonne.

VIII. Divers. Trains régimentaires, s'il y a lieu, etc. Voir n° 155.

N° **153.** — *Frœschwiller*, p. 161.
N° **154.** — Gén. de Lacroix, p. 25, 27, 244.

Exemple 167. Voir l'exemple 92.

Un détachement (3 bataillons, 2 escadrons, 1 batterie) doit se porter de Souilly sur Waly. Le détachement est isolé.

L'ennemi est signalé vers Eclaires, le Chemin.

ORDRE POUR LA MISE EN MARCHE DU DÉTACHEMENT.

Souilly, 14 août, 6 heures soir.

I. L'ennemi est signalé vers *Eclaires* (1) et le *Chemin*.

II. Le détachement doit se porter sur *Waly*.

III. Cavalerie.
Deux reconnaissances d'officiers : 1° sur *Fleury-sur-Aire* (2), *Waly* et *Brizeaux;* 2° sur *Nubécourt*, *Evres*, *Triaucourt*. Les renseignements sur *Fleury-sur-Aire* et *Nubécourt* devront parvenir à *Souilly* à 5 heures du matin. — Départ à 3 heures du matin.
Gros : 1 escadron et demi. Tiendra successivement en avant de l'avant-garde les débouchés d'*Ippécourt*, *Fleury-sur-Aire*, *Bois-le-Comte* (3). Départ à 4 heures du matin.
Sûreté rapprochée : un peloton à la pointe d'avant-garde de la colonne; un peloton réparti en flanqueurs.

IV. Colonne.
Itinéraire : *Souilly*, *Ippécourt*, *Fleury-sur-Aire*, *Bois-le-Comte*.
Point initial : sortie ouest de *Souilly* (à hauteur de la station).
Heure de départ : cinq (5) heures du matin pour la tête du gros de l'avant-garde.
Ordre de marche :
Avant-garde : 1ᵉʳ bataillon, 1 peloton de cavalerie.
Distance : 1.000 mètres.
Gros : 2ᵉ et 3ᵉ bataillons, moins la 12ᵉ compagnie; artillerie; 2 sections de la 12ᵉ compagnie.
Arrière-garde : 2 sections de la 12ᵉ compagnie.

V. Flancs-gardes. — Un demi-peloton de cavalerie sur chaque flanc.

VI. Le commandant du détachement marchera au gros de l'avant-garde.

Exemple 168.

Une brigade mixte (8 bataillons, 2 escadrons, 3 batteries) est cantonnée le 14 août :

---

(1) Les noms de localités doivent être soulignés.
(2) Il sera admis une fois pour toutes, dans cet ordre et les suivants, que tout objectif assigné par l'ordre devra faire l'objet d'un renseignement spécial, positif ou négatif.
(3) Cette phrase peut être remplacée par la mention : Sûreté de 1ʳᵉ ligne.

1 régiment, 2 escadrons et 3 batteries, à *Heippes* et *Rambluzin*.
1 régiment à *Mondrecourt*, *Issoncourt*, *Rignaucourt*.
Avant-postes aux bois *Blandin* et *Landlut*.
Le 15 août, cette brigade doit se porter sur *Triaucourt*.
L'ennemi est signalé vers le *Chemin* et vers *Clermont-en-Argonne*.

ORDRE D'OPÉRATIONS.

Heippes, 14 août, 7 heures du soir.

I. L'ennemi est signalé vers *le Chemin* et vers *Clermont-en-Argonne*.

II. La brigade doit se porter sur *Triaucourt*.

III. Cavalerie.

Deux reconnaissances d'officiers : 1° sur *Beauzée*, *Evres*, *Triaucourt*, *Eclaires*; 2° sur *Bulainville*, *Lavoye*, *Rarécourt*. Départ à 4 heures du matin. Les renseignements sur *Evres* et *Fleury-sur-Aire* devront parvenir à *Mondrecourt* à 6 heures du matin.

Gros : 1 escadron et demi. Prendra comme objectifs successifs : la hauteur 294 au nord-ouest de *Deuxnouds*, le bois de la *Héronnière*, les crêtes au sud de *Foucaucourt* et de *Brizeaux*. Règlera son mouvement de façon à être toujours en échelon avancé par rapport à l'avant-garde.

Sûreté rapprochée : 1 peloton, pointe d'avant-garde; 1 peloton réparti en flanqueurs.

IV. Colonne.

Itinéraire : *Mondrecourt*, *Seraucourt*, *Beauzée*, *Evres*, *Triaucourt*.

Ordre de marche.	Point initial.	Heure de passage au P. I.
Avant-garde. 2 bataillons du 1ᵉʳ régiment et 1 peloton de cavalerie............	*Rignaucourt*	6 heures du matin (tête du gros).
Distances........................		1.500 mètres.
Gros.. { 2 bat. du 1ᵉʳ régiment.	*Rignaucourt*	6 h. 25.
Artillerie...........	*Heippes*	5 h. 50.
2ᵉ rég. (moins 1 comp.)	*Heippes*	6 h.

Arrière-garde. 1 compagnie du 2ᵉ régiment.

V. Flancs-gardes.

Cavalerie : un demi-peloton sur chaque flanc.

Infanterie : l'avant-garde enverra une compagnie, flanc-garde fixe, vers le bois de *la Héronnière*. Des ordres ultérieurs seront donnés s'il y a lieu (1).

VI. Le général marchera au gros de l'avant-garde.

---

(1) Cet ordre pourrait être donné à la sortie de *Beauzée*; mais le commandant de l'avant-garde a besoin d'être prévenu d'avance pour placer cette compagnie à la tête d'avant-garde.

155. Train de combat et train régimentaire
d'un détachement.

1° *Train de combat.* — Chaque unité est suivie de son train de combat. L'ordre d'opérations ne se préoccupe que des organes importants : ambulances, sections de munitions, etc.

2° *Trains régimentaires.* — Il est rare que les détachements soient suivis de leurs trains régimentaires. Au voisinage de l'ennemi, ceux-ci sont habituellement groupés par division ou par corps d'armée.

Si, exceptionnellement, un détachement emmène son train régimentaire, il doit l'exposer le moins possible : le garder près de lui en marche; pendant le combat, le placer de manière qu'il puisse prendre la tête de la colonne.

[§ 3. Cantonnements et avant-postes.

156. Ordre de stationnement.

I. Situation.

II. Zone de stationnement.

III. Répartition des cantonnements : unités, localités.

IV. Avant-postes. — Indications très sommaires si l'on fait un ordre spécial. Sinon, se baser sur ce qui est dit au n° 157.

V. Logement du commandant de l'unité.

VI. Mot.

Exemple 169 (C N).

Un détachement (2 bataillons, 1 escadron, 1 batterie) venant de l'est doit cantonner à Bulainville et Nubécourt. L'ennemi a atteint le Chemin.

ORDRE DE STATIONNEMENT.

Bois Sauny, 4 heures du soir.

I. L'ennemi a atteint *le Chemin.*
II. Le détachement va cantonner à *Nubécourt* et *Bulainville.*
III. Cantonnements :

N° 156. — Gén. de Lacroix, p. 21, 85, 111.

1" et 2° bataillons : *Nubécourt*.
3° bataillon, artillerie, cavalerie : *Bulainville*.

IV. Avant-postes.

La cavalerie poussera ses patrouilles jusqu'à la ligne : *Waly, Foucaucourt, bois de Soisy, bois de la Grande-Brouenne*. Rentrera au cantonnement à 6 heures du soir.

Le 1" bataillon fera tenir par une compagnie la route d'*Evres* à hauteur du *bois de la Héronnière*, et par des postes spéciaux la route de *Fleury-sur-Aire*, la lisière nord des *bois de la Héronnière*, la cote 263 et la route de *Beauzée*.

En cas d'attaque, les avant-postes résisteront sur place.

Le gros du bataillon sera en cantonnement d'alerte.

V. Logement du commandant du détachement : mairie de *Nubécourt*.

Exemple 170 (B N).

Un corps d'armée venant de l'ouest a atteint la région : le Chemin, Senard, Passavant.

Des avant-postes ennemis sont signalés sur l'Aire.

L'avant-garde (1 brigade de 8 bataillons, 6 batteries, escadron divisionnaire, compagnie du génie divisionnaire) doit cantonner à Brizeaux, Aubercy, Triaucourt.

La brigade de cavalerie du corps d'armée a dû se replier sur Charmontois.

Stationnement de la brigade d'avant-garde.

ORDRE DE STATIONNEMENT.

Eclaires, 3 heures du soir.

I. L'ennemi a atteint la rive droite de l'Aire.

Le gros du corps d'armée cantonne à *Senard, Eclaires, Passavant* et localités à l'ouest.

La brigade de cavalerie est à *Charmontois*.

II. L'avant-garde va cantonner à *Brizeaux, Aubercy, Triaucourt*.

III. Cantonnements :

1" régiment : *Brizeaux*.
2° régiment, artillerie, cavalerie, génie : *Triaucourt*.
Etat-major de la brigade : *Triaucourt*.

IV. Avant-postes.
Voir l'ordre spécial.
Seront fournis par 1 bataillon du 1" régiment et 2 bataillons du 2° régiment.

V. Envoyer tous renseignements à la mairie de Triaucourt.

157. Avant-postes. — Ordre d'ensemble.

I. Situation.

II. Mission. Cantonnements à couvrir.

III. Rôle de la cavalerie.

IV. Dispositif. — Fractionnement, secteurs, directions à garder, emplacement des réserves d'avant-postes.

V. Ligne de résistance. Conduite en cas d'attaque.

VI. Emplacement des postes voisins.

VII. Point où devront parvenir les renseignements.

VIII. Mot.

Exemple 171. Suite de l'exemple 170.

ORDRE POUR L'ÉTABLISSEMENT DES AVANT-POSTES.

I. L'ennemi a atteint la rive droite de l'Aire.
La brigade de cavalerie du corps d'armée est à *Charmontois*.

II. Les avant-postes ont pour mission de couvrir les cantonnements de *Triaucourt* et de *Brizeaux*.

III. Cavalerie. — L'escadron divisionnaire poussera ses patrouilles jusqu'à la ligne : *Bois-le-Comte, bois de la Héronnière, Pretz-en-Argonne.*

Unités.	Emplacements de la réserve d'avant-postes.	Secteur à surveiller.	Directions à garder.
1ᵉʳ bataillon du 1ᵉʳ régiment.	Mamelon au N.-E. de Brizeaux.	Du mamelon de Saint-Maxe au ruisseau des *Avies*.	*Beaulieu. Waly. Foucaucourt.*
1ᵉʳ bataillon du 2ᵉ régiment.	A l'ouest du *Franc-Bois*.	Du ruisseau des *Avies* au ruisseau de la *Marque*.	*Foucaucourt. Evres.*
2ᵉ bataillon du 2ᵉ régiment.	A l'ouest de la crête 204.	Du ruisseau de la *Marque* à la route de *Vaubecourt* incluse.	*Evres. Pretz-en-Argonne. Vaubecourt.*

N° **157.** — Gén. Maillard, p. 391. — Gén. de Lacroix, p. 111.

V. Ligne de résistance : *Beaulieu, Saint-Mare* et bois au sud-est, mamelon au nord-ouest de 188, *Franc-Bois*, bois 217, bois à l'est de 204, fontaine d'*Arcéfays*.

En cas d'attaque, maintenir à tout prix l'occupation des points suivants : 202, mamelon au nord-ouest de 188, 213, *Franc-Bois*, 204, mamelon au nord-ouest de la frontière d'*Arcéfays*.

VI. Points tenus par les troupes voisines : au nord, un poste d'infanterie à la *Chapelle-Saint-Bouin*; au sud, un poste de cavalerie à Yvraumont.

VII. Envoyer les renseignements à la mairie de *Triaucourt*.

VIII. Mot.

158. Ordres donnés par le commandant d'un bataillon d'avant-postes.

I. Situation.

II. Mission. Secteur à garder.

III. Dispositif.

Grand'gardes. Unités, emplacement, secteurs et directions à garder (n° 153).

Postes spéciaux.

Réserve d'avant-postes. Unités, emplacement.

IV. Ligne de résistance. Conduite en cas d'attaque.

V. Ligne de surveillance, s'il y a lieu. Ne peut généralement être fixée que sur le terrain.

VI. Points tenus par les troupes voisines (points de la ligne de résistance générale à proximité du secteur).

VII. Mot.

Exemple 172. Suite de l'exemple 169.

ORDRES DONNÉS PAR LE COMMANDANT DU 1ᵉʳ BATAILLON.

I. L'ennemi a atteint *le Chemin*.

II. Mission des avant-postes : couvrir les cantonnements de *Nubécourt, Bulainville*.

III. Dispositif :

Unités.	Emplacements.	Directions à garder.
1re compagnie	Grand'garde à hauteur de la corne sud-ouest du bois de la *Héronnière;* poste d'une section à 263.	*Evres,* *Pretz - en - Argonne.*
2e compagnie (1 section).	Poste d'une section sur la route de *Beauzée,* à 1.500 mètres au sud de *Bulainville.*	*Beauzée.*
3e compagnie (2 sections).	Poste d'une section à la corne nord-ouest du bois de la *Héronnière,* poste d'une section, route de *Fleury-sur-Aire,* à 1.500 mètres au nord de *Nubécourt.*	*Waly.* *Fleury-sur-Aire.*

Gros du bataillon : en cantonnement d'alerte dans la partie ouest de *Nubécourt.*

IV. Ligne de résistance : bois de *la Héronnière,* cote 263. — En cas d'attaque, résister sur place.

V. Les renseignements devront être envoyés à la mairie de Nubécourt.

VI. Mot.

Exemple 173. Suite des exemples 170 et 171.

ORDRES DONNÉS PAR LE COMMANDANT DU 1er BATAILLON
DU 2e RÉGIMENT.

I. L'ennemi a atteint la rive droite de l'*Aire.*

II. Secteur du bataillon : du ruisseau des *Avies* au ruisseau de la *Marque.*

III. Dispositif :

Unités.	Emplacements.	Secteurs.	Directions à garder.
1re compagnie (G. G. n° 2).	Bois au sud de 188.	Du ruisseau des *Avies* au chemin 213 - *Evres* inclus.	*Foucaucourt.* *Evres.*
2e compagnie (G. G. n° 1).	Lisière est du Franc-Bois.	Du chemin 213 - *Evres* exclu au ruisseau de la *Marque.*	*Evres.*

3e et 4e compagnies. Réserve d'avant-postes. Ravin à l'ouest du *Franc-Bois.*

IV. Ligne de résistance : bois au sud de 188; lisière est du *Franc-Bois.* En cas d'attaque, résister sur place.

V. Points tenus par les troupes voisines :

1er bataillon du 1er régiment : mamelon au nord-ouest de 188;
2e bataillon du 2e régiment : bois 217.

VI. Mot.

Situation tactique.   18

§ 4. Combat offensif.

159. Dans le combat, les principaux moments où l'intervention du chef se fait sentir par un ordre d'ensemble sont les suivants :

1° Le moment de la prise du contact ;

2° Le moment du déploiement ;

3° Le moment de l'attaque.

Nous nous limiterons à ces trois situations, pour l'offensive comme pour la défensive.

160. Prise du contact par l'avant-garde.

I. Situation.

II. Mission. But à atteindre.

III. Avant-garde. Points à tenir. Objectifs à attaquer. Objectif principal ou intentions éventuelles du commandement pour l'engagement du gros (n° 145).

IV. Artillerie. Positions. Rôle.

V. Points de rassemblement pour la ou les colonnes. Objectifs pour les fractions qui doivent s'engager immédiatement.

VI. Point de commandement (point où se trouvera le commandant de l'unité).

VII. Trains de combat, etc.

Exemple 174. Voir l'exemple 150, III.

Une division est en marche par Souilly et Heippes sur Chaumont-sur-Aire.

L'avant-garde se heurte à l'ennemi en position sur la ligne : bois Landlut, signal d'Issoncourt et crête à l'est.

ORDRE.

I. L'ennemi occupe le front *bois Landlut, signal d'Issoncourt* et crête à l'est.

II. La division va engager le combat.

III. Avant-garde :

Fera occuper le *bois Blandin, Issoncourt* et la crête à l'est.
Reconnaîtra le front : *bois Landlut, signal d'Issoncourt*. Objectif principal, le *signal d'Issoncourt*.

IV. Artillerie. — S'établira à hauteur de *Mondrecourt* pour appuyer l'attaque du *signal d'Issoncourt*.

V. Le gros ne dépassera pas jusqu'à nouvel ordre la crête 342-318.

VI. Le général se tiendra à la cote 318.

Exemple 175. Voir l'exemple 151, II.

Un détachement (1/2 escadron, 3 bataillons, 1 batterie) est en marche de Vaubecourt sur Triaucourt.
L'avant-garde se heurte à l'ennemi en position sur le mamelon au sud de 194.

ORDRE.

I. L'ennemi occupe le mamelon au nord-ouest de la ferme d'*Arcéfays*.

II. Le détachement va l'attaquer vigoureusement.

III. Avant-garde : fera occuper la ferme d'*Arcéfays* jusqu'à l'arrivée du gros; attaquera le mamelon au nord-ouest.

IV. Artillerie. — Prendra position vers le mamelon d'*Arcéfays* pour appuyer l'attaque.

V. Le gros ne dépassera pas la ferme d'*Arcéfays* jusqu'à nouvel ordre.

VI. Le commandant de détachement se tient à la ferme d'*Arcéfays*.

161. Déploiement.

I. Situation.

II. Objectif général.

III. Répartition de l'infanterie. — Troupes en 1ʳᵉ ligne : objectifs particuliers ou secteurs (nᵒˢ 152, 153). Renforts, replis, réserves.

IV. Artillerie. — Positions. Objectifs.

V. Point de commandement.

VI. Trains de combat, sections de munitions, ambulances (pour mémoire).

Exemple 176.

Une division, réunie entre Souilly et le bois de la Warge, reçoit l'ordre d'attaquer directement la position 342, Heippes, station de Heippes, 318.

ORDRE.

I. L'ennemi occupe 342, *Heippes et station*, 318.

II. La division va l'attaquer.

III. La 1ʳ brigade, agissant par régiments accolés, va attaquer le front 342-318.

2ᵉ brigade : réserve au nord-ouest du *bois de la Warge*.

IV. Artillerie. — S'établira sur les crêtes au sud et au sud-ouest du *bois de la Warge* et appuiera l'attaque de la 1ʳ brigade.

V. Le général se tiendra au *bois de la Warge*.

162. Attaque.

I. Situation.

II. Objectif.

III. Préparation et protection. Infanterie et artillerie.

IV. Exécution. — Unités, objectif particulier, cheminements d'approche, échelonnement s'il y a lieu (première ligne et renforts).

V. Replis, réserves.

VI. Point de commandement.

Exemple 177.

Un parti Est a engagé le combat contre un adversaire qui occupe face à l'est le front : les Etots, cote 194, Triaucourt, cote 213, etc.

Les troupes chargées d'agir entre la Marque et le ruisseau de Combreuil sont réparties comme il suit :

Artillerie : 2 batteries à 204.

N° **162.** — Gén. de Lacroix, p. 58, 190.

Infanterie : 2 compagnies à 187; 2 compagnies sur le mamelon au sud-est de 194; 3 bataillons disponibles vers la fontaine Josselot.

Attaque de 194.

ORDRE.

I. L'ennemi tient toujours à 194 et à *Triaucourt*.

II. Le régiment va attaquer 194.

III. L'artillerie préparera et appuiera l'attaque.

Les compagnies déjà engagées prépareront l'attaque et couvriront les flancs de la troupe chargée de l'exécution.

IV. Exécution :

2ᵉ bataillon en 1ʳᵉ ligne; 3ᵉ bataillon en renfort.
Objectif : saillant sud-est du mamelon 194.
Cheminement d'approche : par les *bois au sud de la Brouenne*.

V. 4ᵉ bataillon : réserve vers la *fontaine Josselot*.

VI. Le colonel se tiendra près du 3ᵉ bataillon.

§ 5. Combat défensif.

163. Dispositions en vue de la prise du contact.

(Stationnement défensif.)

I. Situation.

II. Mission. But à atteindre.

III. Cavalerie.

IV. Couverture. — Avant-gardes (détachement en avant) ; flancs-gardes.

V. Répartition du gros.

VI. Point de commandement.

VII. Trains de combat, etc. (pour mémoire).

Exemple 178.

Un détachement (1 escadron de cavalerie, 1 régiment à 4 bataillons, 1 batterie) a pour mission de tenir le débouché d'Evres face au nord-ouest. L'ennemi est à Brizeaux.

ORDRE DONNÉ PAR LE COMMANDANT DU DÉTACHEMENT.

I L'ennemi a atteint *Brizeaux*.

II. Le détachement a pour mission de tenir le débouché d'*Evres*, dans la direction du nord-ouest.

Situation tactique. 18.

III. Cavalerie.

Une reconnaissance d'officier sur *Brizeaux*, passant au nord du ruisseau des *Avies*. Envoyer des renseignements de demi-heure en demi-heure.

Gros : 3 pelotons. Vers la cote 213, surveillant *Brizeaux* et *Triaucourt*. Renseigner de demi-heure en demi-heure.

Un peloton à la disposition du colonel.

IV. Couverture.

2 compagnies du 2ᵉ bataillon, au *bois de Soisy;*

1ᵉʳ bataillon, à l'ouest de 237, détachant 1 compagnie à 224.

Ligne de résistance en cas d'attaque : *bois de Soisy*, fontaine de la *Tuilerie*, mamelon à l'ouest de 237.

V. Gros. Artillerie et 2 bataillons et demi. Réunis dans le ravin à l'est de la fontaine de la *Tuilerie*.

VI. Envoyer les renseignements au carrefour à 800 mètres au nord d'*Evres* (route d'*Evres* à *Foucaucourt*).

Exemple 179.

Une brigade mixte (8 bataillons, 2 escadrons, 6 batteries) a pour mission de tenir le ruisseau des Avies entre Foucaucourt et Brizeaux, ces deux points inclus. L'ennemi est à 10 kilomètres au sud de Triaucourt.

ORDRE.

I. L'ennemi est à 10 kilomètres au sud de *Triaucourt*.

II. La brigade a pour mission de tenir le ruisseau des *Avies* entre *Foucaucourt* et *Brizeaux*, ces deux points inclus.

III. Cavalerie.

Trois reconnaissances : 1° d'officier sur *Senard*, *Belval*; 2° d'officier sur *Triaucourt*, *Yvraumont*; 3° de sous-officier sur *Evres*, *Pretz-en-Argonne*. Envoyer des renseignements toutes les deux heures.

Gros : un escadron et demi. Se portera à hauteur de *Triaucourt*, surveillant les directions de *Belval*, *Yvraumont*, *Vaubecourt*, *Pretz-en-Argonne*.

Sûreté rapprochée : 2 pelotons : 1/2 peloton à chaque avant-garde; 1 peloton à la disposition du général.

IV. Couverture.

1° 1 bataillon du 1ᵉʳ régiment, 1/2 peloton de cavalerie et 1 batterie vers la cote 213. — Mission : surveiller les directions de *Triaucourt* et du *bois* 217. Reconnaître l'ennemi sans s'engager à fond. Retraite sur *Brizeaux*, si possible.

2° 1 bataillon du 2ᵉ régiment et 1/2 peloton de cavalerie, sur les hauteurs au sud de *Foucaucourt*. — Mission : tenir *Foucaucourt*; surveiller les directions du *bois* 217 et d'*Evres*. Reconnaître l'ennemi, puis se replier sur *Foucaucourt*, qui devra être défendu à fond.

V. Gros. Artillerie et infanterie. Réunies à l'ouest de *Waly* (à l'abri), à l'exception de :

1 bataillon du 1" régiment, qui se portera à proximité du mamelon au nord-est de *Brizeaux;*
1 bataillon du 2ᵉ régiment, au nord de 206.
VI. Point de commandement : hauteur à l'ouest de *Waly.*

164. Déploiement.

I. Situation.

II. Mission.

III. Répartition de l'infanterie. Unités en 1ʳᵉ ligne : secteurs ou points à tenir (n° 176). Troupes de contre-offensive. Replis. Réserves.

IV. Artillerie.

V. Point de commandement.

VI. Munitions, ambulances, etc. (pour mémoire).

Exemple 180.

Défense de la position Rarécourt-Froidos, face à l'est, par 1 régiment d'infanterie encadré et 3 batteries.
Secteur du régiment : du ravin de Grange-le-Comte au ruisseau de Boissieux, le village de Froidos inclus.

ORDRE.

I. L'ennemi attaque les hauteurs à l'ouest de la *Cousances,* tenues par nos détachements de couverture.

II. Le régiment a pour mission de défendre le front *Rarécourt-Froidos.*

III. Répartition de l'infanterie :
1" bataillon : du ravin de *Grange-le-Comte* au bois 227 inclus;
2ᵉ bataillon : *Froidos* et mamelon à l'ouest.
3ᵉ bataillon : 2 compagnies, *Rarécourt* et mamelon au sud-est; 2 compagnies, disponibles au carrefour à 800 mètres sud des *carrières de phosphate.*
4ᵉ bataillon. Disponible au sud de la *Tuilerie-Neuve.*

IV. Artillerie. — 1 batterie à 227, 2 batteries sur le mamelon à l'ouest de Froidos. Les deux groupes devront se flanquer réciproquement.

V. Point de commandement : la cote 227.

Exemple 181.

Défense de la position 318-342, face au sud, par une brigade (8 bataillons et 6 batteries).

ORDRE.

I. Des forces ennemies importantes atteignent *Neuville-en-Verdunois.*

II. La brigade a pour mission de barrer la trouée entre le *bois d'Ahaye* et le *bois de Meuse.*

III. Les deux régiments seront accolés; mais chacun maintiendra au début 2 bataillons à la disposition du général :

1ᵉʳ régiment. — 2 bataillons en 1ʳᵉ ligne. Secteur : de la station de *Heippes* exclus au bois de *Claire-Côte* inclus. Avant-ligne à hauteur du cimetière de *Flélieu.* — 2 bataillons disponibles vers la cote 272 (à l'est de *Heippes*).

2ᵉ régiment. — 2 bataillons en 1ʳᵉ ligne. Secteur : de la lisière sud-est du *bois d'Ahaye* incluse à la *station de Heippes* incluse. — 2 bataillons en réserve à hauteur du *bois de la Warge.*

IV. Artillerie. — 3 batteries vers 318; 3 batteries vers 342.

V. Point de commandement : 318.

165. Dispositions en vue de la contre-offensive.

I. Situation.

II. Eventualité dans laquelle aura lieu la contre-offensive. Objectif.

III. Préparation et protection. Artillerie et infanterie.

IV. Exécution. — Unités, objectif particulier, cheminement d'approche, échelonnement s'il y a lieu.

V. Point de commandement.

VI. Signal d'exécution, s'il y a lieu.

Exemple 182. Suite de l'exemple 181.

A la suite des progrès de l'ennemi, la situation du 1ᵉʳ régiment est la suivante :

2ᵉ bataillon à 318.

1ʳ bataillon : partie dans le bois de Claire-Côte, partie sur le mamelon à l'ouest.

3ᵉ bataillon : massé dans le ravin au nord-est de 318, à 600 mètres en arrière de la crête.

Artillerie : 2 batteries se sont repliées sur le mamelon à 1.500

mètres au nord-est d'Heippes; une batterie est restée sur le mamelon à l'ouest du bois de Claire-Côte.

Cette batterie et le 3ᵉ bataillon sont mis à la disposition du colonel commandant le 1ᵉʳ régiment, en vue d'un retour offensif à exécuter sur 318. Les deux batteries au nord-est d'Heippes ont reçu les ordres nécessaires.

ORDRE.

I. L'ennemi est arrivé à hauteur du petit bois au sud de 318.

II. Dans le cas où l'ennemi réussirait à enlever 318, on exécuterait immédiatement un retour offensif.

III. Le 2ᵉ bataillon reculera dans la direction de *Heippes* et fera tête après avoir cédé le moins de terrain possible.

La batterie et le 1ᵉʳ bataillon ouvriront le feu sur 318.

Les 1ᵉʳ et 2ᵉ bataillons devront protéger les flancs du 3ᵉ bataillon, chargé du retour offensif.

IV. Le 3ᵉ bataillon se portera à l'attaque de 318. Objectif : le saillant nord-est du mamelon. Cheminement par le ravin.

V. Le colonel se tient au mamelon de *Claire-Côte*.

VI. Exécution sans autres ordres pour les 1ᵉʳ, 2ᵉ bataillons et l'artillerie lorsque l'ennemi couronnera 318. Le colonel donnera le signal au 3ᵉ bataillon.

EXERCICES.

La plupart des exemples et des exercices des 3ᵉ, 4ᵉ et 5ᵉ parties peuvent donner lieu à une rédaction d'ordres.

Il nous paraît donc inutile de donner des exercices spéciaux. Lorsque la situation indiquée n'est pas complète, le lecteur achèvera de la définir, en spécifiant l'événement qui lui paraîtra le mieux justifier l'ordre donné. Voir à ce point de vue les exemples 180, 181 et 182.

Exercices de récapitulation.

125 (B N, C N).

I. Les têtes de colonnes d'une armée venant de l'ouest doivent atteindre, le 15 juillet, l'Aire à Lavoye, Fleury-sur-Aire, Bulainville, etc. Les avant-gardes sont poussées à Julvécourt, Ippécourt, Saint-André, etc.

L'avant-garde dirigée sur Ippécourt comprend 4 bataillons, 3 batteries, l'escadron divisionnaire et la compagnie du génie. Deux de ces batteries doivent rester à Fleury-sur-Aire; la 3ᵉ accompagne l'avant-garde à Ippécourt.

1ᵉ Examen de la mission de l'avant-garde (nᵒˢ 145, 136) (1).

---

(1) Ne consulter les renvois qu'après avoir traité la question.

2° Situation des différents éléments de l'avant-garde au moment où la tête du gros de cette avant-garde atteint Waly (n°° 88, 89 pour la cavalerie).

II. La cavalerie du corps d'armée (sûreté de 1™ ligne), après avoir passé l'Aire, s'est heurtée à de l'infanterie ennemie vers Ippécourt, et portée vers Julvécourt.

La pointe de l'escadron divisionnaire est reçue à coups de fusil à 287.

3° Conduite de l'escadron divisionnaire (n°° 71, 72, 77).

III. En débouchant du Bois-le-Comte, le commandant de l'avant-garde apprend que 287 est occupé par des tirailleurs sur un front de 500 à 600 mètres. Le poirier de Lavoye et le bois Bas sont libres.

4° Examen de la situation (n°° 128, 129, 120, 122).

5° Ordres donnés par le commandant de l'avant-garde (n° 160).

6° Engagement du bataillon de tête (n° 52).

IV. L'ennemi, à 287, n'a pas attendu l'attaque; mais, au moment où le 1™ bataillon couronne 287, il est accueilli par des coups de fusil partant d'Ippécourt et par des coups de canon venant de la direction d'Osches. De l'infanterie ennemie occupe la cote 289, le bois des Batinvaux et le bois de Frély. Au bout d'un quart d'heure, l'ennemi n'a pas encore fait de retour offensif.

7° Examen de la situation (n° 122).

8° Conditions de l'attaque d'Ipécourt (n°° 8, 56).

9° Ordres donnés (n° 161).

V. L'ennemi, évalué à 2 bataillons et 1 batterie, s'est retiré sur Lemmes. Les patrouilles de cavalerie qui l'ont suivi ont été reçues à coups de fusil à la lisière ouest des bois qui couronnent la crête entre Osches et Vadelaincourt.

10° Ordres de stationnement et d'avant-postes (n°° 100, 102, 156, 157, 158).

126 (B N, C N).

I. Une division, venant du nord, est en marche par Waly, Foucaucourt, Evres, sur Pretz-en-Argonne.

La cavalerie s'est heurtée à des forces ennemies occupant le ruisseau des Avies, en particulier : bois à 1.000 mètres à l'est de Brizeaux, Foucaucourt, pentes nord de 237. La croupe à 1.000 mètres au nord de 237 était libre.

1° Examen de la situation (n°° 122, 132, 145).

2° Ordres donnés au commandant de l'avant-garde en supposant que la division doive manœuvrer par sa gauche le cas échéant (n°° 145, 160).

3° Ordres donnés par le commandant de l'avant-garde.

II. La résistance de l'ennemi en face de l'avant-garde détermine le général de division à porter en ligne le 2° régiment. Ce dernier arrive en colonne de route à 800 mètres au nord de Waly. On lui donne l'ordre de traverser le Bois-le-Comte et de prendre comme objectif général la cote 237.

4° Etude de la mission du régiment (n°° 140, 23, 89, 128).

5° Ordres donnés (n° 149).

III. Entre temps, l'ennemi a avancé sa droite et occupé le mamelon à l'est de la fontaine de Royan (partie indiquée sans hachures sur la carte). Il tient toujours 237.

6° Attaque du mamelon à l'est de la fontaine de Royan. Etude du terrain; dispositif; comment appuyer l'attaque par l'artillerie? (n°° 53 et 54).

IV. Des fractions du 3ᵉ régiment sont entrées en ligne à gauche du 2ᵉ et progressent dans le bois de la Héronnière. Le 2ᵉ régiment est maître du mamelon à l'est de la fontaine de Royan; 3 batteries viennent l'y rejoindre.

7° Conditions de l'attaque de 237 (n°° 53, 58, 22).

8° Ordres donnés (n°° 161, 162).

9° Occupation de 237, en supposant que la troupe chargée de l'exécution de l'attaque a dû mettre en ligne les 3/4 de son effectif (n° 55).

V. Quelques minutes après l'enlèvement de 237, l'ennemi exécute un retour offensif sur ce point et le réoccupe.

10° Dispositions à prendre pour renouveler l'attaque (n°° 12, 62).

127 (C O, D O).

I. Un combat est engagé sur l'Aire. Le parti Est a son aile gauche vers Amblaincourt. L'ennemi occupe les hauteurs de la rive ouest. Son point d'appui de droite paraît être vers la station de Beauzée.

Une brigade fraîche, réunie à Rignaucourt, reçoit l'ordre de passer l'Aire à...., pour prendre à revers la droite de l'ennemi.

Le mouvement sera appuyé par 6 batteries placées à.....

1° Choix du point de passage. Emplacements provisoires à assigner à l'artillerie (n° 21).

2° Mission de la brigade (n°° 140, 136).

3° Ordres donnés (n° 160).

II. Au cours du mouvement, l'ennemi démasque 1 ou 2 batteries et des tirailleurs sur les hauteurs 302 et 293.

4° Appréciation de la situation (n°° 130, 122).

5° Ordres donnés après le passage de l'Aire (n° 161).

III. La brigade a pu enlever 293; les fractions qui occupaient ce point ont disparu sans attendre le combat rapproché. Une deuxième ligne ennemie se révèle à hauteur de la cote 269.

6° Ordres donnés en arrivant à 293 (n°° 50, 161).

IV. L'ennemi a évacué 269 et s'est replié vers le nord-ouest.

A ce moment, la brigade est renforcée d'un régiment de cavalerie. Les 6 batteries mises à sa disposition l'ont rejointe. Le général reçoit l'ordre de poursuivre à fond dans la direction de Triaucourt.

7° Examen de la mission (n°° 136, 90).

8° Ordres donnés (n°° 154, 160).

128 (N).

I. Des troupes de l'Est stationnées à l'est de la Meuse se couvrent par des détachements poussés à une grande distance en avant (vers Clermont-en-Argonne, Triaucourt, Bar-le-Duc, etc.).

Un de ces détachements (3 bataillons, 2 escadrons, 1 batterie) a pour objectif Triaucourt. Le 15 avril, à 3 heures du soir, il atteint Senoncourt après une marche de 18 kilomètres.

On sait que Brizeaux et Foucaucourt étaient encore libres le 15 avril à midi.

1° Mission du détachement (n°° 148, 105, 144).

2° Situation des différents éléments à 3 heures du soir, en exécution des ordres donnés au départ (n° 88).

3° Etude du stationnement (n°° 35, 101).

4° Ordres de stationnement (n°° 156, 158).

5° Ordres pour le lendemain. Examiner s'il est avantageux de partir la nuit (n°° 140, 81, 154).

II. Au moment où la tête du détachement atteint l'Aire, son chef est informé qu'un régiment de cavalerie ennemie a été signalé dans la région d'Evres.

6° Dispositions à prendre pour le passage de l'Aire et les opérations au delà. Précautions pour la retraite (n°° 126, 128, 89).

III. De l'infanterie ennemie occupe : bois 217, bois de Soisy, 224 et Foucaucourt.

7° Etude de la situation. Décision (n°° 130, 72, 77).

129 (C M; C N).

I. Un corps d'armée suit l'itinéraire : Vaubécourt, Deuxnouds, Heippes, Récourt-le-Creux. Il doit continuer son mouvement le 15 mai et venir : la tête à hauteur de Récourt-le-Creux, la queue à hauteur de Beauzée.

Des troupes ennemies étant signalées au nord de Clermont-en-Argonne, on a constitué, pour les surveiller, un détachement comprenant : 2 escadrons, 4 bataillons, 2 batteries. De nouvelles dispositions seront prises si c'est nécessaire.

Ce détachement est réuni à Pretz-en-Argonne. Il doit se porter dans la région de Julvécourt. Le gros quittera Pretz-en-Argonne à 5 h. 30 du matin.

1° Examen de la mission (n°° 84, 142, 140, 36). Choix de l'itinéraire (n° 34).

2° Ordres donnés pour la mise en marche (n° 154).

3° Situation du détachement à 8 heures du matin.

II. Vers 8 heures du matin, on a reçu les renseignements suivants : à 7 heures, une colonne de toutes armes débouchait de Clermont-en-Argonne, en marche vers Auzéville. A la même heure, Jubécourt et Rampont étaient libres.

Entre 8 heures et 8 h. 30, au moment où le gros de la cavalerie s'approche de 276. il est reçu par des coups de fusil.

4° Conduite de la cavalerie (n° 72).

5° Ordres donnés par le commandant de la colonne (n°° 121, 145, 160).

6° Ordres donnés par le commandant du bataillon d'avant-garde (n° 126).

III. Entre 9 heures et 10 h. 30, la colonne ennemie signalée plus haut a pris la direction Julvécourt - Ippécourt et vigoureusement attaqué. Son infanterie est appuyée par trois batteries.

A 10 heures, on apprend qu'une deuxième colonne venant du nord a débouché de Rampon vers 9 heures, en marche sur Lemmes.

7° Situation présumée du détachement vers 10 heures du matin.

8° Examen de la situation. Décision (n° 130).

9° Ordres donnés.

130 (D N, E N).

I. Une division d'infanterie, renforcée de deux groupes de l'artillerie de corps et d'un groupe de sections de munitions, est en marche vers l'est par Amblaincourt, Heippes, Récourt-le-Creux. Au départ, l'ennemi était signalé sur la Meuse, dans les directions de Lérouville (est) et de Verdun (nord-est).

A 9 heures du matin, au moment où la tête d'avant-garde atteint Heippes, on apprend qu'une colonne ennemie venant du nord est sur le point d'atteindre Lemmes.

Le général de division décide d'opposer à cette colonne son avant-garde (3 pelotons de cavalerie, 4 bataillons, 3 batteries). Il la charge de barrer les directions Lemmes - Heippes et Senoncourt - Récourt. Des dispositions complémentaires seront prises, s'il y a lieu, par le gros de la division dans la direction de Saint-André.

1° Rédiger l'ordre donné par le général de division (n° 149).

2° Examen de la nouvelle mission donnée à l'avant-garde (n°° 142, 107, 118).

3° Ordres donnés par le commandant de l'avant-garde (n° 163).

II. Ordres nouveaux donnés, s'il y a lieu, au fur et à mesure que se produisent les situations suivantes :

4° A 10 h. 30, l'ennemi commence à déboucher des bois de Hargueulle (n° 125).

5° Entre 11 heures et 11 h. 30, l'ennemi prend pied dans Souilly. Y a-t-il lieu de faire un retour offensif ? (n° 64).

6° Entre 11 h. 30 et midi, l'ennemi enlève la cote 330. Certaines fractions pénètrent dans le bois des Loges et se dirigent vers la maison de la Forêt (n°° 132, 133).

7° L'ennemi enlève 321 (n°° 133, 62, 64).

131 (D N, E N).

I. Un parti Ouest est en voie de réunion sur la rive gauche de l'Aire. Afin d'être renseigné à temps sur l'arrivée de l'ennemi, il a poussé vers l'est un certain nombre de détachements de couverture.

L'un de ces détachements (1 escadron, 3 bataillons, 1 batterie) a pour objectif la région de Lemmes, d'où il doit surveiller les défilés de Lempire et de Senoncourt.

Le détachement quitte Fleury-sur-Aire le 1ᵉʳ août à 6 heures du matin.

1° Mission du détachement (nᵒˢ 105, 144, 78).

2° Ordres donnés au départ (nᵒˢ 88, 154).

3° Ordres donnés en arrivant dans la région de Lemmes (nᵒˢ 107, 140, 163).

II. A midi, une colonne ennemie de force inconnue débouche de Lempire, en marche sur Vadelaincourt.

4° Examen de la situation. Décision (nᵒˢ 121, 78).

5° Ordres donnés (nᵒ 164).

III. Entre 1 heure et 2 heures, cette colonne, qui a pu être évaluée à 2 bataillons environ et 1 batterie, attaque les postes avancés du détachement.

Vers 1 h. 30, la tête d'une 2ᵉ colonne franchit le pont de la Morlotte et se dirige sur Senoncourt.

6° Examen de la situation (nᵒˢ 130, 120).

7° Ordres donnés (nᵒ 149).

IV. Vers 3 heures, la colonne venue de Lempire rompt le combat et se replie vers le nord. La deuxième colonne n'a pas encore dépassé la ferme Maujouy.

8° Ordres donnés, s'il y a lieu (nᵒ 129).

9° Dispositions pour la nuit (nᵒˢ 101, 102, 156, 158).

132 (B N, C N).

I. Un parti Ouest a perdu, le 14 septembre, la ligne de l'Aire. Il a l'intention de continuer, le 15, le combat sur les positions à l'ouest de cette rivière. La gauche de sa ligne de combat s'appuie à Pretz-en-Argonne et aux hauteurs à l'ouest.

Le 14, la droite de l'ennemi paraissait être dans la région de Beauzée.

Un détachement mixte (4 escadrons, 4 bataillons, 2 batteries à cheval) est chargé d'occuper la région de Triaucourt pour couvrir la gauche de l'armée.

Ce détachement est constitué à Triaucourt le 14, à 6 heures du soir.

1° Examen de la mission (nᵒˢ 50, 142, 128, 129, 130).

2° Odres donnés pour la nuit du 14 au 15 septembre (nᵒˢ 102, 104, 111, 156, 158).

3° Ordres pour le 15 septembre (nᵒˢ 107, 163).

II. A midi, une brigade de cavalerie ennemie franchit l'Aire et se dirige sur 237.

4° Examen de la situation (nᵒˢ 121, 141, 142).

5° Ordres donnés, s'il y a lieu (nᵒ 75).

133 (C M).

I. Un combat est engagé sur la Cousances.

Dans le parti Ouest, le secteur compris entre la route Jubécourt -

Auzéville incluse et le chemin Arnoncourt - Froidos inclus est confié à 1 régiment appuyé par 3 batteries.

Ce régiment est encadré à droite et à gauche; mais, à moins de circonstances exceptionnelles, il ne doit compter que sur ses propres forces.

1° Rôle de la défense (n°° 136, 24, 66, 62, 64).

2° Organisation défensive de la position (n° 28).

3° Ordres donnés par le commandant du secteur (n°° 163, 164).

II. L'ennemi attaque vigoureusement sur tout le front, appuyé par une artillerie supérieure. Au bout d'un certain temps, il réussit à enlever la ferme d'Arnoncourt.

4° Examen de la situation. Décision (n°° 121, 26, 12).

5° Ordres donnés, s'il y a lieu (n° 165).

134 (B N, C N).

I. Une brigade mixte (2 escadrons, 8 bataillons, 6 batteries), à l'aile gauche d'une armée Ouest, stationne, le 14 juin au soir, dans la région Belval, Charmontois, Senard.

L'ennemi est arrêté depuis plusieurs jours sur la ligne Osches, Souilly, Heippes, etc.

Le gros de l'armée Ouest est au sud du massif boisé Belval-Vaubecourt.

1° Ordre de stationnement pour la nuit du 14 au 15 juin (n°° 98, 146).

II. Le 15 juin, la brigade doit se porter sur Bulainville et Saint-André.

2° Ordre d'opérations (n°° 133, 129, 90, 154).

III. Au moment où l'avant-garde atteint Triaucourt (7 heures du matin), le général apprend :

a) Qu'un régiment de cavalerie ennemi a été vu vers Evres à 6 heures du matin;

b) Qu'à la même heure, une colonne ennemie de toutes armes, venant de l'est, atteignait Lavoye;

c) Enfin, à 7 h. 15, que le bois de Soisy est occupé.

3° Examen de la situation (n°° 133, 126, 125).

4° Ordres donnés (n° 149).

IV. Vers 9 heures du matin, l'ennemi attaque vigoureusement Foucaucourt et le mamelon à l'est.

La cavalerie ennemie, qui occupait le bois de Soisy, s'est repliée sur la cote 263, après avoir fait déployer environ un bataillon.

5° Emplacement des différents éléments de la brigade à 9 heures du matin. Appréciation de la situation (n° 133).

6° Ordres donnés par le général de brigade (n° 149).

7° Conduite des fractions engagées (n° 142).

TABLE DES MATIÈRES

IIᵉ PARTIE

EXERCICES PRATIQUES

I. L'étude du terrain.

§ 1. Points d'appui.

§ 2. Lignes et positions.

§ 3. Zones.

D. *Stationnement momentané.*

III. La situation.

§ 1. LES HYPOTHÈSES.

A. *Possibilités.*

B. *Probabilités.*

§ 2. RELATIONS ENTRE LA SITUATION ET LE DISPOSITIF.

§ 3. CHANGEMENTS DANS LA SITUATION.

§ 4. ANALYSE D'UNE SITUATION.

IV. La mission.

§ 1. MISSIONS SIMPLES.

§ 2. MISSIONS LONGUES.

§ 3. MISSIONS COMPLEXES.

§ 4. MISSIONS INDÉTERMINÉES.

V. La rédaction des ordres.

§ 1. GÉNÉRALITÉS.

§ 2. MARCHES.

§ 3. CANTONNEMENTS ET AVANT-POSTES.

§ 4. Combat offensif.

§ 5. Combat défensif.

Paris et Limoges. — Imp. et libr. milit. Henri Charles-Lavauzelle.

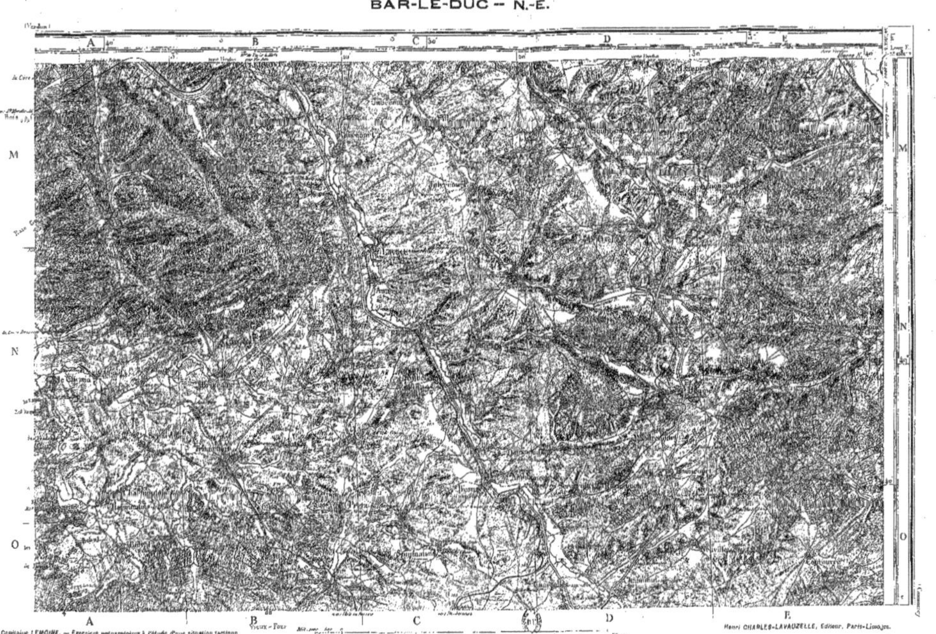

Capitaine LEMOINE. — Exercices préparatoires à l'étude d'une situation tactique.

Henri CHARLES-LAVAUZELLE, Éditeur, Paris-Limoges.

Librairie militaire Henri CHARLES-LAVAUZELLE

PARIS ET LIMOGES